자유란 무엇인가

우리시대의
명 강 의
0 0 7

자유란 무엇인가

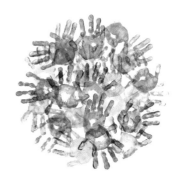

공존을 위한 '상관 자유'를 찾아서

박홍규 지음

문학동네

지금 우리 사회는 폭발 직전의 위기에 놓여 있는지 모른다. 세계 최고의 자살률과 이혼율, 교통사고 사망률 및 알코올 소비율, 세계 최장의 노동 시간과 세계 최단의 휴가 기간, 세계 최대의 임금 격차와 산업재해, 비정규직 증가로 인한 고용의 불안정, 세계 최악의 사행(射倖) 만연과 입시지옥, 세계 최하의 출산율과 사회 안전망으로 인한 생활 불안 등, 갖가지 세계 최악의 기록이 세계 최저의 행복지수를 결과하고 있다. 그 원인은 여러 가지겠지만 나는 이것이 자유에 대한 우리의 생각과 행동이 잘못된 탓이라고 생각한다. 단적으로 말해 무엇이든 하고 싶은 것을 마음대로 할 수 있는 것, 특히 마음껏 돈을 벌고 쓰는 것이 자유라고 생각하는 탓이다. 혹자는 이를 야만적이고 폭력적인 독재나 생존을 위협하는 빈곤을 벗어나 이룩한 민주화와 경제 발전이라고 하지만, 사실 그것은 국가와 기업이라는 거대한 조직이 자유라고 외치는 경제 제일주의에 세뇌된 것에 불과하다. 독재의 쇠사슬이 더욱 다양하고 음험한 방식의 심리적 쇠사슬로 대체되었을 뿐이다. 그것은 화려하게 자유를 가장하기 때문에 군사독재보다 더욱 효율적이다. 그야말로 효율의 극대화다. 이는 무한한 소비를 위해 항상 경제적 위기, 공산주의, 테러리즘, 침략 등을 무서운 적으로 규정하며 공포를 조장하여 그 반대를 무조건 자유라고 착각하게 하고 우리를 순종하게 한다.

그 결과는 폭군적인 조직에의 복종으로 인한 자유의 상실이다. 우리는 대량의 경제 과정에서 작동하는 기계가 되어 과시적 소비를 성공과 행복으로 믿고 살아가는 부자유를 자유라고 착각한다. 경제 제일주의는 사람들이 항상 불만스럽게 더 많은 것을 갈구하도록 하면서 이를 자유라고 세뇌한다. 삶의 고통을 받아들이기보다도 고통을 벗어나기 위해 끝없이 소비에 탐닉하도록 요구하며 이를 자유라고 기망한다. 그러나 그 결과인 만인에 대한 만인의 '투쟁'이란 인간 생존의 진리가 아니라 인간의 무한 욕망이 빚은 참담한 비극일 뿐이다.

경제 제일주의가 조장하는 무한 욕망에 사로잡혀 있는 한, 인간은 자유롭지 못하다. 무한 욕망에서 벗어나야 비로소 자유로워진다. 여기서 중요한 것은 절제이지 무소유가 아니다. 무소유란 야만적 소유를 숨기기 위한 기망의 교리에 불과하다. 누구나 최소한의 의식주를 포함한 기본 생활을 위한 자원 없이 살 수 없기 때문에 모두의 절제가 필요할 뿐이다. 따라서 자유는 기본 생활의 터전 없이는 불가능하다. 모두의 기본 생활이 가능해야 비로소 자유가 있다.

문제는 그다음이다. 더욱더 잘살아야 한다는 무한 욕망이다. 한때의 유행어처럼 누구나 '부자 되세요'라는 것이다. 그러나 모두 부자가 될 수는 없다. 모두 부자가 되기 위한 치열한 물질적 경쟁은 인간관계를 파괴하고 사회를 파괴하며 지구 환경도 파괴하기 때문이다. 따라서 이는 인간의 이름으로 거부해야 할 불필요한 비인간적 잉여 욕망이다. 모두 부자가 되려 하기 때문에 피 터지는 물질적 투쟁이 벌어지고 그 결과 우리의 삶은 야만으로 치닫고 있다.

이는 인간성의 부정이다. 인간은 홀로 제 욕망만 채우려는 이기적인 존재가 아니라 서로 관련되는 상관적(相關的) 존재임에도 우리는 이를 부정하고 있다. 만인에 대한 만인의 '투쟁'이 아니라 만인에 대한 만인의 '상관'이 진리임을 우리는 거부하고 있다. 인간은 다른 인간과의 상관을 통해서만 존재한다. 우리는 타인과의 상관을 통해서만 자신을 알 수 있고 살아갈 수 있다. 상관이 우리를 만들고 우리의 정체성을 형성하며 우리의 삶을 결정한다. 상관을 통해 우리는 세계를 사회적으로 이해하고 그 속에서 함께 살아간다.

여기서 상관이란 서양의 존재론에 반대되는 동양의 관계론이라든가 혈연이나 지연과 같은 연고의 좁은 인간관계를 말하는 것이 아니다. 동양에나 서양에나 투쟁과 상관의 관점은 존재하는 것이므로 어느 것이 반드시 동양적이니 서양적이니 함은 또하나의 오리엔탈리즘일 뿐이다. 그보다 더 중요한 점은 상관이란, 관계 이전에 모든 사람의 자유와 평등을 전제하는 것이지, 그런 전제 없이 개인적 연고를 통한 집단 이익의 이기적 충족을 위한 것이 아니라는 사실이다. 연고관계에 있는 사람들을 포함한 모든 사람들을 물질적 이익 추구의 투쟁 속에서 바라보는 것이 아니라, 자신의 나약함을 드러내고 서로 공감하며 동행하는, 상관의 삶을 사는 사해동포로 바라보는 것이다.

자유란 인간이 다른 인간이나 자연에 의존하거나 신세를 지지 않는 고립무원의 상태를 말하는 것이 아니라, 다른 인간과 자연에 상관되는 상태를 말한다. 이기적 쾌락을 최대화하는 것이 행복이라는 이유로 재산을 많이 갖고 쓰는 것은 자유가 아니다. 이는 타인의 자유를 불가능하게 만들고 자연을 파괴하기 때문이다. 자유란 모든 사람의 잠재능력을 최대화하는 것이지만, 이는 타인과 충분히 상관되어 자연 속에서 공존하는 삶을 추구하기 위한 것이다. 자유란 상관이다. 상관 자유가 아닌 고립된 욕망 추구의 자유는 거짓이다. 기본적인 의식주 외의 무한 욕망으로부터 벗어나야 인간은 자유롭고 평등하며 평화롭게 살 수 있다. 그것이 존엄한 인간의 인간다운 삶이자 도덕이며 문명이고 문화다. 부자가 아니라 인간이 되어야 한다. 자유란 부자의 것이 아니라 인간 모두의 것이다.

인간과 인간의 상관은 인간과 자연의 상관 없이 불가능하다. 인간은 자연 속에 존재하기 때문이다. 자연은 인간의 의식주를 위한 자원의 저장소이지만 인간이 정복하며 착취하여 파괴하는 대상이 아니다. 그러한 파괴는 결국 인간을 살 수 없게 만들기 때문이다. 그러나 여기서 자연과의 상관이란 인간과의 상관과 마찬가지로 혈연이나 지연, 나아가 기업과 국가와 같은 연고의 좁은 공간 관계를 넘어 인류가 사는 지구 환경과의 상관을 뜻한다. 여기에는 동식물과의 공존도 포함된다.

그러나 이 평범한 진리를 인류는 실천하지 못했다. 인류의 역사는 그 반대였다. 문명이란 이름 아래 인간은 수천 년 동안 소수의 자유인과 다수의 비자유인(노예나 식민지인이나 피정복민, 여성, 노동자, 장애인이나 아동 등)으로 서로 무관하게 나뉘어 차별당했고 자유는 소수의 무한한 욕망을 채우는 특권일 뿐이었다. 나아가 평등이니 민주라는 말도 누구나 무한한 욕망을 충족시키며 자유를 추구하는 것으로 오해돼 지구는 파멸의 길을 걷게 되었다. 그래서 나는 욕망의 절제인 상관 자유만이 우리의 유일한 희망이자 대안이라고 본다. 앞에서 이를 자유에 대한 새로운 관점이라고 했으나 사실은 새로운 것이 아니다. 왜냐하면 인류는 태초에 그런 자유를 누렸기 때문이다. 따라서 이 책의 주장은 본래로 돌아가자는 것에 불과하다. 부디 이 책이 부자유한 세상을 자유로운 세상으로 새롭게 창조하는 데, 아니 되돌리는 데 작은 도움이 되기를 빈다. 그런 희망에서 이 책을 내준 문학동네와 이 책의 집필을 도와준 모든 친구들에게 감사한다.

2014년 11월
박홍규

차례

'자유란 우익 부자의 것이 아니냐'

　요즘 무얼 쓰느냐는 물음에 '자유'라고 답하면 놀라면서 '자유란 우익 부자의 것이 아니냐'고 반문하는 사람들이 많아 여러 가지로 회의하는 가운데(우리나라에는 자유는 우파나 부자, 평등은 좌파나 빈민의 것이라는, 또는 각각 남북의 것이라는 지극히 기이한 단순 흑백론의 이분법이 있다), 2010년대 벽두부터 수십 년 독재가 '자유'라는 함성에 의해 끝장난 것을 비롯한 아랍권의 변화는 무척이나 감동적이었다. 흔히들 자유와 무관하다고 하는 곳이기에 더욱 그러했다. 일찍이 그곳의 자유를 노래한 다음 시처럼 아름다웠다.

　　나의 도시에 해가
　　떠오른다.
　　종들이

아이들을 두드린다.

연인이여 일어나라.

우리는 불처럼

참새처럼

대낮처럼 자유롭다.

장벽이 더이상 우리를 갈라놓지 않았다.

막강한 독재자가

더이상 우리를 통치하지 못했다.

왜냐하면 우리는

불처럼

참새처럼 자유롭기 때문이다.

우리 동포는

태풍보다

몰락한 왕의 창보다 더 강력하다.[1]

위 시는 모든 장벽과 독재에 저항하여 상관의 자유를 지향한 우리 모두의 삶이다. 여기서의 자유는 개인적인 것도 이기적인 것도 아니다. 국토를 분단한 부당한 장벽과 독재에 대한 동포의 정당한 저항이자 정의의 분기다. 그곳의 사람들은 연인이자 동포다. 모두 상관되는 이웃이다. 그 자유는 우리 모두에게 상관되는 자유다. 동시에 우리 각자에 상관되는 자유다. 그래서 진정한 자유다.

우리나라에는 거의 알려지지 않았지만 아랍 시인들만큼 자유와 조국을 그렇게도 자주, 강렬하게 노래한 시인들은 동서고금에 달리 없다. 이는 아랍인들만큼 자유를 사랑하는 사람들이 없음을 반증하는 것이리라. 역사적으로도 그렇다. 세계 최초의 인권 협정은 기원전 540년경, 페르시아 왕 키루스 2세가 바빌론 함락 후 만든 키루스 원통(Cyrus Cylinder)의 비문으로, 적을 포함한 모든 사람들에게 종교의 자유를 비롯한 여러 자유를 인정한 것이었다. 1971년 UN에 의해 UN의 모든 공식 언어로 번역된 키루스 원통은 고대 그리스 아테네의 자유보다 훨씬 빠른 것이었다. 얼마 전까지도 영화 〈300〉 등을 통해 독재와 야만으로 지탄받은 페르시아는 세계 최초의 자유 인권국이었다.

어디 아랍뿐이겠는가? 세상에 자유를 사랑하지 않는 사람들은 없다. 우리도 그들처럼 자유를 사랑했지만 웬일인지 요즘은 그것이 아스라한 추억, 아니 신화나 전설이 되어버린 느낌이다. 노래에 나오는 '나비의 꿈'이나 '마법의 성'처럼 되어버렸다. 이는 다른 나라도 마찬가지다.

아니, 자유가 없어진 것은 아니다. 자유는 있다. 누구나 자유를 알고 있다. 가난하다고, 못 배웠다고 자유를 모르는 것이 아니다. 도리어 그럴수록 자유를 절실해한다. 누구나 자유를 그리워하며 추구한다. 그러나 지금 자유는 소수 우익 부자만의 것이 되어버렸다. 불의의 장벽과 독재에 저항한 모두의 숭고한 자유가 지극히 이기적인 소유나 사유로 타락했다. 존엄하고 숭고한 공적인 자유가 비천한 사적 이기나 이익, 방종으로 타락했다. 그리고 그런 사적 자유가 거꾸로 공적 자유를 가로막는 장벽과 독재를 낳았다. 그래서 대부분의 가난한 사람들은 자유롭지 않다.

돈이 지배하는 세상에서 돈이 없으면 누구나 자유롭지 못하다. 그런 세상에서 누군가가 그런 세상을 비판하면 꼼짝없이 잡혀간다. 자유롭게 생각하고 말할 자유조차 없어진다. 그러한 비판이 언젠가 역사에서 시민불복종이니 직접행동이니 비폭력저항이니 혁명 등의 숭고한 이름으로 찬양되고 기록된다고 해도 지금 우리는 자유롭지 못하다.

자유는 인간의 본성

인간은 본래 '자유로운 존재'였다. 인간은 지구에서 살아온 기간의 93퍼센트를 30명에서 150명 정도의 작은 집단을 이루어 자유롭게 살아왔다.[2] 짝을 고르거나 땅을 지키기 위해 폭력을 행사하기도 했지만 이는 지극히 예외적이었고, 대부분 서로 돌보고 함께 놀면서 살아가는 이타적 존재로, 자유롭고 평등하며 평화로운 모계 농경사회를 유지했다.

그러다 기원전 4000년경, 부계사회로 전환된 뒤 가부장적 형태의 절대 권력과 가축을 기반으로 한 재산이 등장하면서 자유와 평등과 평화는 깨어졌다. 무엇보다도 자본, 즉 'capital'이 본래 가축(cattle)의 머리(capital)를 뜻한 만큼[3] 머리와 같은 최고 가치로 세상을 지배했기 때문이다. 그래서 계급이 생기고 차별과 착취가 생겼다. 자유와 부자유가 생겨났다.

자유란 노예가 아닌 계급의 특성을 의미하는 말로 시작되었다. 그리고 자유를 갖지 못한 노예들이 소수의 자유민에 의해 인간이 아니라 물건으로 취급된 것이 인류의 긴 슬픈 역사였다. 고대 그리스 로마 이래 서양의 역사에서 자유인이라는 것은 '노예=부자유'의 상태에 있지 않은 인간이라는 것을 뜻했다. 즉 인간은 자유민이라는 인간과 물건이라는 노예로 구분되었고 그 노예는 19세기까지 존재했다. 비서양에서도 마찬가지였다. 동양이나 한반도에도 오랫동안 노예를 비롯한 하층계급이 존재했다. 적어도 계급제도가 존재한 19세기 말까지 노예는 존재했다. 따라서 자유론은 노예와 대립되는 자유에서 비롯되었고, 인간의 역사는 자유의 확대를 뜻했다.[4] (그런 점에서 노예제를 인정한 소크라테스-플라톤-아리스토텔레스라는 서양철학의 주류보다도 노예제를 부정한 소피스트-디오게네스-스토아학파라는 서양철학의 비주류를 중시할 필요가 있다. 마찬가지로 계급을 인정한 힌두교보다는 부처, 공자보다는 노자, 맹자보다는 묵자를 중시해야 한다.)

인간에 대한 착취는 또한 자연의 착취를 낳았다. 인디언 사회를 비롯한 소위 원시사회에서 보듯이 자유롭고 평등한 사회에서는 자연이 소유나 착취의 대상이 아니었으나, 노예가 소유나 착취의 대상이듯이 자연도 그러한 대상으로 변했다. 특히 근대 자본주의에 의한 착취는 엄청났다. 그 결과 과학자들은 2030년 정도면 여름 북극해에서 얼음을 볼 수 없게 되고, 21세기 말에는 지구 온도가 6도나 상승해 결국 지구가 멸망할 것이라 경고하고 있고 우리도 이를 이상기온을 통해 매일처럼 피부로 느끼고 있다.

이러한 물질주의 시대에는 인간의 본성을 이타적으로 보지 않고 이기적으로만 보게 된다. 세상을 만인에 대한 만인의 '투쟁'이라고 본 홉스(Thomas Hobbes, 1588~1679)가 이를 대표한다. 로크(John Locke, 1632~1704)는 이 살벌한 홉스의 말을 조금이라도 부드럽게 만들려고 노력했으나, 인간을 탐욕적 동물로 보고 자연을 정복하는 생산적 노동을 긍정한 것은 마찬가지였다. 스미스(Adam Smith, 1723~1790)가 이기심을 경제의 원리로 본 것도 마찬가지였다. 그뒤에 나온 벤담(Jeremy

Bentham, 1748~1832)의 쾌락 최대화의 공리주의나 다윈(Charles Darwin, 1809~1882)의 적자생존설도 마찬가지였다. 영국은 아니지만 같은 제국인 독일에 살았던 니체(Friedrich Wilhelm Nietzsche, 1844~1900)가 권력욕을,[5] 역시 같은 제국인 오스트리아에서 살았던 프로이트(Sigmund Freud, 1856~1939)가 성욕을 강조한 것도 마찬가지다. 이러한 제국의 욕망 사상을 지금도 우리가 섬기고 있다니 기가 차다. 이들뿐만이 아니라 우리가 섬기는 서양인 대부분이 그런 무한 욕망의 주창자들이다. 이제는 그런 이기적인 자들에 대한 숭배에서 벗어나야 한다.

그들의 견해는 우리의 개인적 경험과 일치하지도 않는다. 프로이트는 남아가 유아 시절부터 어머니에게 성욕을 느낀다고 했지만 나는 그런 느낌을 가진 적이 없고, 홉스 등이 주장한 것처럼 이기적 물욕에 사로잡혀 타인과 투쟁하며 살아오지도 않았다. 내가 특별히 이타적 사람이라는 말이 아니다. 프로이트의 심리학이 그 시대의 가부장성을 노골적으로 드러내는 것임은 이미 학계에서도 널리 인정되고 있다. 인간의 유아 시절에 내재한 것은 성적 욕망이 아니라 유대감과 사회성이라고 보는 새로운 이타주의적 관점도 대두하고 있다. 서양의 다른 이기적인 학자들에 대해서도 비판할 필요가 있다.

나는 프로이트를 비롯한 근대 서양 사상가들을 제국적 보수주의자로 본다. 그들의 견해는 과거의 가부장 사회에서 여성, 아동이나 장애인이 노예처럼 자유와 평등을 박탈당하고, 마찬가지로 흑인은 육체적 노예로, 노동자는 경제적 노예로 자유와 평등을 박탈당한 부당한 현실을 정당화했다.

이러한 주장들은 인간의 본성이 이기적이라고 하는 전제에 기반한다. 인간의 본성이 이타적인가 이기적인가에 대한 논쟁은 끝이 없으나, 인간이란 이기적이면서도 이타적인 양면성을 갖는다고 볼 수밖에 없다. 즉 인간은 경쟁적이면서도 협력적이다. 그러나 근본은 협력적이다. 인간은 고립적 존재가 아니라 상관적 존재이기 때문이다. 이익을 위해 경쟁하는 것은 사회적인 맥락 속에서 하는 것일 뿐이고, 이기심이 사회적 단결을 해치면 도태될 수 있는 것이 인간 사회이기 때문이다.

인간이 서로 돕는 것은 서로에게 책임을 느끼기 때문이다. 가족관계가 그 기본이다. 그러나 사회가 발달하면서 인간은 가족관계 외의 인간관계에 대해서도 책임을 느끼게 된다. 문제는 그 정도다. 가족이 중심인 사회에서는 가족 외의 인간관계에 대한 책임이 약하다. 특히 빈부 갈등이 심한 권위주의적 사회인 경우에 그렇다. 지금 한국이 바로 그렇다.

한국을 포함한 동아시아 문화는 전통적으로 자비를 강조하는 불교와 역할 의무를 강조하는 유교에 의해 자율적이고 고립적으로 살기보다는, 가족 중심의 사회와 자연 속에서 조화롭게 살아가는 것을 이상으로 삼았다. 그것은 전통 농경사회의 대가족 중심 구조에서는 크게 문제가 없었으나, 산업적 대중사회가 되면서 서양식 개인주의적 자본주의의 급격한 영향에 의해 가족 중심의 이기주의적 물질주의로 변모했다. 혈연 중심주의는 지연, 학연 등으로 확대되며 각종 연고에 의한 사회를 형성해왔다. 따라서 연고 이외의 사회 구성원에 대한 책임의식이 약하고 물질주의적 경향이 강하다. 이는 사회적인 차원에서 자유와 자치에 대한 의식 수준이 낮고 자연과의 조화를 무시하는 것으로 나타난다. 이는 한국 사회의 가장 고질적인 문제 중 하나로,[6] 문제의 근본은 사고방식에 있다.

우리가 사는 현대는 자유의 시대인가? 아니다. 우리는 독재라는 물리적 쇠사슬과 폭력으로부터는 벗어났으나(물론 지금도 여전히 잔존하고 있다) 이는 다양한 방식의 경제적, 사회적, 문화적, 심리적 쇠사슬로 대체되었을 뿐이다. 그것은 구체적인 탄압이나 폭력이 아니어서 눈에 잘 띄지 않기 때문에 오히려 더욱 효과적으로 우리를 통제하고 있다. 경제적 위기나 공산주의 등, 무서운 적이 상존한다는 공포감 주입을 통해 지도자에게 순종하게 만드는 시스템이 작동한다. 그 결과는 폭군에 대한 복종이 아니라 조직에 대한 복종이다. 조직의 주된 목표는 기업 성장의 극대화다. 인간은 기업의 대량생산 과정에서 작동하는 기계, 즉 과시적 소비를 성공으로 믿고 살아가는 존재가 되어버린다. 조직이 조장하는 소비주의는 사람들이 항상 불만족스럽기를 바란다. 소비주의는 삶의 고통을 자연스럽게 받아들이기보다 인위적으로 고통을 벗어나기 위해 소비에 끝없이 탐닉하도록 요구한다. 여기에 가장 결정적인 도구는 TV를 비롯한 온갖 선전이다.

이를 이론적으로 합리화하고 조장하는 자들이 소위 전문가다. 그 원조인 소크라테스(Socrates, 기원전 470~399)로부터 프로이트에 이르는 모든 전문가들은 조직에 완벽하게 적응하도록 인간을 부추겨왔다. 소크라테스의 죽음을 통해 국가에 맹목적으로 복종하라고 주장한 플라톤(Platon, 기원전 427?~347?)이 고전인 이유는 지배층이 그렇게 바라기 때문이다. 절대자에 대한 복종을 요구하는 종교도 마찬가지로 권력의 유지에 적합했다. 이런 전문가 대부분은 자유의 적이다.

고립과 상관

자유에 대한 관념은 인간의 사고방식과 직결된다. 사고방식은 흔히 추상적인 것과 구체적인 것으로 나누어진다. 이는 선험적 사고와 경험적 사고, 또는 관념적 사고와 실체적 사고라고도 대비된다. 대체로 고대의 종교와 사상은 추상적, 선험적, 관념적인 반면, 근대의 사고는 구체적, 경험적, 실체적이라고 한다. 그러나 근대의 사고를 반드시 그렇다고 보기 어렵다. 개인적인 차원에서는 감정과 육체, 사회적인 차원에서는 타민족과 타집단 또는 타국가나 타계층, 지구적인 차원에서는 자연환경과 타생물을 무시한 점에서 그렇다.

나는 근대의 사고를 고립적인 사고라고 보고 이를 고립주의라고 부른다. 이는 상관을 부정하는 무관(無關)적 사고나 단절적 사고, 또는 대립적 사고나 투쟁적 사고라고도 할 수 있다. 이에 반해 내가 이 책에서 주장하는 새로운 사고방식인 상관적 사고를 상관주의라고 부른다. 이는 고립주의가 무시한 모든 것들을 인간과 상관되는 것으로 보는 입장이다.[7]

그러한 말들은 이 책에서 설명을 위해 사용하는 말들이므로 일반적으로 사용되는 말들과는 다를 수 있음을 미리 밝혀둔다. 가령 고립주의란 말은 "다른 나라의 일에 간섭하지 않는 주의"로서 먼로주의와 같은 외교정책 용어로도 사용되고 있으나, 이 책에서 말하는 고립주의란 간섭이 아니라 서로 어떤 식으로든지 상관하지 않는다고 하는 의미로 사용한다.

상관이란 '관련'이나 '관계'와 비슷한 말이다. 그러나 관련이나 관계는 '있다' '없다'라는 상태를 나타내지만, 상관이란 '한다' '안 한다'

라는 의지적 행동을 나타낸다는 점에서 구별된다.[8] 또 관련이나 관계는 둘 이상의 것이 어떤 식으로든지 서로 걸림을 뜻하지만, 상관은 둘 이상의 것이 어느 정도 규칙적으로 유사하게 변하는 상호적이거나 쌍방적인 과정을 뜻한다.

이러한 구별과 마찬가지로 반드시 객관적인 것이 아니지만, 나는 상관이라는 말을 일치나 통일, 합일이나 획일, 공동이나 공통, 소속이나 구속 등과 같은 말과 구별하기 위해서도 특별히 주관적으로 사용하고자 한다. 가령 남북 분단(관계)이나 남북통일이라는 말보다 그 중간쯤의 남북 연방이라는 것을 포함하는 뜻으로 남북 상관이라는 말을 사용하고자 한다. 이는 남과 북이 그 독립성이나 개성을 유지하면서 서로 깊고 넓게 관련되는 것이지 무조건 하나가 되거나 똑같이 되는 것을 뜻하는 것이 아니다. 나는 모든 인간관계나 사회관계에서도 그런 의미의 상관적인 것이 바람직하다고 생각한다. 가령 부부나 부자의 사랑을 비롯한 사랑은 모든 것의 합치나 통일이 아니라 서로의 인격과 개성을 존중하며 배려하는 자유롭고 평등한 공존적 상관이라고 본다. 즉 서로의 독립성을 유지하면서 느슨하게 연대하는 것을 말한다.

여기서 내가 말하는 상관이란 위에서 말한 연고와 전혀 다른 것임을 주의할 필요가 있다. 연고(緣故)라는 말에는 혈연, 지연, 학연, 가족, 직장, 군대 등의 관계 외에도 정분이나 법률상의 관계도 포함되지만 내가 말하는 연고는 혈연, 지연, 학연, 가족, 직장, 군대 등의 우연한 관계만을 말한다. 즉 앞에서 말한 '있다' '없다'라는 상태적 관계를 뜻하는 것이지, '한다' '안 한다'라는 의지·행동적 상관 관계를 뜻하는 것이 아니다. 연고 자체는 인간이면 누구나 갖기 마련이지만 연고는 연고에 그쳐야 하지, 연고가 사회적 차원의 모든 관계를 결정하는 가장 중요한 행동 요인이어서는 누구나 자유롭고 평등한 민주사회를 형성할 수 없다.

따라서 연고는 이 책에서 말하는 상관주의가 아니라 고립주의의 집단적 형태다. 즉 혈연, 지연, 학연, 가족, 직장, 군대, 국가 등의 우연한 관계에 근거한 집단의 이기주의적 형태로서 타집단과 단절되거나 타집단을 적대시하여 대립하고 경쟁하여 압도하는 것이다. 이러한 이기적 연고주의는 자유롭고 평등한 상관주의와는 무관하다. 나는 이러한 이기적 연고주의가 우리 사회에 가장 심각한 병폐라고 본다.

고립주의는 적대주의 내지 대립주의이기도 하다. 적대나 대립은 인류의 어떤 시대나 사회에서도 볼 수 있는 것이지만, 고대 그리스 로마 신화의 괴물이나 기독교의 악마라는 것에 의해 보편화되었다. 고대 그리스 신화에서는 본래 선주민의 신들이었거나 외국에서 온 신들이, 제우스 중심의 정복민 신화 중심으로 재구성되면서 괴물로 변했다.[9] 이는 고대 그리스와 로마가 제국을 형성하면서 이민족을 정복하는 문화적인 장치가 되었다. 마찬가지로 유대교에서나 초기 기독교에서는 아무런 역할을 하지 않았던 악마(사탄)가 귀신으로 등장하면서 적대주의가 형성되었다. 이 역시 불신자, 유대인, 이교도 등을 배척하는 장치로 기능했고 16세기 이후에는 서양 제국이 식민지를 침략하는 장치로 기능했다. 또한 내부적으로는 여성, 아동, 노예, 장애인 등을 차별하는 장치로도 이용되었다. 나아가 증오와 대량학살까지도 정당화했다.

합리주의와 상관주의

고립주의의 출발점은 흔히 서양 근대의 과학적 사고나 합리주의 또
는 개인주의의 출발점이라고 하는 데카르트(René Descartes, 1596~1650)의
"나는 생각한다, 고로 존재한다"는 명제에서 찾을 수 있다. 데카르트
는 이를 우연히 찾았다고 한다. 즉 어느 날 창문으로 사람들을 내려다
보면서 그들을 사람이라고 판단했을 때 그는 "내가 내 눈으로 보고
있다고 생각하는 그 어떤 것은 실제로 내 정신에 있는 판단의 기능이
단독으로 이해한 것"임을 깨달았다는 것이다.

여기서 데카르트가 인간을 신체를 가진 기계로 보았음을 주의해야
한다. 즉 눈에 들어온 감각이라는 메시지를 정신에 보내어 이성적 사
고로 메시지를 해독하고 판단했다고 보고서 그 사고를 인간의 본질이
라고 한 것이다. 이는 '나'의 육체와 정신이 분리되어 있고 정신이 육
체를 지배한다는 것을 전제한다는 점에서 일종의 자폐증 환자의 사고
방식과 비슷하여 정상적인 인간에게는 이해하기 어려운 것이지만, 그
것이 서양 근대 사고방식의 핵심이 되었다고 하니 억지로라도 이해해
볼 문제다.

데카르트를 비롯한 서양의 사고방식은 물리적 세계에서 전개되는
사건을 이해하고 해석하고 분류하고 판단을 내릴 목적으로 확실성에
접근할 수 있는 순수한 정신을 뜻한다는 점에서 수학이나 과학에는
대단히 유용할 수 있었다. 즉 자연을 대상으로 보고 분리, 착취, 절단,
환원으로 설명할 수 있게 했으며, 그렇게 자연을 압도하고 정복하며
강탈할 수 있는 힘을 추구하게 했다. 이는 자연을 노예로 삼아 경제적
이익을 착취해야 할 적으로 보는 식민지적 관점과 통한다는 점에서

실제로 식민지 정복과 일치했다. 나아가 타인을 역시 경제적 이익을 위한 경쟁 대상자로 본다는 점에서 근대 자본주의 정신과도 일치했다. 이는 자연에 대한 그런 착취적 사고의 근원이었다.

이러한 데카르트의 순수한 합리주의 사고방식은 베이컨(Francis Bacon, 1561~1626), 뉴턴(Isaac Newton, 1642~1727), 칸트(Immanuel Kant, 1724~1804)를 비롯한 서양 근대의 주류 사상으로 이어졌다. 데카르트 앞에는 이데아를 주장한 플라톤이 있었으니 어쩌면 서양 전체의 기본적인 사고방식이라고 보아야 하는지도 모른다. 서양 학문의 아버지라고 하는 플라톤은 현실 세계와 달리 이데아라는 본질의 세계가 존재한다고 생각하고 이를 정신과 육체에 대응시켰다. 마찬가지로 기독교를 전파한 바울은 신앙에 의한 자유를 육체에 의한 부자유에 대립시켰다. 그리고 이는 아우구스티누스와 루터를 거쳐 데카르트로 이어졌다. 즉 자유는 정신과 이성, 부자유는 육체와 감성이라는 구분으로 이어졌다.

그러한 사고방식을 가장 철저하게 한 칸트 역시 선험적 범주를 인식의 기반이라고 보았음은 그의 복잡하고 난해한 철학을 몰라도 상식으로 아는 사실이다. 그러나 이에 대한 상세한 설명을 조금이라도 할 필요가 없이, 우리는 현실 세계에 확실한 것은 아무것도 없고, 모든 것은 끊임없이 변한다는 사실을 역시 상식으로 알고 있다. 인간의 이성도, 정체성도 타인과 주고받는 경험적 상관에 따라 끊임없이 변하기 때문이다. 따라서 "나는 생각한다, 고로 존재한다"가 아니라 "나는 상관한다, 고로 존재한다"고 나는 믿는다.

우리는 우리가 상관하는 사람들과의 상관에 따라 세계를 상관적으로 이해하고 그런 상관적 이해가 곧 현실임을 알고 있다. 반면 서양의 고립적 사고방식은 현실이 객관적으로 존재하며, 인간은 일정한 거리를 두고 그 현실을 바라보아야만 그것을 제대로 알 수 있다고 주장한다. 그러나 이는 분리할 수 없는 모든 사물이나 현상에 대한 탐구를 가능하게 하는 것일 수는 없다. 특히 인간의 정신 생활은 예외 없이 상관적인 것들이다. 우리는 다른 사람과의 상관을 통해서만 우리 자신을 알 수 있기 때문이다. 특히 생각을 표현하는 수단인 말은 타인과의 상관에서만 생긴다.

현실이나 실재라는 말은 참, 진리, 진실이라는 말과도 통하고 이는 거짓, 가상, 상상, 허구와 반대되는 말로 이해된다. 데카르트 등의 고립주의에서는 진리란 선험적으로 존재하는 고정불변의 것으로서 이성에 의해 찾아지는 것이지 결코 만들어지는 것이 아니다. 반면 상관주의에서 진실이나 현실은 상관되어 공유된 경험적 과정을 통해 함께 만들어가는 것이다. 따라서 진리란 객관적이고 자율적이며 자명한 현상이 아니라, 서로 공유하고 공감하는 공통의 이해에 대한 설명일 뿐이다. 그러므로 상관의 범위가 넓어지면 진실이나 현실에 대한 이해도 넓어진다고 할 수 있다.

현실이나 진리는 그것을 주장하는 목적과도 상관된다. 가령 기독교의 목적은 천국에 가기 위해 신의 은총을 믿고 신의 뜻에 따른다는 것이다. 근대 합리주의자의 목적은 물질적으로 풍요해지고 쾌락을 최대화하는 것이다. 반면 상관주의자의 목적은 타인과의 상관을 통해 존재의 현실을 깊이 경험하는 것이다.

이는 자유의 관념과도 상관된다. 가령 합리주의는 타인으로부터 독립되고 고립된 개인이 노동이나 사업을 통해 재산을 확보하는 것을 최대의 자유로 보고 이를 위한 정치적 자유와 경제적 자유를 주장한다. 반면 상관주의는 자유를 타인과 상관된 삶의 잠재능력을 최대화하고 자연과의 상관을 통해 그 잠재능력을 최대한 적절하게 발휘하는 것으로 본다. 즉 보다 의미 있는 개인적 경험과 타인과의 상관 과정 그리고 자연과의 상관 과정에 의해 삶의 가능성을 찾는 것으로 보는 것이다.

이는 자유에 대한 가치의 부여와도 상관된다. 합리주의는 고립적인 개인의 불굴의 의지를 가지고 혼자서 해결하는 것을 최고의 가치로 친다. 반면 상관주의는 자신의 약점을 포함하여 자신의 모든 허술한 면을 상대방에게 솔직하게 드러내어 함께 나누고 고치는 용기를 강조한다. 이는 당연히 상대방에 대한 믿음을 전제로 한다. 서로를 믿지 못하면 누구도 자유로울 수 없다. 따라서 불신이 판을 치는 권위주의적인 사회에서 자유는 있을 수 없다.

그러한 상관적 자유의 표상이 간디(Mohandas Karamchand Gandhi, 1869~1948)[10]의 비폭력저항이다. 그는 자신의 조국을 침략한 영국인을 증오하지 않고 문명적 고통을 안고 있는 고유한 개인으로 보고서 항상 그들에게 다정했다. 간디는 성자나 고행자가 아니라 모든 사람과의 상관을 중시한 상관주의자였다. 그는 언제나 자신의 약점과 고통을 인정하고서 타인의 약점과 고통에 대해 진지하고 정직하게 상관했다.

비폭력저항도 상관주의에 입각한 것이지만, 보다 명확한 사례는 법률가로서 간디가 소송보다는 화해를 중시했다고 하는 점이다. 이는 1990년대 남아프리카공화국의 화해위원회에서도 시도되었고 그 밖의 여러 나라에서 시행되고 있는 회복적 사법(restorative justice) 제도에서도 볼 수 있다. 그런 제도는 가해자와 피해자가 한자리에 앉아 사건에 대해 정직하게 말하여 서로를 이해하고 화해시키는 것이다.

자유는 평등과도 상관된다. 합리주의는 평등을 자유를 보장하는 법적 권리의 평등으로 본다. 그러나 평등을 성공의 기회와 같은 물질적 평등으로 보는 한 '내 것'과 '네 것'이라는 소유 차원의 대립은 사라질 수 없고, 재산, 직업, 학벌 등에 의한 차별은 끊일 수 없다. 따라서 상관주의는 평등을 타인을 자신과 동등한 존재로 보고, 상관하여 서로 간에 놓여 있는 신분과 차별을 무너뜨리는 힘으로 보아 '내 것'과 '네 것'이 아니라 '나'와 '너'의 상관적, 대화적 평등을 추구하는 것으로 본다.

상관주의는 인간의 나약함과 자연의 유한함을 전제로 하지만 천국을 믿지는 않고 상관을 통해 현세에 만족한다. 반면 합리주의는 과학과 기술에 의한 능률을 통한 무한한 물질의 진보를 믿는다. 현대 과학과 첨단 기술은 고대 종교의 메시아처럼 물질적 세계의 세속적 메시아라고도 할 수 있다.

자유의 기본

상관적 자유의 부재는 우리 사회의 모든 병폐의 기본이다. 그렇다고 해서 자유주의의 문제점을 비판하는 공동체주의나 공화주의, 사회주의나 사회민주주의, 복지국가나 사회투자국가 등등의 외국 사조를 다시 수입, 가공하거나 그런 사조를 고대 중국 유교나 한국 유교 등에서 찾아내려고 하는 눈물겨운 노력은 '더 큰 국가, 큰 시장'을 더욱더 부추기는 꼴에 불과하니 문제. 반대로 우리가 하는 자유주의는 진짜가 아니니 선진국의 진짜를 다시 열심히 배워야 한다며 서양 고대

철학부터 열심히 숭상하는 짓도 우습기는 마찬가지다.

나는 동양 사상이 서양 사상보다 실용적인 점을 존중하지만 그것이 농경사회의 유물인 이상 그 집단주의는 인정할 수 없다. 서양 사상역시 일부를 제외하면 마찬가지다. 그래서 공자(孔子, 기원전551~479)나플라톤이나 마르크스(Karl Marx, 1818~1883)나, 맹자(孟子, 기원전372?~289)나아리스토텔레스(Aristoteles, 기원전 384~322)나 김일성(金日成, 1912~1994) 모두 인정할 수 없다. 그들은 불평등, 부자유, 엘리트 통치를 섬겼다. 그러나 인간은 누구나 고유한 잠재능력을 가지고 있는데 소수만이 소유의 자유, 권력의 자유를 누리고 나머지 대부분은 최소한의 고유한 자유마저 누리지 못한다는 것은 너무나 부당한 일이 아닌가?

한국인 중에는 어려서부터 대통령이나 재벌 총수가 되고 싶어하는이들도 있을 것이다. 어른이 되어 실제로 그렇게 되는 사람도 있겠지만 이는 겨우 몇 명뿐이고, 나머지 대부분의 한국인은 안정된 직장을가지고 자녀를 훌륭한 사회인으로 교육시키며 인간으로서의 존엄성을 지킬 수 있을 정도의 재산과 건강을 갖기를 최소한 바랄 것이다.즉 적절한 노동(고용과 합리적 노동조건 및 노동단체 활동 보장), 교육(불평등한 사교육이 아닌 평등하고 저렴한 공교육), 재산(부동산이나 주식 투자가 아닌 집과 생활비와저축), 건강(생명과 신체 및 자연환경)의 능력을 갖는 것이 누구에게나 가장중요한 기본적인 자유다.

여기에 자신이 믿는 생각이나 신앙을 자유롭게 추구하거나(사상과종교의 자유) 정치적 입장을 표명할 수 있는 자유(참정권)도 포함될 수 있다. 또한 평생 남을 해치거나 남과 싸우는 일을 하고 싶지는 않지만,복잡한 세상사로 인해 혹시 법적 분쟁에 휘말리게 되면 공정한 수사와 재판을 받고 특히 신체의 자유를 보장받아야 한다.

이러한 자유가 무한한 것이 아님은 물론이다. 자유에는 제한이 있다. 가령 홀로 생각하는 자유에는 제한이 없지만 그 밖의 대부분 자유에는 공공적 가치에 의한 제한이 있다. 또 자유 없는 의무가 없듯이 의무 없는 자유도 없다. 물론 그 자유와 의무도 공공적 가치와 합치되는 것이어야 한다. 내가 좋아하는 소로(Henry David Thoreau, 1817~1862)는 노예제와 전쟁에 반대하여 납세를 거부했지만, 지방 도로세는 계속 납부하여 지역사회에 대한 자신의 의무를 기꺼이 수행했다. 나 역시 전쟁에 반대하지만 납세를 거부한 적은 없다. 양심적 병역거부자를 감옥에 보내는 것에 반대하지만 병역의무를 마쳤다.

이것이 한국인이나 세계인이 바라는 평균적인 희망이자 삶인 자유다. 이 정도는 남의 침해나 지배를 받지 않고서도 자신의 것으로 가지고 누리기를 바란다. 그것이 보통 사람들이 바라는 자유다. 인간으로서 남부럽지 않게 누리고자 하는 최소한의 가치이자 행복이다. 그것이 자유다. 그것은 자신이 인간으로서 추구하는 최소한의 기본적 능력이자 소망이니 남들에 대해서도 같은 인간으로서 그렇게 추구할 수 있기를 바라는 것이 당연하다. 그것이 상관 자유다.

그 이상의 삶은 노력 여하에 의해 달성할 수 있겠지만 누구나 다 그럴 수는 없다. 그러니 대부분의 사람들은 소박하게 기본적인 삶에 만족하리라. 그 정도 자유의 향유에 만족하리라. 적어도 나는 그렇고 그 이상의 욕심 없이 그렇게 사는 것이 옳다고 믿는다. 내가 이 책에서 말하는 자유는 그런 기본적인 상관 자유를 말한다. 그런 기본적 자유는 사실 고유한 인간적 잠재능력의 발휘를 뜻한다. 즉 자유는 빈곤하지 않은 생활이다. 반면 빈곤은 자유의 박탈, 능력의 박탈, 고유한 잠재능력의 박탈이다. 반대로 자유는 고유한 잠재능력의 회복이고 증진이다.

그러나 자유의 기본은 앞에서 말한 상관주의의 차원에서 이해되어야 한다. 가령 최근 우리 사회에서는 소송이 급증하고 있는데 이를 시민의 권리의식 앙양이나 자유주의의 확대만으로 보기가 어려운 부정적인 측면이 있다. 상관주의의 입장에서는 소송의 증대보다는 화해의 증대가 바람직하다.

이 책에서 말하는 자유

나는 자유를 '존엄성(자존심, 품위)을 갖는 인간이, 인간이면 누구나 갖는 고유한 잠재능력을 증진시켜 타인에 의한 어떤 억압이나 간섭이나 지배(그런 것들이 있으면 그런 것들에 저항하고 투쟁하여) 없이(평등) 타인과 상관하여(박애) 자신이 희망하는 삶을 창조하는(자치, 자연) 것'이라고 본다. 즉 고유한 잠재능력의 상관적 창조가 자유다. 나는 이를 줄여서 '상관 자유'라고 한다. 이는 앞에서 설명한 상관주의적 자유를 말한다.

즉 자유-저항-창조, 자유-평등-박애, 자유-자치-자연, 자유-의무-공공 등의 모든 상관을 중시한다. 이는 개인 차원의 문제만이 아니다. 처음에 말한 이집트 인민의 자유를 비롯하여 모든 인민, 집단, 개인이 상관된 것이 자유의 본질임을 중시한다. 특히 이집트를 비롯한 이른바 제3세계의 인민들이 나라의 자유를 주장한 것과 더불어 노동자, 여성, 미성년자, 소수자 등 자유를 갖지 못했다가 투쟁하여 자유를 쟁취한 집단의 자유를 중시한다. 물론 집단에 포함된 개인의 자유를 중시하지만 그 경우에도 타인과의 상관에 의한 고유한 잠재능력의 발휘를 중시한다.

왜? 그 이유를 굳이 밝힐 필요가 있는가? 이는 너무나도 당연한 것이 아닌가? 개성적으로 자기를 표현하는 창조적 자유인들이 자신의 고유한 능력을 최대한 발휘하여 평등하게 살아가는 것이 당연하지 않은가? 세속적 성공이나 대중적 소비의 욕망과 과시욕의 물질주의를 거부하고 부당한 권위와 불합리한 질서를 파괴하며 정신과 지성의 해방을 갈구하는 것이 인간으로서 당연하지 않은가? 끊임없는 변화와 최대한의 자유, 젊은 열정, 급진적인 실험, 새로운 것을 갈망하면서도 분방한 이기적 쾌락주의나 방종한 본능적 퇴폐주의를 거부하고 쾌적한 자연환경 속에서 여유를 즐기며 자신의 의사를 반영하는 자치 사회를 추구하는 것이 당연하지 않은가?

요컨대 개인·집단·인민의 자유-저항-창조, 자유-평등-박애, 자유-자치-자연, 자유-의무-공공을 존중하는 세상을 추구하는 것이 당연하지 않은가? 그 모든 상관을 바탕으로 하는 자유를 추구하는 것이 당연하지 않은가? 상관을 막는 암흑, 계급, 무지, 물질, 권력 등등의 모든 장벽을 타파하는 것이 자유다. 통일에 앞서 서로 상관하고 서로 관심을 갖고 관계를 맺으며 서로 사랑하는 것이 자유다. 공과 사, 정치·경제·사회·문화, 남과 북, 동과 서, 그 모든 장벽을 없애고 서로 상관하는 것이 자유다.

자유란 우익 부자의 것이 아니다

처음에 말한, 자유란 우익 부자의 것이 아니냐고 물은 사람 중에는 어느 중학생도 있었다. 어린 중학생마저 그렇게 생각한다는 것이 너무나 충격적이었다. 그런데 그러한 일화는 이미 1967년 어느 미국인이 1960년대의 흑인 민권운동에 대한 책을 쓰면서 그 제목을 『자유의 여름*Summer of Freedom*』이라고 하자 친구가 자유란 끔찍한 CIA의 말이니 제목을 바꾸라고 했을 때부터 있었다.

그러나 1960년대 아홉 살 난 흑인 소년 시위자는 경찰에 구속되었을 때 이름을 묻는 경찰에게 당당하게 답했다. "내 이름은 자유, 자유입니다!" 그뒤에도 자유는 인권운동가(freedom rider), 자유 학교(freedom school), 자유의 노래(freedom song), 자유의 행진(freedom march) 그리고 마침내 '지금이야말로 자유를(freedom now)!'이라는 구호로 끝없이 이어져 미국을 타락한 자유인 사유의 나라에서 참된 자유의 나라로 조금은 바꾸게 했다.[11]

나는 그 학생에게 천천히 그렇지 않은 이유를 설명하면서 여러분 세대는 참된 자유를 누리기 위해 싸워야 한다고 말했다. 싸워서 쟁취하지 않는 한 어떤 자유도 생명력을 가질 수 없고 아무리 멋진 학설, 훌륭한 헌법이 있어도 그림의 떡이며, 스스로 쟁취하지 못하는 자유는 자유가 아니라고 했다. 그리고 이집트를 비롯한 중동의 자유화 바람과 우리 현실을 설명하면서 여러분 세대가 이 나라, 이 세계의 주역이 되었을 때 나라와 세계 그리고 모든 사람들이 더욱 자유로워져야 한다고 말했다.

이제 나는 그 설명을 더욱 자유롭게 글로 옮기겠다. 중학생에게 말하듯이 가능한 한 쉽게 말하면서. 그러나 이를 유식한 대학 교수가 이제 막 지식의 문을 두드리게 된 사춘기 중학생을 무식하다고 전제하는 것이라고 오해하지 말기 바란다. 나는 그 중학생을 언젠가 이 땅에 자유의 기적을 함께 이룰 수 있는 나의 평등한 친구이자 자유로운 동료로 생각한다. 다만 내가 먼저 태어났기에 먼저 안 이야기를 하고자 할 뿐이다. 이 책을 읽는 모든 분을 그렇게 생각한다. 이 세상의 모든 사람들이 그렇게 이 책을 읽어주기를 빈다.

나는 2011년 봄 이집트에서 시작된 자유의 함성이 세계 방방곡곡에서 앞으로 계속 생겨나리라고 전망한다. 따라서 지금 우리가 자유의 질곡 속에서 고통을 받고 있다고 해도 언젠가 다시 자유를 위한 함성이 이 땅에서도 울리리라고 기대한다. 그래서 우리나라는 물론 모든 나라에서 신자유주의라는 이름의 반(反)자유주의를 물리치고 진정한 의미에서 다차원의 상관 자유가 누려지는 새로운 세상을 만들 수 있기를 기원한다.

1791년, 페인(Thomas Paine, 1737~1809)은 다음과 같이 썼다.

> 전 세계에서 자유가 사냥당했다. 이성은 곧 반란으로 간주되었다. 그리고 공포는 인간을 노예화하여 사고하는 것조차 두려워하게 만들었다. 그러나 진실의 본성은 저항할 수 없는 것으로, 그것이 요구하는—또한 바라는—바는 오로지 자유뿐이다. 그러한 상황에서 인간은 제 본모습을 찾는다. 인간은 자기 인종을, 천적이라는 비인간적인 개념으로 보는 것이 아니라, 동족으로 보아야 한다.

터클(Studs Terkel, 1912~2008)은 이것이 21세기 미국에도 그대로 들어

맞는다고 했다.[12] 21세기 미국만이 아니라 21세기 세계에도 그대로 들어맞는다. 특히 지금 한국은 더욱 그렇다.

1부

자유의 현주소

제국주의는 무력이나 선전을 통해 세계로 하여금 자신의 지배권이 보편적 가치라고 믿도록 강요했다. 지금 미국이 전 세계에 강요하고 있는 자유주의도 그 하나다. 이러한 서양의 자유나 인권에 대한 절대주의도 문제이지만 인권이 서양에만 적용되고 비서양에는 적용될 수 없다고 보는 상대주의도 정체성주의적 근본주의에 빠진다는 점에서 문제다.

자유를 노래하는 나라들

국가 속 자유

자유의 노래를 부르며 신나게 자유를 이야기해보자. 그런데 자유의 노래가 국가(國歌)라고 하면, 국가가 자유의 찬가라고 하면 놀랄 사람이 있을지 모르겠다. 우리의 애국가에는 자유라는 말이 없으니 그럴 법도 하다. 그러나 대부분의 국가는 자유의 노래다.

가장 신나는 노래는 아니라고 해도 가장 중요한 노래 중 하나가 애국가다. 우리가 애국가라고 부르는 '나라의 노래'를 '국가'라고 한다. 어느 나라 국가나 나라에 대한 사랑을 담겠지만 모두 애국가라고 일컫지는 않는다. 이를 보면 우리의 애국주의는 대단히 강하다. 다른 나라에서는 국기(國旗)를 애국기라고 하지 않고 일반적으로 국기라고 하듯이 국가를 애국가라고 하지 않는다.

국가가 반드시 그 나라를 상징하는 것은 아니겠지만 교가니 군가니 하는 종류의 노래가 그렇듯이 그 나라 건국 이념이나 정신 등과 무관하지 않다. 건국 정신은 각국 나름대로 특이할 수 있겠지만 사람들이 나라를 세울 때 가장 중요하게 생각하는 이념이 자유다. 이는 여러 나라의 국가 중에 가장 빈번하게 나오는 말이 자유인 점으로 알 수 있다. 그래서 국가는 자유의 노래, 즉 자유가(自由歌)다. 그렇다면 국(國), 즉 나라는 자유다. 자유의 공동체다. 그리고 그 나라 사람들은 자유인, 자유민이다. 자유로운 사람들이다. 자유로운 사람들의 자유로운 공동체[1]나 사회 중 하나가 나라다. 이 말이 이 책의 핵심이다. '자유로운 사람들의 자유로운 사회'를 만드는 것이 핵심이다.

우리가 미국을 '자유의 나라'라고 생각하는 이유 중 하나는 미국 국가에 그 말이 나오고 이를 우리가 너무나 자주 들어 익숙해진 탓인지 모른다. 그러나 이는 하나의 보기일 뿐이다. 대부분 나라의 국가에는 자유라는 말이 나오기 때문이다. 이는 미국의 국가가 비교적 빨리 만들어져 다른 나라의 모델이 된 탓이기도 하지만 국가의 내용을 보면 반드시 그렇지도 않다. 가령 지금은 미국과 원수라고 해도 과언이 아닌 이란의 국가에도 '자유와 독립'이란 말이 나온다. 미국과 한때 원수였다가 지금은 강제로 친미국이 된 아프가니스탄의 국가에도 '자유의 대지' '자유의 인민' '알라의 지배하의 자유' '자유의 횃불' 같은 말들이 계속 나온다. 같은 아랍권인 터키의 국가에도 '자유와 독립'이라는 말이 2회나 반복된다.[2] 역시 한때 미국과 원수였던 러시아의 국가에도 미국의 국가처럼 '우리의 자유로운 조국이여!'라는 말이 나온다. 그러니 단순히 미국을 모방한 것은 아니겠다. 이 나라 사람들에게 미국의 국가를 모방한 것이라고 하면 칼부림이 날지도 모르니

조심할 일이다.

미국의 독립혁명에 이어 혁명에 성공한 프랑스에서도 국가는 '자유, 사랑하는 자유여, 네 지지자와 함께 싸워라'라고 노래한다. 미국과 마찬가지로 영국인이 세운 오스트레일리아 국가에서도 '젊고 자유로운 오스트레일리아인'이 노래되고 뉴질랜드 국가에서는 '자유로운 나라'가 반복된다. 캐나다 국가에도 자유라는 말은 두 번씩 나온다. 이스라엘 국가도 '자유의 인민'을 노래한다. 그 어느 나라보다도 자유의 찬가다운 국가를 가진 나라는 독일이다. '통일과 정의와 자유를 조국 독일에! 친구여, 추구하여 나아가자. 마음 합쳐 손을 잡고. 통일과 정의와 자유는 행복의 증거'라고 노래하기 때문이다.

소위 선진국의 국가에서 자유를 노래함은 당연한 반면 그 반대인 소위 후진국은 그렇지 않다고 생각할지 모른다. 그러나 필리핀 국가는 '자유의 고동'을 노래하고, 라오스 국가는 '자유와 독립'을 노래하며 아프리카의 에티오피아와 케냐에서는 '평화, 정의, 자유'를 노래한다. 아르헨티나 국가에는 '자유! 자유! 자유! 자유의 인민'이라는 말이 나오며, 우루과이 국가는 '죽음으로 자유를 지켜라! 자유다. 자유를 지켜라! 성스러운 영광, 자유라고 외쳐라!'라는 말을 반복해 자유의 찬가라는 느낌을 준다. 파라과이, 브라질, 페루의 국가에도 자유라는 말은 두 번씩 나온다. 그 밖에도 대부분의 국가는 자유를 노래한다. 대부분의 세상 사람들은 자유를 사랑한다.

국가와 함께 나라를 상징하는 것이 국기다. 국기는 선명한 원색으로 그리는 것이 보통이며 프랑스나 이탈리아의 삼색기처럼 그 색으로 자유와 평등, 박애와 같은 가치를 표현하는 것이 일반적이다. 유럽 국기에 자주 나오는 십자는 기독교를 상징하는 것이지만 그리스 국기처럼 비유럽 국가로부터 독립한 역사를 상징하는 경우도 있다. 그리스 국기에는 십자와 함께 아홉 줄이 있는데 이는 "자유냐 죽음이냐"의 그리스어 9음절을 나타냄과 동시에 독립전쟁이 9년간 계속되었음을 상징한다.

여러 나라의 국기가 주로 쓰는 적색은 독립, 박애, 정성, 용맹, 혁명 등을 의미하는 점에서 자유와 통한다. 대부분의 국기에서 자유는 적색으로 표현되지만(그러니 자유를 좋아하는 우익이 적색을 좌익의 색으로 오해할 필요가 없다. 색은 그야말로 색일 뿐이다) 나라에 따라서는 자유를 백색이나 청색이나 흑색으로 표현하기도 한다. 가령 도미니카공화국 국기에는 신을 뜻하는 청색, 조국을 뜻하는 적색과 함께 자유를 뜻하는 백색이 있고 신, 조국, 자유라는 세 단어가 중앙 문장(紋章)에 새겨져 있다. 멕시코 국기의 초록은 자유 독립, 백색은 종교, 적색은 통일을 뜻한다. 말라위 국기의 적색은 자유를 위해 흘린 피, 초록은 자연, 검정은 아프리카인을 상징한다. 마다가스카르 국기의 삼색도 각각 자유, 애국, 진보를 뜻한다. 방글라데시나 베네수엘라나 베트남이나 모리셔스나 모잠비크나 몰디브나 말리나 잠비아나 케냐 등의 국기 속 적색도 자유를 위해 흘린 피와 용기를 뜻한다. 몽골 국기도 자유와 주권을 상징한다.

이상 여러 나라의 국가와 국기에 나오는 자유가 모두 같은 뜻인지 아니면 각각 다른 뜻인지는 정확하게 알 수 없으나, 기본적으로는 나라와 인민의 자유이고 동시에 집단과 개인의 자유를 모두 포함한다고 생각된다. 여기서 말하는 자유가 무엇인지는 뒤에서 다시 생각해보고 이어서 우리의 국가와 국기를 살펴보자.

• 그리스 국기의 아홉 줄은 "자유냐 죽음이냐"의 그리스어 9음절을 나타냄과 동시에 독립전쟁이 9년간 계속되었음을 상징한다. ©abdallahh/Wikimedia Commons

애국가에는 자유가 없다

자유라는 말이 없는 국가도 많다. 애국가나 북한의 국가도 그렇다. 그 둘의 건국이념에 자유와 독립, 평화와 정의와 통일이 없었다고 볼 수는 없으나, 매일처럼 부르는 국가에 그런 말들이 나와서 항상 기억할 수 있다면 어떨까. 나는 애국가를 부를 때, 특히 외국에서 부를 때면 나도 모르게 가슴이 뭉클해지는 것을 느끼고 가끔은 감격에 북받쳐 울기도 하지만 가사를 반드시 좋아하지는 않는다.

1. 동해물과 백두산이 마르고 닳도록
하느님이 보우하사 우리나라 만세
(후렴) 무궁화 삼천리 화려강산
대한 사람 대한으로 길이 보전하세
2. 남산 위에 저 소나무 철갑을 두른 듯
바람서리 불변함은 우리 기상일세

1절 첫 줄은 조국의 영원함을 강조한 표현이지만 바다가 마르고 산
이 닳는다는 것은 요즘 기상 이변과 자연 파괴가 심각해지는 탓인지
(물론 애국가를 만들 때는 그렇지 않았겠지만) 썩 좋은 강조라고 보이지는 않는
다. 자연을 사랑하는 사람[3]이 가사를 쓴 것이 분명하지만 바다와 산
이 '마르고 닳는다'는 표현이 도리어 자연 훼손인 듯해 싫다. 특히 둘
째 줄의 하느님이라는 것을 나는 인정하지도 않으니, 만약 내가 애국
가를 만드는 자리에 있었더라면 당연히 반대했을 것이다.[4] 하느님을
인정하지 않는 무신론자나 유교와 불교 신자 등도 많은 나라의 국가
에 그런 표현을 쓴다는 것은 헌법이 보장하는 신앙의 자유를 침해하
는 것일뿐더러 정교(政敎)분리의 원칙에 어긋나는 것이기도 하다. 어
떤 종교와도 무관한 일반적인 개념으로 볼 수도 있겠지만 나는 하느
님이라는 존재를 인정하지 않으므로 적어도 애국가를 부를 때 그 부
분은 부르지 않는다. 2절에 나오는 남산도 서울에 있는 것이어서(물론
서울에 있는 것만이 아니라 모든 남쪽 산을 뜻한다고 볼 수도 있겠지만) 서울 같은 도
시를 싫어하고 서울 편중에 비판적이어서 굳이 시골에 사는 내 마음
에 들지는 않는다.[5]
　다른 나라의 국가나 교가 등과는 달리, 우리의 국가나 교가는 대부

분 강이나 산의 묘사로 시작된다. 아마 도나 시 등의 지역 자치 단체, 회사 등의 노래도 마찬가지일 것이다. 이처럼 국가를 비롯한 여러 종류의 사회의 노래가 자연 예찬만으로 애국 등을 노래하기보다도 자유와 같은 가치를 담아 정신적 의미를 강조하는 것도 좋을 것이다. 우리가 전통적으로 자연을 좋아했다고 하지만, 요즘 우리의 자연 파괴를 보면 과연 그런지 의심스럽고 그래서 더욱 자연을 강조할 필요도 있으나, 자연 파괴의 원인이 자유 파괴에 있다면[6] 자유의 강조가 앞설 필요가 있다.

앞에서 본 그리스나 우루과이 국가처럼 "자유가 아니면 죽음을 달라"는 식의 구호를 넣을 필요까지야 없을지 모르지만, 앞으로 우리나라도 가장 중요한 가치로 나라와 인민, 집단과 개인의 자유를 설정할 필요가 있다고 생각한다.[7] 새로운 애국가에 자유라는 말을 넣는 것도 좋겠다. 위에서 본 통일 독일의 국가처럼 말이다. 통일이 되면 새로운 국가를 만들어야 할지 모른다. 그 이름도 애국가가 아니라 차라리 자유의 노래, 자유가라고 하면 어떨까? 아니면 민주가라고 하든가.

나라의 이념을 더욱 명백하게 보여주는 국기 중에서 우리 태극기처럼 백의의 숭상을 뜻하는 흰색 바탕 중앙에 태극(太極)을, 네 귀퉁이에 사괘(四卦)를 배치하여 심오한 동양철학(또는 중국철학) 내지 유교철학을 표현하는 경우는 지극히 드물다. 아니, 우리 국기뿐이다. 우리나라를 제외한 이 세상 모든 나라의 국기는 철학적 상징이 아니다. 물론나는 태극 사괘의 심오함을 부정하지는 않지만 그것이 우리의 구체적인 삶과 얼마나 직접적인 연관성이 있는 것인지는 알 수 없고 이해하기도 쉽지 않다. 게다가 국기에 특별한 학문이나 종교의 가치관을 표현한다는 것도 애국가의 경우와 마찬가지로 정교분리의 원칙에 맞지 않는다. 즉 애국가가 기독교적 요소를 갖는 것도 태극기가 유교적 요소를 갖는 것도 문제다.

태극기와 애국가를 만든 사람들은 각각 유교를 믿은 유식한 양반 관료이거나 기독교를 믿은 유력자였음에 틀림없다. 그러나 그뒤 시대는 급변했고 대부분의 젊은이들이 대학을 졸업하는 21세기 지금은 애국가나 태극기 속 철학을 충분히 이해하는 사람이 드물지 모른다. 도리어 자유와 평등과 박애 같은 가치가 더욱더 구체적으로 다가오지 않을까? 통일이 되면 애국가도 태극기도 새로 바뀔 수 있다. 그때는 국가나 국기에 자유란 가치를 포함하여 좀더 구체적인 삶의 희망을 그릴 수 있다면 좋겠다.

객관적인 문서인 헌법에 자유가 명시되지 않는 나라는 없다. 한국은 물론 북한도 예외가 아니다. 모든 나라의 헌법은 무엇보다도 먼저 국민의 자유[8]를 명시한다. 우리는 헌법에 명시되어 있듯이 우리나라가 자유민주주의 국가임을 믿어 의심치 않는다. 자유민주주의가 무엇을 뜻하는지에 대해서는 여러 가지 논의가 있지만 자유를 근본원리로 삼고 있음은 분명하다. 따라서 우리의 국가와 국기에 자유라는 말이 없다고 해도 우리나라의 근본정신에 자유가 있음은 분명하다.

영국의 국가에도 자유는 없다

우리나라 국가나 국기에만 자유가 없는 것이 아니다. 유니언잭 (Union Jack)이라고 불리는 영국의 국기는 잉글랜드와 스코틀랜드가 1707년 통합했을 때 그 둘의 국기를 합친 것에, 다시 1801년 아일랜

드를 통합하면서 그 상징을 더해 만들어진 것일 뿐 자유의 의미는 없다. 도리어 그 강제적 통합은 자유에 반한 것이었다. 그러나 그 전후로 대영제국의 기치 아래 영국에 속한 수많은 다른 지역은 국기에 표현되지 않았다. 그래도 불만이 없었는지, 아니면 그런 불만이 있어서 지금 모두 독립했는지(그럴 리는 없겠지만) 알 수 없지만 일제강점기 때 일본 국기에 태극기를 합치는 상상을 하면 끔찍하다.[9] 〈하느님, 여왕 폐하를 지켜주소서〉라는 영국 국가의 1절에도 자유는 없다.

> 하느님, 저희의 자비로우신 여왕 폐하를 지켜주소서.
> 고귀하신 저희의 여왕 폐하 만수무강케 하고,
> 하느님, 폐하를 지켜주소서.
> 폐하께 승리와
> 행복과 영광을 주소서.
> 저희 위에 오래도록 군림케 하소서.
> 하느님, 여왕 폐하를 지켜주소서.

이 노래는 영국의 민요에서 비롯되어 1745년부터 국가 차원에서 연주되었고 19세기부터 공식 국가로 지정되었다. 그러나 나는 이 노래를 좋아하지 않는다. 내게 여왕 같은 존재는 대통령인데 그를 '자비롭다'거나 '고귀하다'고 생각하지도 않으며 특히 '오래도록 군림하기'는커녕 5년 뒤에는 반드시 물러나기를 학수고대한다. 그러니 그런 노래를 부르고 싶은 생각이 추호도 없다. 영국에서 대부분의 사람들, 특히 사회주의자란 자들까지 그 노래를 합창하는 것에 질려 장학금도 포기하고 귀국한 적이 있다.

흔히 영국을 자유주의와 민주주의가 가장 먼저 이루어진 모국(母國)이라고 하는데[10] 그 국가도 세계에서 가장 오래된 것으로 여러 나라 국가의 모델이 되었다. 그러나 영국 국가에도 애국가처럼 하느님이 등장하는 것이야 다른 유럽 나라와 같이 영국의 국교가 오랫동안 기독교였으니 당연하다고 해도, 그 국가에서 국민들이 왕의 영원한 군림을 노래하고 무엇보다도 왕의 승리를 기원한다니 도대체 자유주의와 민주주의와 평화를 사랑한다는 나라의 국가답지 않다. 다른 유럽 국가나 아랍 등에도 왕이 있지만 영국 왕은 다른 왕과 달리 자국민의 사랑을 받는다고 한다. 이를 영국인의 독특한 취향이자 자유라고 하더라도 다음 3절과 5절에는 분명히 문제가 있다.

오 신이여 깨어나셔서
왕의 적들을 흩트리고
그들을 멸망시키소서.
그 정부를 뒤엎고
그 간악한 흉계를 꺾으소서.

보이지 않는 모든 적들로부터,
모든 암살자의 습격으로부터
우리 여왕 폐하를 구하소서!
그대 팔이 닿는 곳까지
영국의 이익을 지키고
우리 국모와 왕태자와 벗들을 지키시길!
여왕 폐하 만세!

첩보 소설 및 영화 007을 만든 영국이고 옛날부터 끝없이 스파이 활동과 전쟁을 했지만 국가로 매일 아침저녁 "적들을 흩트리고 멸망시키며 그 정부를 뒤엎어라" "보이지 않는 모든 적들로부터, 모든 암살자의 습격으로부터 우리 여왕 폐하를 구하소서!"라고 빌었을 것이라 생각하니 기가 차다. 제2차세계대전 때 영국이 독일 나치의 공격을 받은 것은 사실이고 그래서 우리에게 '나쁜' 나치 독일, '좋은' 신사 영국이라는 이미지가 남아 있지만, 영국의 역사도 정복과 전쟁과 착취의 역사였다. 적으로부터 나라를 지키고자 한 의지는 좋게 보아주자. 그러나 여왕의 팔이 닿는 곳이면 어디에서나 영국의 이익을 지킨다는 것은 너무나도 제국주의적인 발상이다. 여왕의 팔이 우리의 팔처럼 짧아서 자국에만 닿는다면 문제가 아니지만 이 노래를 공식국가로 인정하고 부른 19세기 영국의 팔은 세계 어디에나 닿을 정도로 길었고 마침내 지구 전체를 싸안을 정도로 전대미문(前代未聞) 괴물의 그것이 되었다. 그래서 영국에서는 SF가 발달하는가?

'영국이여, 지배하라'

이러한 제국주의적 성격은 국가에 준하는 노래로서 제2의 국가라고 하는 〈영국이여, 지배하라 *Rule Britannia*〉에서 더욱 분명히 드러난다. 영국이 세계를 지배하라는 그 제목부터 끔찍하다.

영국이 천명(天命)에 의해,
푸른 망망대해로부터 솟아났을 때

국가로 인정되었네,

수호천사들은 이렇게 노래했네

"영국이여, 지배하라! 바다를 지배하라!

영국민은 결코 노예로 살지 않으리!"

위 가사의 마지막에 '노예로 살지 않는다'는 것은 고대 그리스 이래로 '자유'를 뜻하는 것이었다. 즉 자유민은 노예와 반대되는 말이고, 노예와 달리 자유를 갖는 인간을 뜻했다. 그런 영국과 영국인의 자유가 바다의 지배, 즉 세계를 노예로 삼아 지배하는 것에 의한다는 것도 고대 그리스 이래의 전통이었다. 그러나 이는 끔찍한 침략의 노래다. 세계를 노예로 지배해야만 스스로 자유롭다니 말이다.

그런데 실제로 영국은 그러했다는 것이 더욱 끔찍하다. 고대 로마 시대부터 로마의 모든 땅에서와 마찬가지로 영국도 인구의 3분의 1 이상이 노예인 사회를 형성했고 그들이 중세 천 년 동안에는 농노로 변했다가 현대 500년간은 노동자로 변했다. 특히 그 500년간 영국은 다시 아프리카로부터 수백만 명의 노예를 강제로 끌고 오거나 헐값에 사들여 아메리카를 비롯한 식민지에 비싼 값을 받고 되파는 노예무역을 끝없이 되풀이해 벼락부자가 되었다. 영국은 그런 나라다. 그러니 민주주의나 자유의 나라라고 우러러보거나 신사의 나라 운운하며 좋아할 이유가 조금도 없다. 우리를 침략한 일본이나 세계를 침략한 영국이나 행위는 마찬가지이지만 세계의 자유를 억압한 시간이나 공간은 영국의 경우 일본에 비할 바가 아니다.

• 월터 존 잉그램(Walter John Ingram)의 그림(1914). 하단에 '영국민은 결코 노예로 살지 않으리'란 문구가 쓰여 있다.

위 노래가 불린 18세기에도 영국민의 대부분은 사실상 노예와 다름이 없었다. 즉 정치적인 차원만이 아니라 모든 차원에서 유권자는 성인 남자 인구의 5퍼센트 미만이었다. 지금 한국에서 말하는 소득 상위 5퍼센트와 나머지 95퍼센트의 계급 차이가 18세기 영국에도 있었다.

당시 영국에서는 95퍼센트의 성인 남자와 100퍼센트의 여성 그리고 모든 미성년자들은 인간으로 대접받지 못했다. 투표권만이 아니었다. 부랑자 처벌법은 생활 수단을 갖지 못한 대부분의 빈민들을 처벌했고 주종관계법은 노동자에게 엄격한 복종을 요구했으며 노동자가 노동계약을 파기하거나 파업을 하면 엄중하게 처벌했다. 이는 지금 한국과 크게 다르지 않다. 이름만 주종관계법이 아니라 노동법일 뿐 노동자에게 엄격한 복종을 요구하기는 마찬가지고 파업을 하면 더욱 엄격한 처벌을 받고 있기 때문이다.

대영제국의 정복과 수호에 앞장선 해군조차 런던 등의 대도시 거리에서 강제 징집된 수병으로 구성되었고 그들은 "흑인 노예보다 별로 나을 게 없는" 환경에 '수감'되어 높은 사망률에 시달렸으며 당시 법은 장교를 구타하거나 근무중 졸았던 수병에 대해 사형을 선고할 수 있는 권한을 선장에게 부여하기도 했다.[11]

당시 영국의 자유란 중세 이래의 특허장에 의한 도시민만의 특권을 의미한 것에 불과했다. 심지어 영국의 식민지인 북아메리카에는 대부분 가난한 사람들이 이민을 갔고(제 나라에서 먹고살 만하면 왜 이민을 가겠는가?) 18세기 말에는 300만 명의 흑인 노예가 있었다. 따라서 17세기에 영국의 로크[12] 같은 '자유사상가'가 자유를 주장했어도 당시 자유를 누린 사람들은 극소수 특권층에 불과했다. 로크 자신도 그런 특권층의 자유만을 인정했고 식민지 지배를 정당화했을 뿐 아니라 노예제도를 정당화했고 노예무역으로 엄청난 이익도 챙겼다. 우리는 흔히 로크와 홉스는 반대라고 하지만 영국의 국가를 들면 만인에 대한 만인의 투쟁을 주장한 홉스의 투쟁욕이 저절로 떠오른다. 그런 국가를 듣는 영국인에게 홉스나 로크는 전혀 다르지 않았다. 특권층의 자유만을 옹호한 점에서 그들은 마찬가지였다. 식민지 침략이나 노예무역을 옹호한 점에서도 마찬가지였다. 그런 것이 근대 서양의 자유주의니 민주주의였고 그런 것을 주장한 자들이 그 사상가들이었다. 그러니 우리는 그것을 존중하거나 존경할 필요가 조금도 없다.

영국은 19세기에 와서야 투표권이 조금씩 확대되었을 뿐이고 부랑자를 비롯한 빈민의 삶은 20세기에 와서야 겨우 개선되었다. 그러니 로크의 책을 읽고 17세기에, 또는 경제학자 스미스[13]의 책을 읽고 18세기에, 또는 밀[14]의 책을 읽고 19세기에 모든 영국인이 자유를 누렸다는 식의 환상을 가져서는 안 된다. 18, 19세기, 아니 20세기에도 대부분의 사람들은 로크, 스미스, 밀을 몰랐다. 지금도 대부분 모른다. 몰라도 무방하기 때문이다. 게다가 그들은 노동자의 편도 아니었으니 노동자들이 읽어서 좋을 것도 없다.

이는 지금 우리의 직장인 노동자들이 조선시대 유학자들을 모르는 것과 같다. 이황(李滉, 1501~1570)이나 이이(李珥, 1536~1584)가 지폐에 그려져 있지만 누구도 그것을 눈여겨보지 않는다. 그들도 우리 노동자에게 덕 될 이야기를 한 적이 없다. 그러니 그들의 사상이라고 하는 것을 대단한 것처럼 숭배할 필요는 조금도 없다. 또한 우리가 일본의 지배를 받았다고 해서 일본 사상을 숭배하지 않고 도리어 그것을 배척하듯이 영국의 지배를 받은 인도 등의 나라도 지배를 합리화하는 영국 사상을 숭배하기커녕 배척한다. 나는 우리가 영국의 지배를 받지는 않았지만 영국을 배운 일본의 지배를 받았다는 점에서 영국을 숭배할 필요가 없다고 생각한다.

마찬가지로 오스트리아 출신의 경제학자 하이에크(Friedrich Hayek, 1899~1992)가 영국에 망명해 쓴 『노예의 길 The Road to Serfdom』은 계획경제의 폐지를 주장했으나, 영국의 20세기 경제는 1970년대까지 계획경제였기 때문에 그의 이론과는 정반대였다. 스미스나 하이에크의 시장경제가 어느 정도 실현된 것은 20세기 말 이후였으나 그것도 각국의 정책과는 상당히 다른 것이었다. 그럼에도 지금 한국에서 그것들을 신주처럼 열심히 섬기고 있음은 참으로 가관이다.

여하튼 위 노래는 적어도 영국의 민중이나 수병들이 즐겨 부를 노래는 아니었으나 18세기부터 영국의 국가처럼 불렸다. 19세기 후반부터는 엘가(Edward Elgar, 1857~1934)의 〈위풍당당 행진곡*Pomp and Circumstance Marches*〉과 함께 영국을 상징하는 노래로 언제 어디서나 즐겨 불리었으나, 2001년의 9·11 사태 이후 호전적 애국주의라는 이유에서 문제가 되었다. 아마 조만간 없어질 것으로 기대되며 당연히 없어져야 한다고 본다(이는 물론 나의 기대이지 영국인의 기대는 아니리라).

서양식 자유주의의 수입

우리는 일본의 국가를 좋아하기는커녕 알지도 못한다. 인도를 비롯해 영국 식민 지배를 경험한 나라 사람들도 영국 국가를 좋아하지 않으리라. 그래서 나는 영국의 국가를 좋아하지 않는다고 앞서 말했다. 그러나 이 노래에 대해 한국인이 1897년 〈독립신문〉에서 "우리도 영국 친구로 그 노래에 하느님은 우리 여왕을 도와줍시요 하는 국가에 같이 노래하노라"[15]라고 찬사를 보낸 것이 놀랍다. 아무리 노래와 춤을 좋아하는 민족이라고 해도 유독 영국 국가를 좋아한 것이 마음에 걸린다. 그러나 이것이 한반도 근대 또는 현대, 근대화나 개화나 서양화, 자유주의를 비롯한 모든 서양 이즘(ism) 수입의 시작이자 기원이다. 우리는 아직도 그 영국 국가를 비롯한 서양 제국에 대한 숭배에 사로잡혀 있다. 자유주의는 물론 사회주의도, 우익은 물론 좌익도, 남한은 물론 북한도 그 숭배에서 벗어나지 못하고 있다. 조금도 자유스럽지 못하다.

위 글은 당시 빅토리아 여왕이 거느린 신민이 4억 251만 4925명, 즉 세계 인구의 100분의 29이고, 그 땅이 1139만 9616방리로 세계 지면의 100분의 27이며, 60년 안에 38회 전쟁하여 완승했다고 앞부분에서 참으로 상세하게 설명하면서 야만국에 그 국기를 꽂아 아프리카에 있는 요지는 모두 영국 물건이 되었으며 그 국기에는 해 질 데가 없고 영국은 세계에서 가장 강하고 부유하며, 영국인은 모두 신사로 자유권과 독립권을 가지고 세계에 자유를 가르친다고 극구 찬양했다. 특히 영국의 인도 지배에 대해 〈독립신문〉을 발간하고 독립협회 회장을 지내기도 했던 윤치호(尹致昊, 1865~1945)는 다음과 같이 말했다.

영국이 주인 된 후 인도 내란이 진정이 돼 (…) 인민의 생명 재산을 잘 보호하며 학교를 베풀어 인재를 배양하며 학문을 권면하여 전일보다 태평을 누리니 실상 인도를 위하여 말하면 영국이 그 은인이라 하여도 옳도다.[16]

위에서 '인도 내란'이란 소위 '세포이의 항쟁(Sepoy Mutiny, 1857~1859)'을 말하는 것인데 이는 오늘날 인도에서 '제1차 독립전쟁'으로 불리듯 영국의 침략에 대한 최초의 자유 투쟁이었다. 윤치호가 그 점을 알았는지 아니면 당시 그가 반대한 동학농민운동이나 의병운동을 반란으로 본 것처럼 인도인 내부의 민란으로 보았는지는 알 수 없다. 그러나 독립전쟁 뒤 인도는 잘살기는커녕 식민지 치하에서 온 갖 고통을 다 겪었다. 제정신의 인도인이라면 영국을 은인이라고 보지 않았는데 조선의 양반이 그렇게 생각했다니 참으로 우물 안 개구리다. 인도만이 아니라 모든 식민지가 그러했다. 1945년, 9년의 독립투쟁을 시작한 베트남의 호치민(胡志明, Ho Chi Minh, 1890~1969)은 독립선언에서 다음과 같이 말했다.

모든 사람은 평등하게 태어났으며, 조물주는 빼앗길 수 없는 일정한 권리를 모든 사람에게 부여했다. 그러한 권리에는 생명, 자유, 행복 추구의 권리가 포함되어 있다.

영구불멸의 이 진술은 1776년의 '미국독립선언문'에 명기되었다. 이것은 넓게 보아 다음과 같은 뜻이다. 즉 지상의 모든 인민은 태어날 때부터 평등하며, 생명권, 행복권, 자유권이 있다.

1791년 프랑스혁명의 '인간과 시민의 권리선언'에도 다음과 같은 구절이 있다. "모든 사람은 출생과 더불어 그리고 그 이후 계속해서 평등한 권리를 누린다."

이러한 것들은 부정할 수 없는 진리이다.

그럼에도 불구하고 프랑스 제국주의자들은 80년 이상 자유·평등·박애의 규범을 무시하고 우리 조국을 유린하고 우리 동포 시민들을 탄압하였다. 프랑스 제국주의자들은 인간성과 정의의 이상에 반하여 행동한 것이다. (…)

프랑스 식민주의자들은 학교보다 감옥을 더 많이 지었고 (…) 우리의 농토와 탄광과 산림과 천연자원을 강탈하였다. (…) 그들은 피도 눈물도 없이 우리의 애국지사들을 살해하였다.[17]

베트남은 1954년 독립했으나 일시 분단되어 1956년 국제 감시하에 총선을 실시하여 통일한다고 결정되었다. 그러나 총선을 하면 호치민이 승리한다고 판단한 미국은 그후 20년간 남베트남의 독립만을 획책하고 그 독재자를 지원했다. 미국의 공습에 대해 호치민은 "베트남 민중의 가슴에 독립과 자유보다 더 소중한 것은 없다"고 선언했고 이는 그후의 독립투쟁의 구호가 되었다. 1975년 미국이 물러가고 통일을 이루기까지 베트남에는 제2차세계대전 동안 유럽과 아시아에 투하된 폭탄보다 더 많은 양의 폭탄과 소이제(燒夷劑) 네이팜탄에 의한 촌락의 전소, 고엽제 살포로 인한 대지의 황폐화, 100만 명 이상의 인명 피해가 야기되었다.[18] 호치민과 마찬가지로 아프리카 가나의 은크루마(Kwame Nkrumah, 1909~1972)는 다음과 같이 말했다.

역사의 도도한 강물이 흐르고 있습니다. 이 강물은 확고한 진리와 인간관계를 현실의 물가로 인도하고 있습니다. 우리 시대 만고불변의 진리가 있다면 그것은 아프리카의 각성이 현대 세계에 미친 결정적인 영향력일 것입니다. 아프리카 민족주의의 도도한 흐름은 그 앞의 모든 것을 쓸어버립니다. 그 흐름은 또한 식민 지배 세력에 대해 그들이 긴긴 세월 동안 우리 대륙에서 저질렀던 불의와 범죄행위에 대해 공정한 보상을 요구하고 있습니다. (…)
우리의 요구는 공정하고 긍정적인 요구입니다. (…) 그 목소리는 아프리카의 자유를 요구합니다. 아프리카는 자유를 요구합니다. 아프리카는 자유를 되찾아야 합니다.[19]

이런 식민지 착취의 현실은 조선의 경우에도 마찬가지였다. 한반도가 인도나 아프리카처럼 식민지가 될 줄도 모르고 윤치호나 〈독립신문〉이 영국을 예찬한 것과, 지금 우리가 영국을 비롯한 유럽이나 미국 등 서양을 예찬하는 것은 무엇이 얼마나 다를까?[20] 개화파는 조선이 일본의 식민지가 되는 것이 당연하다고 생각했다. 〈독립신문〉을 발간한 한말의 개화파는 자체 개혁이 불가능하면 영국이나 일본 등의 식민지가 되는 것이 낫다고 생각했고 개화파에 비판적이었던 윤치호도 조선이 인도처럼 식민지가 되는 것이 낫다고 보았다. 윤치호가 했던 말을 다시 들어보자.

　약한 인종들의 권리를 유린한 것에 대하여 일본인, 불란서인 또는 미국인을 꾸짖을 때 우리는 약한 인종들도 그들보다 약한 다른 인종들을 억압했었으며 상처를 입혔었다는 것과 그들이 할 수 있을 때 앞으로도 계속해서 그렇게 할 것이라는 사실을 기억해두라. 따라서 유럽인 또는 미국인은 결코 모든 갈릴리 사람들보다 심한 원래부터의 죄인이 아니다. 이것이 확실하게 밝혀주는 것은 기독교는 매우 거룩한 성향을 가지고 있어서 그 신도들은 약자를 격려하고 구원해주고 보호하기 위하여 재산과 생명을 바친다는 것이다.[21]

도대체 무슨 말인가? 인도인이나 아프리카인이 누구를 억압하기라도 했다는 것인가? 위에서 윤치호가 말한 약한 인종은 아시아, 아프리카 원주민을 말하는 것인데 심지어 〈독립신문〉은 아프리카인들이 서양인을 악독하게 죽여서 천대를 받고 있다고도 했다.[22] 이는 안중근(安重根, 1879~1910)이 이토 히로부미(伊藤博文, 1841~1909)를 죽인 것에 대한 보복으로 조선을 침략한 것이 정당하다고 주장한 일본의 논리와 조금도 다름이 없다. 윤치호는 문명국이 비문명국을 정복함은 강자에게 권리, 정의, 성공을 가져오고 약자는 나쁘고 부정의하며 실패함을 증명한다고 했다.[23] 윤치호와 〈독립신문〉은 우리나라에 자유와 자유주의를 심는 데 가장 적극적인 역할을 했는데 그러한 자유에 대한 왜곡된 사고방식은 지금까지 우리에게도 그대로 남아 있다.

식민 시대의 잔재

윤치호는 영국이 인도나 아프리카 등 식민지에 자유를 주었다고 보았다. 윤치호는 한말에 일본과 미국에 유학한 현실주의자로 당시에는 보기 드문 국제통이었으므로 3·1운동을 비롯한 독립운동을 비웃었고 친일을 했다고 보는 평가가 있다. 그러나 그가 과연 당시의 국제 정세를 정확하게 보았던가? 그는 일본이나 미국의 일방적 선전에 놀아난 꼭두각시가 아니었던가? 지금도 그런 자들은 흘러넘치지 않는가?

윤치호 시대의 영국이 지배한 인도나 아프리카에는 부자유의 강제뿐이었다. 19세기의 벤담이나 밀에 이르는 국내 개혁가들은 인도에 대해서는 철두철미한 제국주의의 앞잡이였고 인도에서는 어떤 민주적 제도도 적용되지 못했다. 인도는 조선과 마찬가지로 행정기관과 군대와 경찰의 통합에 의해 법치주의가 아닌 강권적인 무력으로 지배되었다. 우리나라에는 일본이 지배한 조선과 영국이 지배한 인도는 상황이 다르다고 보는 견해가 있지만 이야말로 전혀 근거가 없는 오리엔탈리즘일 뿐이다. 가령 1871년의 '범죄 부족법'은 인도 북부에서

만 150만 명을 '범죄 부족'으로 지정하여 유폐하는 등 갖은 악행을 저질렀다.[24]

영국과 일본의 지배 원칙은 오로지 수지타산이었다. 수지타산을 위해 무력과 함께 지식도 동원되었다. 그 지식이란 인도가 야만이고 자유나 민주주의에 적합하지 않은 분열 사회이자 카스트 사회임을 증명하는 것이었다. 또한 제국의 강압 지배가 전통 정치의 계승이라고 선전했다. 그러나 그전 무굴제국도 영국처럼 강압적으로 지배하지는 않았고 분권화된 다양한 토착 문화를 존중했다. 카스트도 예속과 동시에 보호를 뜻했다.

영국의 중앙집권적 식민 지배는 이러한 인도의 전통을 파괴하고 극도로 착취하는 것이었다. 따라서 간디가 그 전통을 유지하는 것으로 독립운동을 시작한 것은 당연했다. 그러나 간디가 권리와 자유, 민주주의와 사회주의의 개념 등을 포기한 것은 아니었다. 포기하기는커녕 간디는 그런 개념들을 통해 제국을 압박했다. 반면 하층 대중들에게는 전통적인 삶의 가치를 주장하여 독립운동에 동원했다. 그러나 인도 독립 후 네루(Jawaharlal Nehru, 1889~1964)는 간디의 주장을 물리치고 서양화의 길을 갔다. 간디의 길이 옳은지 네루의 길이 옳은지는 아직도 모른다.

영국이 인도를 최초로 침략한 근대 초, 인도를 비롯한 아시아의 부는 유럽 국가 전체의 몇 배나 될 정도로 컸다. 그래서 18세기의 계몽주의자들은 유럽이 중국을 모델로 삼아야 한다고 주장하기도 했다. 그러나 차차 전쟁과 상업으로 유럽이 우위에 서자 서양인들은 중국을 자유를 말살하는 억압적인 나라로 보며 멸시하기 시작했다. 이러한 정반대의 상상은 결국 19세기에 아편전쟁을 낳았다. 당시 서양인들은 아편이 문제가 아니라 중국이 서양에 대해 모독적인 군신관계를 요구하기 때문이라고 주장했는데 이런 주장은 지금까지도 서양에서 정설로 받아들이고 있다.[25] 그러나 중국은 그런 관계를 요구하지 않았고 이는 서양이 중국을 침략하기 위해 내세운 억지 핑계에 불과했다. 아편전쟁의 결과 청나라는 쇠멸하고 서양의 침략이 더욱 강화되었다. 영국은 중국을 식민지로 만들지는 못했으나 인도를 비롯한 많은 지역을 식민지화했다.

청나라가 약화되면서 전통적인 동아시아 질서는 무너졌다. 그러나 중국과 조선의 전통적 관계는 실질적으로는 군신관계가 아니라 무역관계였다. 그러니 사대주의니 뭐니 할 것은 없다. 사실 청나라가 수립된 17세기 이후 전통적 중화 질서는 무너지고 조선과 일본은 각각 소중화를 자처했다. 19세기 동아시아의 각축도 그런 아시아 내부 경쟁의 절정이었다. 윤치호를 비롯한 한말 관료나 지식인은 그런 내부 경쟁에서 실패했다. 그들은 처음부터 일본에 빌붙어 중국에서 벗어나는 것이 옳다고 생각했다. 그리고 이를 영국의 인도 지배와 같은 것으로 합리화하고자 했다. 윤치호의 외국 유학이 낳은 국제 감각이란 고작 그런 것이었다. 그리고 지금 국제파니 친미파니 하는 자들도 마찬가지일 뿐이다.

19세기 말과 달리 20세기 말 미국의 시대는 끝났다. 이제는 다극화의 시대다. 이러한 다극화는 더욱더 심해질 것이다. 동아시아도 중요한 다극의 하나다. 그러나 동아시아를 비롯한 모든 전통사회의 소농 중심 사회구조는 끝나고 노동자 중심의 사회가 되었다. 더이상 그런 집단적 사회구조 위의 전통 사상에 연연해서는 안 된다. 그렇다고 서양의 자유주의나 사회주의라는 전통 이데올로기에 사로잡혀서도 안 된다. 사실 유교는 대단히 실용적이고 공익적인 학문인데 권력과 결탁되면서 이데올로기로 변했다. 그런 이데올로기를 해체하면 유교의 건강한 실용성과 공익성이 나타난다. 개인의 자유와 사회의 자치와 지구의 자연이 변하는 것은 아니다. 이제는 동양의, 세계의 새로운 질서를 세워야 한다.

그러나 이는 유교를 비롯한 동양적 내지 한국적 전통의 억압적이고 분단적이며 보수적인 성격[26]을 부활하자거나 재현하자는 주장과는 아무런 관련이 없다. 그런 억압성, 분단성, 보수성은 전통적 농촌 사회에서는 통할 수도 있었으나(반드시 당연하다고 보는 것은 아니다) 식민지 배자가 통치를 쉽게 하기 위해 전통 지배계급이 사용한 이 세 가지 속성의 정책을 악용했고 심지어 해방 후에 독재 권력이 더욱 악용해 억압과 보수와 분단을 유지해왔기 때문에 자유를 위해서는 그런 전통과 철저히 결별해야 한다고 본다. 남북한 모두 그런 전통적 잔재를 청산하지 않으면 통일은 물론, 한반도와 한민족의 미래는 없다.

오늘날의 자유

미국의 자유는 죽었다

미국의 국가는 1812년 전쟁터에서 유래되어 1931년 공식적으로 국가가 되었다. 4절로 된 국가의 후렴은 다음과 같다.

오! 자유의 땅, 용감한 백성의 땅 위에
성조기는 지금도 휘날리고 있다

위 가사에 나오는 '자유의 땅'이라는 가사 때문일까, 아니면 현대 아랍 최고의 시인이라는 아도니스(Adonis, 1930~)가 "한 손에 역사라고 부르는 종이들에 의해 자유라고 불리는 넝마조각을 들고 있다"[1]고 노래한 자유의 여신상 때문일까, 미국은 자유의 나라로 여겨진다. 그러나 미국의 자유 역사는 앞에서 본 영국과 크게 다를 바 없다. 여기서는 아주 최근의 자유, 즉 9·11 이후의 상황을 살펴보자.

2001년 9·11 사태 직후 미국의 대통령 부시(George Walker Bush, 1946~)는 말했다. "문명과 문화, 진보를 증오하는 이들과 타협할 수는 없다. 이들과는 맞서 싸울 수밖에 없다."[2] 부시가 말한 '문명과 문화, 진보'의 핵심이 자유였다. 2002년 미국이 이라크를 공격했을 때 그 작전 이름은 '자유'였다. 부시 대통령은 다음과 같이 말했다.

> 미국은 바로 자유의 횃불이라는 것이 내 소신입니다. 그리고 우리는 미국 국민을 보호해야 할 의무만큼이나 경건하게 자유를 신장시켜야 할 책임을 지고 있다고 믿습니다. (…) 내 말은, 자유는 미국이 세계에 주는 선물이 아니라 이 세상 모든 이들에게 나누어주는 신의 선물이라는 점입니다. (…) 나는 사람들을 자유롭게 하는 것이 우리의 임무라고 생각합니다.[3]

그리고 2010년 5월까지 이라크에서 약 4400명의 미군이 죽었다. 반면 이라크 시민들은 2009년 말까지 약 10만 명이 넘게 죽었다. 2001년 10월 26일, 342쪽에 이르는 방대한 '테러대책법(애국법)'이 의회에서 다수의 압도적 지지로 제정되었다. 이 법에 의하면 당시까지 수사에 필요했던 '상당한 이유' 없이, 테러 등과 관련해 '진행중인 범죄 수사와 관련된 정보가 있다'는 애매한 근거만으로 영장을 발부할 수 있었다. 이 법에 의해 수많은 사람들이 무고하게 재판도 변호사도 없이 무기한 수감되었다. 이것이 부시가 말한 '자유'였다.[4]

2002년의 전쟁은 부시 대통령의 독주가 아니라 미국 국민의 압도적 지지하에 행해졌다. 그후 모든 것이 변했다. 정부에 대한 반감은 사라졌다. 이슬람교도에 대한 편견과 차별은 더욱 심해졌다. 이슬람교당인 모스크에 대한 투석 등의 사건은 2002년 601건에서 2005년에는 1972건으로 늘어났다.

2005년 여론조사에서는 정부가 국민의 자유를 억압해서라도 테러 방지를 위해 모든 수단을 강구해야 한다는 항목에 38퍼센트가 찬성했다. 그리고 그 모든 수단은 현실로 나타났다. 가령 FBI는 인터넷 운영자들에게 범죄 대상 인물의 전자메일을 여는 기술을 설치하도록 요구했고 컴퓨터 사용자가 어떤 키를 치는지를 모두 문서 형태로 기록하기 위한 기술을 개발하여 이용했으며 모든 서점에 테러 방지를 위한 책을 비치할 것 등을 요구할 수 있었다. 그러한 요구는 '스파이 법원'에 의해 일방적으로 인가되었고 이와 관련된 사건의 변호사는 반론권을 부정당했다.

2001년 이후, 즉 적어도 21세기에 와서 미국의 자유는 죽었다. 아니 레이건(Ronald Wilson Reagan, 1911~2004)이 대통령이 된 1970년대부터 이미 미국의 자유는 죽었다. 물론 미국 내 미국인의 자유는, 적어도 위에서 말한 무법의 범죄 대상이 된 사람들은 제외하고 하는 말이다. 그러나 그런 소수자의 자유를 압살한 미국의 자유가 진정한 자유라고 할 수 있을까? 레이건 이후 자유의 전도사가 된 사람은 하이에크였다. 하이에크는 벌린(Isaiah Berlin, 1909~1997)보다 더 빨리 1940년대 말에 개인적 자유, 특히 경제적 자유의 만능을 주장하고 국가에 의한 경제 계획이나 경제의 통제에 반대했다. 그러나 이는 이미 18세기 말부터 스미스 등에 의해 주장된 것이었다. 그들의 견해는 1950~60년대에는 시대착오적인 것으로 거부되었지만 1970년대에 요란스럽게 부활했다. 이는 1970년대 사람들이 100여 년 이전에 그런 견해가 초래한 치명적인 귀결을 직접 경험하지 못했기 때문이었다.[5] 그러나 2000년대에 와서 똑같은 치명적인 결과가 초래되었다.

아니다. 그런 역사는 앞에서 본 영국의 근대사, 아니 서양의 고대사부터 비롯되었다. 서양의 자유란 그것이 탄생한 고대 그리스에서부터 80~90퍼센트의 사람들을 배제한 특별한 사람들만의 자유였다. 그리스 신화에 나오는 모든 괴물은 그렇게 배제된 야만인들을 상징하는 것들이었다. 오늘날 그들은 이슬람교도들이다. 서양의 자유란 언제나 그들을 보며 자신만은 자유라고 자처한 것이었다.

이에 대해서는 뒤에서 다시 살펴보도록 하지만 이러한 경험이 보여주는 교훈은 우리에게도 마찬가지라고 할 수 있다. 즉 지금 우리나라에서도 하이에크가 요란스럽게 논의되고 있지만 우리는 그가 처음 논의된 1940년대는 물론 부활한 1970년대도 경험한 바가 없다. 뿐만 아니라 그의 선배 격인 스미스가 등장한 18세기 말이나 그뒤의 서양 19세기도 경험한 바 없다. 하나의 사상이 주장되는 것은 언제 어디서나 그 시대나 나라의 특수한 상황과 직결된다. 이러한 특수성을 무시하고 그것들을 보편적인 것으로 받아들여서는 안 된다.

부시류의 문명과 야만, 자유와 비자유에 대한 왜곡된 인식은 미국인은 물론 한국인에게도 뿌리깊다. 이는 한말 개화파 기독교인들이 자유라는 말을 우리나라에 처음으로 소개했을 때부터 있었던 고질병이었다. 물론 이는 개화파의 잘못이 아니라 그들이 받아들인 서양 자유주의의 고질병이었다.

새로운 장벽들

1989년 11월 9일, 베를린장벽이 무너졌을 때 세계 사람들은 냉전의 벽이 사라졌다고 환호했다. 38선이라는 장벽은 아직도 남아 있지만 여타 대부분의 공산주의 국가는 사라졌다. 그 장벽에 비하면 다른 벽은 문제가 되지 않을 정도로 작았다. 베를린장벽의 끝을 후쿠야마(Francis Fukuyama, 1952~)가 '역사의 종언'이라고 부르고 자유민주주의가 승리했다고 말한 것도 무리가 아니었다. 그러나 이 기쁨은 오래가지 않았다. 2001년 9월 11일, 베를린장벽 파괴의 날짜를 거꾸로 한 날, '역사의 종언'은 10여 년 만에 일장춘몽으로 끝장났다. 그리고 무수한 장벽이 새롭게 생겨났다. 이스라엘은 요르단강 서안에 거대한 분리벽을 세웠고 미국은 멕시코 국경지대에 장벽을 쌓았으며 한반도의 38선은 더욱 엄중해졌다. 정치적 차원만이 아니라 경제적 차원에서도 빈부 차이의 극단화에 의해 거대한 장벽이 세워졌다. 이 모두는 9·11 이후 더욱 심해진 것이었지만 사실은 이미 1970~80년대부터 시작되었다. 그 근본은 타자에 대한 공포였다. 가장 공포스러운 타자는 테러리스트였지만 동시에 아랍이었고 아랍 출신 빈민을 포함한 빈민이었다. 신자유주의 이래 빈부갈등이 심해지면서 빈부의 벽은 더욱 커졌고 개인 또는 가족이나 집단의 벽은 더욱 두터워졌다.

9·11만이 아니었다. 2008년 가을의 세계 금융 위기는 그러한 벽을 더욱 두껍게 쌓게 했다. 9·11로 사람들은 자유민주주의가 만능이 아님을 알았다. 위에서 보았듯이 정치적 자유는 제한되었어도 경제적 자유는 만능이라고 생각했다. 그러나 금융 위기로 인해 경제적 자유도 만능이 아님을 알았다. 금융 위기의 원인이 된 서브프라임 론

(subprime loan)이란 신용 등급이 낮은 사람이 주택을 담보로 하여 높은 이자로 대출받는 제도다. 서브프라임 론을 담보로 한 증권이 위험도가 높아 팔리지 않자 다른 증권과 섞어서 팔았다가 중대한 위기를 낳았다. 그 결과 경제적 자유도 파탄이 났다.

9·11 이후 미국 국내는 물론 국외에서도 미국에 대한 반발이 커졌다. 이집트의 혁명은 내부적으로는 오랜 독재에 대한 반발이었으나 그 독재가 미국의 지원을 받은 점에서 미국에 대한 반발이기도 했다. 동시에 미국식 자유주의로 유지된 독재에 의한 빈익빈부익부의 장벽에 대한 반발이기도 했다. 이러한 장벽에 대한 자유의 요구는 끊일 수가 없다. 따라서 나는 38선에 대한 자유의 요구도 곧 터져나오리라고 생각한다. 그러나 그것은 외세와 독재에 대한 자유의 요구이자 빈부격차에 대한 자유의 요구라는 점에서 대단히 복잡하다. 버거(John Berger, 1926~)의 말을 들어보자.

가난한 자들의 전체 수가 얼마나 되는지는 측정 불가능하다. 그들은 지구상에서 다수를 차지하고 있을 뿐 아니라, 어디에나 있고, 아무리 작은 사건이라고 해도 그들과 관련이 있다. 그 결과 부자들이 하는 일은 담을 쌓는 일이다. 콘크리트 벽, 전자 감시, 미사일 폭격, 지뢰밭, 무장 대치, 미디어의 잘못된 정보 등이 만들어내는 벽, 그리고 마지막으로 금융 투기 및 거래의 단 3%만이 생산과 관련된 것이라고 한다.[6]

이집트 혁명

모든 나라가 국가와 국기를 만들 때, 즉 자유를 절규하며 나라를 세울 때 모두 그 나름의 역사를 가지기 마련이다. 나라를 세운 뒤에도 마찬가지다. 여기서는 앞에서도 언급한 2011년 이집트인들의 경우를 예로 들어 좀더 살펴보도록 하자.

흔히들 "빈곤에 허덕이는 제3세계"의 "죽지 않고 살아남아야 하는 절박한 문제 앞에서는 자유는 전혀 문젯거리가 안 된다"고 한다.[7] 이미 반세기 전부터 그런 말이 나왔다. "이집트 농부에게 필요한 것은 개인적 자유보다는, 그리고 개인적 자유에 앞서서, 의복과 약품이다"[8]라는 식이다. 이 말은 자주 17세기의 로크에 비교되는, 20세기 최고의 자유사상가라고 하는 벌린이 한 말이다.[9] 그는 이 말을 하기 직전인 1952년, 이집트의 나세르(Gamal Abdel Nasser, 1918~1970)가 '자유 장교단(free officers)'을 결성하여 쿠데타에 성공하고 그뒤 '자유 장교단'을 곧 '혁명 위원회'로 바꾸어 국왕을 추방하고 농지 개혁을 비롯한 봉건제를 타파하는 조치를 취하며 영국을 비롯한 서양에 호의적이었던 기성 정당을 해산하는 등의 인민주의적 조치를 취했을 때[10] '자유'라는 말이 가졌던 인민적 의미에 대해서는 전혀 주목하지 않았거나 주목했다고 해도 그것이 자신이 말하는 소극적 자유[11]인 개인적 자유는 아니라고 생각했을 것이다.[12] 아마 그가 지금 살아 있다면 2011년의 이집트 혁명에서 외쳐진 자유도 자유가 아니라고 했으리라.

그러나 여기서 우리가 주의해야 할 점은 벌린이 그 말을 한 1950년대 영국인 대부분도 벌린이 말한 이집트 사람들과 마찬가지로 "무료 의약품과 무료 공교육, 대중교통 보조"와 같은 것을 중시했지[13] 벌린이나 하이에크가 문제삼았던 경제 계획이나 국가 소유 그리고 그로 인한 개인적 자유의 침해 등을 문제로 여기지 않았다는 점이다.

당시의 영국인과 차이가 있다면 이집트 사람들에게는 개인적 자유와 함께 그 전제인 인민의 자유가 절실하게 필요했다는 점이었다. 당시 영국은 그런 인민의 자유가 더이상 논의될 필요가 없었다. 벌린은 위와 같은 발언을 했던 1958년의 강연에서 당시 나세르가 제3세계의 중립주의와 비동맹주의에 앞장섰고 수에즈운하 국유화 문제로 야기된 영국과 프랑스와의 전쟁에 승리한 직후임을 전혀 언급하지 않았고 특히 그것이 자유와 관련된 문제임을 전혀 의식하지 않았다. 왜냐하면 인민의 자유와 독립은 벌린에게 자유가 아니기 때문이었다. 아니 벌린에게는 이집트와 나세르의 그런 노력 자체가 전혀 눈에 뜨이지 않았고 그들에게 자유란 사치이고 옷과 의약품이 먼저라고 했다. 그러나 이는 그 수십 년, 수백 년 전 대영제국주의자들이 했던 소리와 한 치도 다름이 없었다. 17세기 로크나 20세기 벌린처럼 19세기를 대표하는 자유사상가 밀도 그렇게 말했다.[14]

이집트가 세계 최고(最古)의 문명을 이룬 나라임은 누구나 알고 있는 바인데 여기서 그 찬란한 고대 역사를 모두 살펴볼 필요는 없다. 이집트는 기원전 30년 로마의 식민지가 되었고 7세기에 이슬람 국가가 되었으며 1798년 나폴레옹(Napoléon Bonaparte, 1769~1821)의 프랑스군의 침략을 받았다. 그뒤 프랑스와 영국이 이집트에 침투했고 1881년의 반란을 영국군이 진압한 뒤 영국의 이집트 지배가 시작되었다.

영국은 1882년 이집트를 점령하면서 이는 억압된 사람들을 해방하여 민주주의를 도입하고 자유를 주기 위해서라고 주장했다. 당시 반제국주의를 표방했던 영국 수상 글래드스턴(William Ewart Gladstone,

• 이집트 혁명으로 무바라크가 사임한 뒤 시위대 중 한 명이 카이로의 타흐리르 광장에서 이집트 국기를 흔들며 기쁨을 표하고 있다. ©Jonathan Rashad/Wikimedia Commons

1809~1898)은 조기 철수를 전제로 이집트에서 전쟁을 벌였다. 마찬가지로 1899년에는 남아프리카에서 보어전쟁을 벌였다. 이러한 태도는 21세기 초 인도주의적 개입이라는 명목하에 미국이 이라크전쟁을 일으키기까지 끝없이 되풀이되었다.

2011년 이집트 사태 보도 가운데 나에게 가장 충격적인 장면은 이집트인들이 독재자 무바라크(Muhammad Hosni Mubarak, 1928~)와 함께 오바마(Barack Hussein Obama, 1961~)의 인형을 화형에 처한 것이었다. 그런 화형식은 이집트에서 몇 번이나 되풀이돼왔을 것이지만 이번은 오바마 화형식이어서 충격이 더 컸다. 미국 역사상 최초의 흑인 대통령인 오바마는 자신의 조상이 아프리카에서 온 노예임을 아무런 부끄러움 없이 당당하게 밝혔다. 그런 그가 나는 무척 좋았다. 그리고 아프리카인들이면 당연히 그를 좋아하리라고 생각했다.

그러나 흑인 대통령 오바마도 이집트인에게는 독재자 무바라크를 지원한 양키에 불과했다. 30년 동안, 미국 정부와 보수 세력은 독재자를 지원해왔고 무바라크가 무너지기 두 달 전 이집트 사람들이 처음으로 그의 퇴진을 요구했을 때 침묵에 가까운 반응을 보였다. 이스라엘 수상 인형도 화형에 처해졌는지 모르지만 중동에서 이스라엘과 가장 친한 것이 이집트였다. 이스라엘도 무바라크를 지지했다.

"자유가 아니면 죽음을 달라"는 구호를 외쳤으면서도(이 말을 한 패트릭 헨리는 인디언 땅을 헐값에 사서 투기를 한 사람이었다) 흑인 노예제를 운영하고 '자유의 나라'에 산다고 노래한 미국인이야(노예를 해방시킨 링컨은 해방노예를 식민지에 보내고자 했다) 당연히 남의 나라를 지배한 제 나라 대통령들을 독재자로 욕한 적이 없는지 모르지만 이집트인에게는 독재자의 친구에 불과했다.

이스라엘도 그런 미국처럼 '자유의 나라'일까? 이집트에서 노예로 살다가 홍해로 탈출을 했다는 그 역사의 시작부터 수천 년의 노예 같은 삶과 유랑을 거쳐 마침내 수백만 명이 가스실에서 살해당한 뒤, 마찬가지로 수천 년을 살아온 팔레스타인 사람들을 추방하고 나라를 세워 팔레스타인인들을 억압하며 주변 아랍인들과 끝없는 전쟁을 벌이고 있는 이스라엘은 과연 '자유의 나라'인가? 외부인에 대한 그 엄혹한 치안 감시 체제를 그 누구도 어떤 의미에서도 자유라고 할 수 없지만 그들은 외부 침략을 방지하고 자신들의 자유를 지키기 위해서는 어쩔 수 없다고 한다. 그러나 미국이나 이스라엘은 자신들의 인민의 자유는 그렇게 절실하게 찾으면서도 다른 나라 인민의 자유는 왜 그렇게도 쉽게 무시하고 함부로 침략하는가?

그런 이스라엘과 같은 심정이었던 미국은 인형 화형식 이후 얼마 지나지 않아 무바라크 퇴진을 요구했다(물론 화형식 때문만은 아니었으리라). 이런 미국의 태도는 친미가 아닌 리비아 등의 아랍 국가들에 대한 단호한 공격 태도와는 극단적으로 대조적이었다. 미국을 비롯한 서양은 예멘이나 바레인 같은 친미 독재 정권의 인권 탄압에는 침묵하면서 소말리아, 차드, 이라크, 아프가니스탄 등에 대해서는 인도주의를 내세워 개입을 한다.

미국은 미국의 자유와 친미만을 원한다. 그야말로 제국의 자유다. 그 제국의 이름은 한국도 포함된다는 '자유세계'다. 그래서 반미의 북한에 대해서도 마찬가지로 반대한다. 북한이 친미로 돌아서지 않는 한 영원히 그럴 것이다. 미국은 언제나 친미를 자유라 주장한다. 이는 고대 그리스 이래 변함이 전혀 없다. 나는 그런 오도되고 독점된 서양의 변태적 자유 개념에 이의를 제기하기 위해 이 책을 쓴다. 자유는 오로지 미국의 것, 서양의 것, 백인의 것이 아니다. 이성과 지성, 합리와 논리, 문화와 문명 등과 마찬가지로 자유는 모든 인류, 모든 인민, 모든 인간의 것이다.

아프리카인권헌장

이집트를 비롯한 북아프리카의 자유 운동은 우리나라에서 시사적인 쟁점으로 주로 언급되었으나 아프리카에서는 오랫동안 자유와 인권에 대한 논의가 있었고[15] 그 결과 1981년에는 '인간과 인민의 권리에 관한 아프리카 헌장'(이하 아프리카인권헌장)[16]이 채택되었다.[17] 아프리카에서는 전통적으로 생명권, 표현, 종교, 결사, 이동의 자유, 노동 및 교육의 권리를 존중했고 특히 교육은 권리이자 의무였다.[18] 그러나 서양의 제국주의 침략 이후 그러한 전통은 철저히 파괴되었다. 즉 아프리카에는 자유가 없었다가 서양이 침략하면서 자유를 준 것이 아니라 원래 자유가 있었는데 서양이 침략하면서 그것을 파괴했다고 봄이 옳다. 이는 종래의 사고방식을 거꾸로 바꾼 것이다. 이는 아프리카만이 아니라 아시아에도 해당되는 이야기다. 아시아 여러 나라에도 나름의 자유가 있었으나 서양의 침략 이후 바뀌었다.

아프리카인권헌장은 제목에서 보듯 서양의 인권선언과 달리 인간의 권리와 함께 인민의 권리를 규정한 점에서 특징적이다. 즉 인간을 고립된 개별 주체가 아니라 서로 연결된 개체이며 여러 공동체의 구성원으로서의 정체성을 갖는 존재로 보고 그 틀 속에서 개인의 권리를 결합했다.

인민의 권리는 1948년의 세계인권선언에서도 볼 수 없었으나 그 개념만은 1945년 채택된 국제연합헌장 제1조 2항, 인민자결의 원칙과 인민의 평등이 규정된 것에서 볼 수 있다. 1976년의 국제인권규약에도 인민자결의 원칙은 규정되었으나 인민의 평등권은 규정되지 못했다. 반면 아프리카인권헌장 제19조는 인민의 평등 조항으로 시작된다. "모든 인민은 평등하다. 모든 인민은 동일한 존경을 받고 동일한 권리를 갖는다. 어떤 경우에도 하나의 인민에 대한 다른 인민의 지배는 정당화되지 않는다." 그리고 제2조의 평등 조항은 다른 인권 조약에서 보이는 인종, 피부색 등 일반적인 차별 금지 사유와 함께 종족 집단별 차별을 금지한 점에서 특징적이다. 이어 제20조는 인민의 정치적 자결권을 규정한다.

제20조 1항. 모든 인민은 존재의 권리를 갖는다. 또한 모든 인민은 의심할 바 없이 빼앗길 수 없는 자결권을 갖는다. 모든 인민은 그 정치적 지위를 자유로이 결정하고 또한 스스로 자유롭게 선택한 정책에 따라 그 경제적·사회적 발전을 추구한다.

제20조 2항. 식민지화되거나 억압당한 인민은 국제사회에 의해 인정된 어떤 수단에도 호소하여 그 지배의 속박으로부터 스스로를 해방시킬 권리를 갖는다.

제20조 3항. 모든 인민은 외국의 정치적·경제적·문화적인 지배에 대한 해방투쟁에 있어서 이 헌장의 체약국의 원조를 받을 권리를 갖는다.

이어 제21조는 천연자원에 대한 인민의 자유로운 처분권을 규정하고 제22조에서는 인민의 발전권을 규정한다. 발전권은 소위 제3세대의 인권으로서 국제연합 등에서도 인정된 것이므로 아프리카 특유의 것은 아니다. 발전권은 제24조의 환경권과도 관련된다. 발전권과 함께 아프리카인권헌장의 특유한 점은 다음과 같은 제27~29조의 의무 조항이다.

제27조 1항. 모든 개인은 자기의 가족과 사회, 국가와 법적으로 인정된 다른 공동체 그리고 국제사회에 대해 의무를 진다.

제27조 2항. 각 개인의 권리와 자유는 타인의 권리, 집단적 안전, 그

리고 도덕적·공통적 이익을 존중하여 행사되어야 한다.

제28조. 모든 개인은 타인을 차별하지 않고 존경하며 배려하고, 상호의 존경과 관용을 촉진하고 보호하고 강화하는 것을 목적으로 하는 관계를 유지할 의무를 진다.

제29조 1항. 모든 개인은 가족의 조화로운 발전을 유지하고 가족의 결합과 존경을 위하여 노력하고, 언제나 부모를 존경하고 필요한 경우에는 부모를 부양해야 할 의무를 진다.

제29조 1항과 관련해 제18조는 가족, 여성, 아동, 노인 및 장애인에 대한 보호를 규정하고 있다는 점도 아프리카인권헌장의 특유한 점이다. 제29조는 여타의 공동체에 대한 의무를 규정한 뒤 7항에서 모든 개인은 "관용, 대화 그리고 협조의 정신으로 사회의 다른 구성원과의 관계에서 적극적으로 아프리카 문화의 가치를 보존하고 강화하며 일반적인 사회의 정신적 복지의 촉진에 공헌할 의무를 진다"고 규정한다.

이상의 특징을 갖는 아프리카인권헌장에 대해 "서양이 개인의 자유를 근본주의적으로 해석하는 것에 대한 비판"으로 보고 "개인의 권리와 집단의 권리 사이에 해석적 중재가 필요하며, 그러한 중재가 두 권리의 의미를 풍부하게 해줄 수 있다"[19]고 보는 쉬피오(Alain Supiot, 1949~)의 견해는 타당하다.

그러나 이는 발전권을 비롯한 집단의 권리를 이유로 한 개인의 권리를 억압하는 것이 정당하다는 것을 뜻하지 않음을 주의해야 한다. 현재의 중국 정부를 비롯한 제3세계 권력은 곧잘 그런 주장을 하지만 이는 옳지 않다. 그 어느 정부도 개인의 자유를 보장하고 인민의 자치를 존중하며 지구의 자연을 존중해야 한다. 자유주의가 아닌 자유, 공화주의가 아닌 자치, 생태주의가 아닌 자연에 대한 존중은 절대적으로 필요하다. 미국의 자유주의적 제국주의에 반대한다고 해서 발전권적 제국주의를 허용해서는 안 된다.

최근의 지구화(Globalization)란 인간의 조직과 활동의 공간적 차원이 전통적인 국가 차원을 넘어 지구 차원으로 전개되어 국가들의 상관이 강화되는 것을 뜻한다. 이는 정치, 경제, 기술, 군사, 법, 문화, 환경 등 다양한 활동의 상관이라는 다차원적 현상이다. 개인과 집단과 국가의 지구화는, 가령 국제 노동 분업에서 차지하는 국민국가의 위치에 따라, 특정 파워 블록에서의 위상에 따라, 국제법 체제와 관련된 위상에 따라, 주요 국제기구와의 관계에 따라 모두 상이하다. 또 지구화는 반드시 전 지구적 통합의 증대를 초래하지도 않는다. 왜냐하면 그것은 파편화와 통합을 동시에 결과하기 때문이다.

국민국가는 여전히 강고하지만 이는 일국적·국제적·초국적 관계나 세력과 무관하다는 것을 뜻하지 않는다. 다국적기업의 발전, 무역량의 증가, 커뮤니케이션과 미디어, 운송 기술의 발전, 환경문제의 세계화 등에 의해, 또한 국제적인 정치적 의사 결정이나 국제법의 발전에 따라 종래의 국민국가 개념은 흔들리고 있다. 자유의 영역에서도 세계인권선언과 그후 1950년에 제정된 '인권과 기본적 자유의 보호를 위한 유럽 협약' 및 1966년의 국제인권규약 등이 발전해 국가는 더이상 그 시민을 국가가 합당하다고 생각하는 대로 자유롭게 다룰 수 없게 되었다. 이러한 새로운 시민권, 즉 개인에게 자유와 권리 및 의무를 부여하는 국가공동체의 구성원이라는 관념의 수정은 뉘른베르크 국제법정에서도 수립되었다. 이는 역사상 최초로 기본적인 인도주의적 가치를 보호하는 국제적 규칙이 국가법과 충돌할 경우 개인은 국가법에 따르지 말고 그것에서 벗어나야 한다는 새로운 자유의 원칙을 수립했다.

현실에서 UN이 초강대국의 주장을 그대로 받아들이는 등의 제도적 취약성을 볼 수 있지만 도리어 UN 등 국제기구의 책임을 증대시키는 변혁 등을 통한 지구 민주주의(cosmopolitan democracy)의 필요성은 더욱 증대되고 있다. 그러나 이는 지역적·지구적 차원의 의사 결정에 지구 시민이 참여하고 숙의할 수 있는 광범위한 통로를 만드는 것이어야 한다. 이를 위해서는 시민적·경제적·사회적 자유를 포함하는 새로운 자유의 국제법을 만들어야 한다.

이슬람교에 대한 오해

이집트를 비롯한 북아프리카 여러 나라는 이슬람교를 믿고 있다. 이슬람교의 경전인 『코란』[20]은 선지자 마호메트가 632년 죽기 전 계시 받은 내용을 후대에 집성한 것이다. 이슬람교는 유대교나 기독교처럼 아브라함의 유일신 신앙이지만 기독교처럼 하느님과 인간 사이의 중개자를 믿지 않는 점에서 서로 다르다.

이슬람교는 최초에 무력에 의해 전파되었는데 이를 두고 서양에서는 이슬람교를 폭력 종교라고 한다. 그러나 초기 전쟁에 동원된 군대는 1만 명 전후의 소규모였고 711년에서 1492년까지 스페인을 지배한 이슬람의 무어 제국에서 무슬림과 유대교도와 기독교도는 평등했고, 완전한 양심의 자유가 있었으며, 신체 및 재산의 동등한 대우를 받았다는 것에서 볼 수 있듯이 이슬람교 역사 전체는 지극히 평화로 웠다. 반면 그 시기의 유럽은 전쟁의 계속이었으며 특히 16세기 이후 지금까지의 제국주의 침략은 참혹했다. 최근에 다시 대두한 이슬람 과격파의 폭력은 서양 제국주의에 대응한 것이었다.

이슬람권의 전쟁을 성전(聖戰), 지하드라고 한다. 그러나 그 말 자체는 '좀더 나아지기 위한 자신과의 투쟁'을 뜻하고 『코란』은 자국이 외국의 공격이나 위협의 대상이 되면 지하드에 참가하기를 요구한다.[21] 즉 인민의 자유를 지키기 위한 자위 전쟁이다. 대부분의 고대 종교처럼 이슬람교도 악에 대해 그것에 상응한 보복을 인정한 것이다. 특히 이교도의 침략에 맞서 자기 공동체를 지키는 전쟁을 정당하다고 본다. 그러나 비전투원, 노인, 아이, 부녀자, 전쟁 포로의 생명은 보호해야 한다고 보고 있다.

『코란』은 보복 대신 자선을 베풀 수도 있다고 가르친다. 종교적 관용을 부정하지 않는 것이다. 마호메트는 "믿음은 강제할 수 없다"고 했고 유대교도와 기독교도 등 타 종교 교도가 조공을 바치면 자유와 안전을 보장했으나 이슬람교도, 즉 무슬림과 완전한 평등을 보장받으려면 이슬람교를 받아들여야 한다고 했다. 이슬람교도 다른 고대 종교처럼 정의를 주장하고 십계명과 같이 생명의 불가침성을 인정하며 가난한 사람을 보호하면 행복을 받지만 그러지 않고 부를 축적하면 내세에 징벌을 받는다고 경고한다. 또한 주거지에 살 자유, 박해를 피해 이주할 자유, 어린이와 청소년의 자유, 명예훼손에 대한 보호 등을 인정한다.

『코란』에서는 노예와 여성의 자유를 제한하지만 이는 기독교를 비롯한 모든 고대 종교에 공통된 것이다. 도리어 노예에 대한 일정한 보호를 인정하는 점에서 기독교보다 자유 옹호적이다. 기독교 창세기가 여성에게만 원죄의 책임이 있다고 보는 것과 달리 코란에서는 남녀 모두에게 책임이 있다고 보고 남녀 모두 연옥에서의 행동에 따라 천국이나 지옥에 간다고 하여 여성의 지위와 권리를 인정하는 점에서도 더욱 남녀평등적이다.

『코란』에 의하면 남자는 여러 아내를 둘 수 있는 반면 여자에게는 일부종사가 강요되고 특히 간통은 엄격한 처벌을 받는다. 그러나 대부분의 무슬림은 일부일처제를 지키며 일부다처제는 몇 나라에서만 질병 등 매우 예외적인 경우에 한해 인정된다. 여자 형제는 남자 형제에 비해 부모 유산의 절반만을 받지만 이는 남자가 가족 부양을 책임지기 때문이고 이는 과거의 한국은 물론 여러 나라에서도 널리 인정된 것이었다. 최근 문제가 된 이슬람 여성들의 스카프도 몇 나라에서만 강제되는 것일 뿐이다. 『코란』에도 그 착용에 대한 규정이 있으나 이는 기독교에서도 오랫동안 주장된 것이었고 가톨릭에서는 지금도 예배시에 스카프를 쓴다.

『코란』은 무엇보다도 신자들의 의견을 존중하고 신자들이 협의하여 공동체의 의사를 결정하고 칼리프를 선출해야 한다고 규정한 점에서 민주적이다. 또 이슬람교는 기독교와 달리 동물이 신의 창조물이고 영혼을 갖는다고 보고 신의 허락 없이 죽여서는 안 되며 식량 마련이나 자기 보호를 위해서만 죽일 수 있다고 보아 훨씬 자연보호적이다.

서양식 자유의 문제점

서양식 자유의 한계

서양 사회가 종교로부터 자유로워졌다고 하는 것은 종교라는 단어가 세속화 과정(막스 베버가 말한 탈주술화)을 거치면서 과학(개인의 자유의지에 의한 자유라는 것도 그 하나다)으로 바뀌었음을 뜻하지만 미국 화폐에 '우리는 하느님을 믿는다'는 문구가 새겨져 있듯이 현대 서양도 여전히 강력한 종교적 토대 위에 있다.[1] 물론 현대 한국의 기독교 열기보다는 훨씬 약화되어 있는 것이 사실이지만 기독교의 뿌리는 여전히 강력하다. 기독교의 핵심은 무엇인가? 우리가 흔히 듣는 말은 "기독교를 믿으면 천당 가고 안 믿으면 지옥 간다"는 것이 아닐까? 지옥에 대한 버거의 말을 들어보자.

지옥은 돈을 만들어낸 사람들이 고안한 것이고, 그 목적은 가난한 사람들로 하여금 그들이 겪고 있는 고통으로부터 관심을 돌리게 하기 위함이다. 우선 그들의 처지가 더욱 나빠질 수도 있다는 협박을 반복함으로써, 그리고 두번째로는 약속을 통해, 말을 잘 듣고 충직하게 지내면, 다른 삶에서는, 하느님의 왕국에서는, 그들도 지금 이 세상에서 부를 통해 살 수 있는 것과 그 이상의 것까지 즐길 수 있다는 약속을 통해서 말이다.

지옥을 들먹이지 않았다면 교회의 과시적인 부와 무자비한 권력에 대한 의문이 더욱 공개적으로 제기되었을 것이다. 그것이야말로 복음의 가르침에 명백히 반대되는 것이기 때문이다.

지옥은 축적된 부를 일종의 성스러운 대상으로 만들어주었다.

오늘날의 시련은 너무나 깊다. 이젠 사후의 지옥을 들먹일 필요도 없다. 제외된 사람들의 지옥이 지금 이곳에 세워지고 있으며, 똑같은 경고를 전한다. 오직 부만이 살아 있는 것을 의미 있게 만들어준다는 경고를.[2]

서양의 인권선언이나 헌법에서 자유를 '천부의 신성한' 것이라고 하거나[3] 9·11 이후 서양의 자유 가치가 다른 가치보다 우월하다고 주장하는 것도 마찬가지로 기독교적 사고에 입각한 현대판 종교라고 할 수 있다. 한편 자유나 인권의 근거를 '과학적 진실'에서 찾으려고 하거나 모든 인간의 법적 평등이 인간의 생물학적 동질성에서 나온다고

* 미국의 모든 화폐에는 '우리는 하느님을 믿는다(IN GOD WE TRUST)'는 문구가 새겨져 있다.

보는 견해는 생물학적 차이로 인한 법적 불평등을 정당화할 수도 있기 때문에 나치주의와 대량학살의 온상이었던 사회생물학의 논리를 수정한 것에 불과하다고도 볼 수 있다.[4]

서양에서는 기독교와 과학이 충돌하는 것처럼 보이지만 그 둘 모두 진보사관에 입각하고 있다는 공통점을 갖는다. 기독교는 역사를 신의 섭리에 의한 죄와 구원의 드라마로 보는데 과학적 진보주의라는 것은 '신의 섭리'를 '과학의 진리'로 바꾼 것에 불과하기 때문이다. 반면 비서양에서는 역사를 궁극적 의미를 추구해가는 진보가 아니라 덧없이 흘러가는 순환이라고 보았고 정치란 가능한 한 적은 것이 좋다고 보았다.

과학만능주의에서 나온 논의를 제외하면 인권이나 자유란 제도적 가설, 특히 종교적 가설에 불과하다. 즉 자유와 인권의 주체인 인간이 개인(유일하고 불가분적)이자 동시에 주권적 주체(창조자이자 입법자)이며 사람(육체를 가진 정신)이라고 함은 기독교적인 신의 모습을 유추한 것이지 다른 문화에서는 볼 수 없는 것이다.[5] 왜냐하면 아시아나 아프리카 전통 문화에서는 개인이 전체의 일부이고 입법자는 인간이 아니라 신이나 자연 또는 전통이나 문화로 생각되어왔기 때문이다. 반면 기독교나 유대교에서는 인간은 개인(기독교)이나 민족(유대교)으로서 신의 백성이 되겠다는 계약을 통해 신과 연결되어왔다. 이것이 근현대에서 사회계약론으로 나타났다. 그러나 이러한 사고도 비서양 사회에서는 전통적으로 존재한 적이 없었다. 근현대 서양에서 사회계약론이 나온 것은 기독교 전통 없이는 불가능했다. 따라서 비서양인에게는 낯익은 것일 수 없었다. 그러니 우리가 그것을 무리하게 가져올 필요도 없는지도 모른다. 즉 인권이나 자유를 인정한다고 해서 굳이 사회계약론까지 함께 가져올 필요가 없다는 것이다.

인간의 육체와 영혼을 분리해 인정하는 것도 기독교 사상에서 나왔다. 즉 신이 예수로 육화(肉化)되었듯이 인간을 무한한 영혼을 갖는 유한한 육체라고 보고 개인의 영적(정신적) 정체성이 육체로 구체화된다고 보는 것이다. 현대 과학이 정신과 육체를 구분하는 것도 마찬가지라고 볼 수 있다. 이러한 분리가 극대화되면 나치와 같은 전체주의가 생겨난다. 그러나 이러한 정신과 육체의 분리도 다른 문화에서는 인정되지 않는다.

세계가 보편의 법에 의해 지배된다는 생각도 마찬가지로 기독교적인 것이다. 유교 문화를 비롯한 비서양 문화는 인간을 법의 대상으로 보지 않았고 다른 가치에 의해 보았다. 권리라는 개념도 기독교에서 나왔다. 즉 11~12세기의 그레고리오 개혁[6]에서 교황이 자신을 모든 기독교인과 세계에 적용할 수 있는 법의 살아 있는 근거로 만들기 위해 권리라는 로마법 개념을 부활시켰고 국가가 법의 근원이자 권리의 수호자로 변하면서 교회는 국가에서 분리되었다. 그뒤 과학이 종교를 대체하여 공적 권력에서 권위를 갖는 유일한 정신적 권력으로 부상했다. 이어 제국주의는 무력이나 선전을 통해 세계로 하여금 자신의 지배권이 보편적 가치라고 믿도록 강요했다. 지금 미국이 전 세계에 강요하고 있는 자유주의도 그 하나다.

이러한 서양의 자유나 인권에 대한 절대주의도 문제이지만 인권이 서양에만 적용되고 비서양에는 적용될 수 없다고 보는 상대주의도 정체성주의적(identitarian) 근본주의에 빠진다는 점에서 문제다. 그래서 이민에 대한 공동체주의나 다문화주의의 관용이 사실은 인종적 낙인으로 변질되어 이민을 민족적 또는 종교적 운명에 가두어버리기도 한다.[7]

이러한 문제점을 해결하기 위해서는 자유나 인권이라는 개념을 모든 인류가 이용할 수 있고 모든 문명에서 전용할 수 있는 공동의 자원으로 바꾸어야 한다. 그 가능성은 대부분의 현대 국가가 여러 인권 조약을 비준하고 헌법에서 공통의 인권 규정을 두고 있는 점에서 찾을 수 있는데 여기서 무엇보다도 인권과 자유에 대해 서양이 그 뜻을 독점하게 하거나 인권과 자유의 기원에 대한 기독교적 사상을 강요해서는 안 되며 자유와 인권에 대한 다양한 관점을 허용해야 한다. 그 하나의 보기가 앞에서 본 아프리카인권헌장의 인민의 자유나 발전권 등, 새로운 자유와 인권의 개념들이다.

그러나 그것들만으로는 충분하지 못하다. 가령 미국과 유럽 또는 일본과 한국 및 중국의 무역 압도에 대항하는 방어책을 가져야 하고 IMF나 WTO 등에 배상 요구도 해야 하며 더 근본적으로는 식민지 시기의 반(反)인도적인 노예 노동에 대한 보상까지 요구할 수 있는 방안이 강구되어야 한다. 이에 대응해 선진국은 충분히 반성해야 한다. 그러한 반성 없이 테러리즘의 악순환은 해결될 수 없다. 특히 국가 간 평화와 균형을 위해서는 부유한 국가와의 경제적 관계 속에서 빈곤한 국가가 특정 행동을 할 수 있는 권리를 국제법적으로 인정할 필요가 있다.

동시에 국제적 노동 기준을 모든 나라가 확보해야 하지만[8] 구체적인 방법에서는 각자 다를 수 있다. 가령 소년 노동이 아직도 필요한 나라에서 일률적 연령 제한은 문제가 될 수 있듯이 노동조건의 기준은 나라마다 다를 수 있다. 그러나 노동조합의 권리를 포함한 집단 행동의 자유에 대한 보장은 어느 나라에서나 인정되어야 한다. 그러한 자유가 보장되지 않는 파시즘이나 공산주의 국가에서는 법을 넘는 어떤 자유도 추구될 수 없다. 자유를 위한 자유의 선언, 인권을 위한 인권의 선언만으로는 충분하지 않다. 형식적인 자유나 평등이나 인권의 선언은 기존의 권력을 강화시킬 뿐이다. 개인과 인민을 추상적으로 보는 경우 어떤 개선도 불가능하다.

서양의 우월 논리

인간에게는 여러 가지 자유가 필요하지만 이는 반드시 많은 서양 철학자들이 말하듯 인간이란 본래 자유로운 존재이기 때문인 것은 아니다. 또한 마르크스가 자본주의 내지 자유주의에서 말하는 자유를 허위의 이데올로기로 비판하고 사회주의만이 진정 완전한 자유의 꿈을 이루어준다고 주장한 것도 환상으로 끝났다. 도리어 앞에서 말한 이집트에서 보듯이 자유는 여전히 살아남았다. 마르크스 이후에도 자유는 여전히 여러 나라에서 여러 인민에 의해 주장되었기 때문에 이는 단순한 이데올로기가 아니었다. 이는 인간이 언제나 비자유의 상황에 있을 수 있고 따라서 언제나 자유를 추구하기 마련이기 때문이다. 어떤 사상에 의한 자유의 완성을 믿는 이데올로기를 말하는 것이 아니다. 자유는 언제나 현재진행형이다.

마르크스는 자신이 세계의 모든 문제를 해결할 수 있다고 믿은 기독교적 종말론의 과학관을 가졌다는 점에서 가장 큰 문제가 있었다. 그런 점에서 그는 '회개하라, 그러면 구원받으리라'라고 외치는 기독교 근본주의와 조금도 다름이 없었다. 과거로 돌아가자고 주장하는 모든 종교나 철학도 마찬가지다. 사상이란 우리가 생각하는 대로 오고가는 것이 아니다. 일단 지나가고 나면 전통은 되살리기 어렵다. 전통을 되살린다는 것은 사실 새로운 것을 더하는 것일 뿐이다.

마르크스는 플라톤의 제자였다. 그러나 이는 닫힌 사회라는 측면에서가 아니라 주지주의의 측면에서다. 학문이란 진리 추구라고 믿고 진리가 세계를 지배하며 진리는 신성하다는 신화를 공유한다는 점이다. 그 둘 사이에 아우구스티누스(Aurelius Augustinus, 354~430)를 비롯한 많은 다리도 있었다. 그것이 서양철학사이고 서양과학사이고 서양학문사이며 서양문화사다. 과학은 반증 가능성이 있어야만 과학이다. 그렇다면 어떤 절대적 진리도 있을 수 없다.

따라서 흔히 학문을 이성의 발현으로서 비이성과 싸워 이룬 것이라고 찬양하는 주장에 반대해 과학을 아나키즘이라고 본 파이어아벤트(Paul Karl Feyerabend, 1924~1994)가 옳았다. 그는 과학의 기원은 진리가 아니라 능숙한 정치적 수사에 있었다고 했다. 사실 갈릴레이(Galileo Galilei, 1564~1642)나 뉴턴은 신을 믿었다. 결국 모든 것은 정치였다. 인문사회과학만이 아니라 자연과학도 정치였다. 우리는 진리도 경쟁에 의해 '진짜' 진리가 결국 승리한다고 생각하지만 사실은 권력과 결탁한 진리만이 승리한다. 분자생물학자 모노(Jacques Lucien Monod, 1910~1976)는 다음과 같이 말했다.

> 서양의 자유주의 사회에서는 아직도 유대-기독교와 과학적 진보주의 그리고 인간의 '자연'권과 공리주의적 실용주의에 대한 믿음이 뒤섞인 잡동사니를 도덕적 기반으로 제시하며 입에 발린 소리를 한다. (…) 인간은 수천 년 지속된 꿈에서 깨어 자신의 완전한 고독과 근본적인 고립을 깨달아야 한다. 자신이 집시처럼 낯선 세계의 끝에서 살고 있음을 깨달아야 한다. 나의 음악에 귀를 닫고, 나의 희망과 고통과 죄에는 관심도 없는, 그런 세계의 끝자락에 말이다.[9]

그러나 플라톤을 비판하되 소크라테스를 찬양한 포퍼(Karl Popper, 1902~1994)나 아렌트(Hannah Arendt, 1906~1975)와 달리 나는 소크라테스부터 문제라고 비판했다. 소크라테스의 철학인 '너 자신을 알라'는 말은 델피의 신탁에서 나온 것, 즉 일종의 미신(샤머니즘)이다. 소크라테스는 그 말을 당연히 그 시대의 소수 시민들에게만 적용했고 그들만이 자유롭다고 생각했다. 즉 자유란 소수 특권층의 것이었다. 그런데이는 그 시대가 과거였기 때문에 당연한 것이 아니었다. 왜냐하면 그 시대에도 노예제에 반대하고 인간 모두의 자유와 평등을 주장한 사람들이 있었기 때문이다. 그러나 역사는 소크라테스-플라톤-아리스토텔레스가 지배했다.

그들의 철학은 우월의 논리에 입각했다. 즉 인간은 동물보다 우월하고 인간 중에서도 남자는 여자보다, 성년은 미성년보다, 백인은 비백인보다 우월하다는 논리였다. 그 백인은 인격체로 그의 행동은 스스로 내린 선택의 결과이고, 다른 동물이나 인간은 자신의 삶을 인식하지 못한 채 살아가지만 백인은 의식적이라고 했다. 인간을 규정하는 것은 의식과 자아와 자유의지로, 그것을 가진 존재이기에 우월하고 따라서 자유를 갖는다는 것이었다.

그러나 그러한 우월의 철학 자체가 오류였다. 적어도 모든 세계에 보편적인 것이 아니라는 점에서 오류였다. 기독교 세계의 특유한 관념에 불과했다. 따라서 모든 사람에게 자유를 인정하기 위해 모든 사람이 그런 존재라고 주장할 필요는 없다. 그런 논리적 전제 없이 인간은 억압을 받는 경우 자유를 추구한다는 사실을 인정하는 것만으로 충분하다.

그레이(John Gray, 1948~)는 서양에서 알파벳이라는 표음문자로 인해, 그리고 그것이 낳은 사고의 오류로 인해 플라톤이 진선미라는 추상적 개념을 유산으로 남겼고 그것들을 위한다는 "명분으로 전쟁이 일어났고, 폭압적인 전체 정치가 생기고, 문화가 약탈되고, 사람들이 학살됐다"고 했다. 반면 중국에서는 중국의 한자는 표음문자가 아니라 그레이엄(Angus Charles Graham, 1919~1991)이 말하듯이 "그래픽적 풍부함과 표음적 빈곤함의 결합"이어서 중국의 철학은 플라톤 같은 추상적 사고로 이끌리지 않은 유명론(唯名論)이었고 그러므로 관념을 사실로 헛갈리는 일이 없었다고 한다.[10] 그러나 중국에도 추상적 개념이나 전쟁, 전체 정치, 문화 약탈, 인간 학살은 있었다. 문제는 그리스에나 중국에나 우월의 논리는 존재했다는 점이다.

또한 그런 논리적 전제를 부정하기 위해 쇼펜하우어(Arthur Schopenhauer, 1788~1860)나 니체나 하이데거(Martin Heidegger, 1889~1976)나 포스트모더니즘 등에 매달릴 필요도 없고 그들을 군이 불교 따위와 비교할 필요도 없다. 그들 모두 비서양을 멸시했다는 점에서 그들의 적들과 조금도 다르지 않았다. 가령 하이데거는 그리스어와 독일어만이 참으로 철학적인 언어라고 했다. 그러니 한국어로 철학을 하는 것, 특히 하이데거 철학을 하는 것은 죽은 하이데거에게는 바람직하지 못한 일이리라. 초인을 주장한 니체 역시 기독교적, 또는 그리스적이었던 것처럼 그 누구도 서양적 사고를 벗어나지 못했다. 요즘 유행하는 비트겐슈타인(Ludwig Josef Johann Wittgenstein, 1889~1951)이나 푸코(Michel Foucault, 1926~1984) 그리고 포스트모더니즘도 마찬가지다. 모두 2500년 전 프로타고라스가 '인간은 만물의 척도'라고 한 말의 복창에 불과하다.

자유의 상대적 상관성

나는 자유의 절대적인 개인성이나 개별성을 주장하는 것이 아니라 도리어 그것의 상대적인 상관성을 강조한다. 특히 개인의 자유에서는 순수하게 개인적인 것만을 절대적인 것으로 주장하고 그 밖의 것은 타자와 관련된 상관적인 자유로 보아야 한다고 주장한다. 그렇다고 해서 나는 부당한 타자의 권력에 저항하는 자유 본래의 성격을 부정하는 것은 아니다. 그러나 자유로운 개인이 사는 자치 사회와 자연을 완전히 부정하지는 않는다. 그것이 국가이든 지역사회이든, 공동사회이든 이익사회이든 현실에 존재하는 한 타자로서 인정하되 그 속에서 얼마나 함께 자유를 창조할 수 있는가가 중요하다.

여기서 타자란 타국과 자국을 포함한 국가, 사회, 집단, 타인을 모두 포함한다. 따라서 타국을 강제하여 복종하도록 요구하는 제국이나 강대국은 내가 말하는 상관 자유를 갖는 국가가 아니다. 타국을 강제하지 않고 타국과 공존하여야 자유국가다. 이러한 상관 자유의 원리는 개인의 경우에도 마찬가지다. 한 개인이 아니라 모든 개인들이 함께 만드는 자유여야 한다. 한 집단이나 계급이 아니라 모든 집단, 계급의 자유여야 한다. 한 나라가 아니라 모든 나라들의 자유여야 한다. 한 나라 사람만이 아니라 모든 나라 사람들의 자유여야 한다. 따라서 이는 당연히 일국(一國) 애국주의가 아니라 세계시민주의로 나아가는 것이다.

이는 흔히 공동체라고 하는 사회 앞에 반드시 공동의 자유가 있어야 하는 것이고 공동의 자유로 만들어지지 않은 공동체는 그야말로 공동묘지와 다름없음을 뜻한다. 그러나 나는 사회라는 말 대신 공동체라는 말이 별 특별한 의미도 없이 남용되는 것에 비판적이기 때문에 그 말을 가능한 한 사용하지 않고 상관 자유라고 부르겠다. 나는 상관 자유가 이 땅에, 그리고 지구에 충만하기를 바라 이 책을 쓴다. 모든 사람이 그런 상관 자유로 살기를 바라 이 책을 쓴다.

이 책의 주제인 자유에 맞게 나는 자유롭게 생각한 대로 자유에 대해 자유롭게 창조적으로 말해보겠다. 물론 '자유롭게 생각하거나 말한다'는 것은 '멋대로 생각하거나 말한다'는 것이 아니다. 자유라는 말이 왜곡되고 자유에 대한 사유도 지극히 천박한 탓에 자유는 '멋대로'라는 의미인 방종이 되어버리고 그것이 찬양되기도 하는 나라에서 자유를 함부로 말해서는 안 된다. 게다가 한국에서 자유란 흔히 서양의 그것으로 찬양되어왔으나 앞에서 말한 대로 서양이 말하는 자유야말로 이중 기준의 위선에 가득 찬 말이었으니 그 점을 철저히 극복해야 한다. 물론 서양 내의 자유까지 무조건 부정할 일은 아니다.

또한 세상을 저버린 초월의 의미나 광기로 자유를 말하는 괴상한 도사적 컬트도 경계해야 한다. 자유란 세속의 타락에 젖는 것이 아니라 세속을 벗어나고 세속에 저항하는 것이지만 그렇다고 세속을 완전히 떠나 산속에 숨거나 아예 죽어버리는 것을 의미하지 않는다. 그런 의미에서 나는 산속에서 선을 찾거나 도를 찾는 도피적 은둔을 자유라고 생각하지 않는다. 자유의 상관성이 부정되기 때문이다. 나는 그런 사상이나 종교들이 전통적 농경사회에서는 의미가 있었고, 자연과 조화로운 금욕의 삶이 지금도 우리 시대에 중요하다고 생각하지만, 그러한 금욕의 삶도 자유가 전제되지 않으면 무의미하고 특히 자유 없는 금욕의 기계적 전체주의나 획일주의야말로 가장 경계해야 하는 것이라고 본다. 그러나 금욕의 삶이 인류 역사의 오랜 전통이었고 최근 500년 남짓의 서양 중심 자본주의 내지 자유주의라는 것이 자유의 타락인 사유의 방종과 그로 인한 지구의 파멸을 초래할 원흉이라는 점을 무시해서는 안 된다.

또한 무엇보다도 경계해야 하는 것은 소위 신자유주의의 상업화된 소비주의적 자유다. 자유로 위장된 쇼윈도의 마네킹처럼 사람들이 상업화된 자유를 소비하는 현대 상업사회에서 자유는 판매 전략의 하나로 타락했다. 그러나 정작 주체의 삶은 참된 자유를 상실하고 있다. 그래서 벌거벗은 자본주의적 자유 너머에 참여의 자유에 대한 갈망이 있고 상업 문화에 식민지로 지배당하지 않는 자유를 방어하고 확대하려는 갈망이 늘고 있다. 내가 말하는 자유는 그러한 공공성과 상관되는 자유까지 포함한다. 그런 의미에서 나는 서양이든 동양이든 그 어떤 전통으로부터도 자유롭다. 전통이란 것을 제발 뿌리가 아니라 굴레라고 생각하고 뿌리쳐버리자. 이는 자유를 위한 가장 중요한 전제다.

내가 쓰는 글이 다 그렇지만 나는 나의 자유로운 생각을 자유롭게 표현하는 것이 글이라고 생각하고 그것을 읽는 독자도 자유롭게 읽기를 바란다. 암기할 지식의 필요성을 부정하지는 않지만 나는 그런 지식을 위한 글을 쓴 적이 없고 앞으로도 그럴 생각이 없다. 나는 모든 지식을 비판하며 내 생각을 글로 쓴다. 특히 서양의 철학을 비롯한 학문이나 사상이나 예술이라는 것을 나는 대부분의 한국인이 믿듯이 위대한 진리로 여기기는커녕 사기와 기만의 허위였다고 비판한다.

2부

자유란 무엇인가

자유는 복잡한 주제이므로 추상적인 정의 하나만으로
는 충분히 이해할 수 없다. 자유는 사상이자 실천이다.
자유는 논쟁과 투쟁 속에서 구체적인 의미를 획득하기
때문이다. 따라서 자유를 가능하게 하는 사회적 조건,
그리고 자유를 누리는 자격의 범위에 대한 관심이 동
시에 필요하다. 자유에 대한 정의는 이러한 부분까지
반영돼야 한다.

자유의지와 자유

인간에게 자유의지는 없다?

『자유의지, 그 환상의 진화―우리에게 자유의지는 없다?』[1]라는 제목의 책이 있다. 진화생물학자인 저자 부케티츠(Franz M. Wuketits, 1955~)는 인간에게는 자유의지가 없고 자유의지란 환상에 불과하다고 본다. 그의 주장이 맞다면 우리에게는 자유도 없다는 결론에 이를 수도 있다. 따라서 이 책을 비롯한 모든 자유에 대한 책은 무의미해질 수도 있다. 저자는 소크라테스부터 현대까지 대부분의 서양철학에서 주장된 자유의지를 부정한다. 그러나 그에 의하면 우리에게 '자유의지'가 없다고 하더라도, 지금까지 그래왔던 것처럼 어지간한 공동생활과 규범 작동(범죄자 처벌 같은)은 여전히 가능하다.

우리는 사회적인 동물이기 때문에, 결정을 내릴 때 일반적으로 동족의 태도와 행동을 고려한다. 따라서 우리의 태도와 행동이 갖는 모든 충동에서 완전히 독립적인 '자유로운' 결정이란 실제로 자기모순이다. 우리가 '의지'라고 칭하는 것조차도 자연선택에 의한 진화의 결과이다. 따라서 우리의 태도와 행동의 충동과 독립적으로 존재할 수 없다는 점에서 '자유의지'는 환상이다. 이와 함께 사는 것은 능히 가능하며 이는 실로 마땅한 일이다.[2]

이러한 주장은 쉽게 납득할 수 없다. 그 근거는 바로 저자 자신이다. 그가 자유의지를 부정하는 것 자체가 소크라테스 이래 서양인이라는 '동족의 태도와 행동을 고려'하지 않은 것이기 때문이다.

그러나 나는 자유의지가 '있다 없다'에 대한 논쟁에는 그다지 관심이 없다. 내가 관심을 갖는 것은 자유의지가 아니라 자유다. 자유와 그것을 억압하는 사회적 현상은 분명히 있다. 자유의지가 환상이라고 해도 자유는 있다. 이 역시 우리가 사회적인 존재, 정치적인 존재이기 때문이다.

자유의지를 부정하는 주장은 자유를 부정하는 것이 아니라 권력이 자유의지를 전제로 삼아 인간의 진정한 자유를 망치는 도구가 되고 있다는 비판을 숨기고 있음을 주목해야 한다. 즉, 법에 모든 판단을 맡겨버리는 '법화된 세계'라는 위험이 각 개인의 행동반경을 철저히 제한하고 개인 간의 의사소통의 능력을 빼앗아가고 있는 건 아닌가 하는 것이다.

국가, 나아가 모든 국가에는 국민을 길들이려는 경향이 내재해 있다. 이로부터 너무나도 자주 나타난(그리고 나타나는) 결과는 개인의 억압이다. 이와 동시에 국가를 대표하는 사람들은 특히 입법자들은 자신들이 "국민의 의지"에 따라 행동한다는 인상을 전달하기 위해 노력한다(마치 국민이 '의지'를 가질 수 있는 것처럼!). 우리 인간은 원숭이다. (…) 우리 존재의 생물학적인, 나아가 사회적이고 문화적인 결정 요인들을 무시하고 인간, 즉 모든 개인이(!) 오성과 자유의지를 지니고 있기 때문에 어떤 순간에도 자율적으로 결정을 내린다는 것을 엄격하게 고집한다면, 자유의지라는 이념은 항상 위험한 것이 된다.[3]

우리는 정치가들이 심심하면 내뱉는 '민의'라는 말의 사기성을 잘 알고 있다. 자신들의 정치를 언제나 민의를 위한 것이라고 호도하는 것을 매일처럼 보고 있다. 그러한 민의란 분명 거짓이지만, 그렇다고 해서 대부분의 인민이 갖는 희망이나 기대나 마음이라는 것 자체가 없다고 단언할 수는 없다. 적어도 선거로 나타난 결과는 그런 종류의 하나일 수 있다. 물론 그것은 정치가의 선전에 의한 것일 수도 있고 다른 원인에 의한 세뇌나 조작일 수도 있다. 그러나 누구도 그것을 정확하게 논단할 수는 없고, 선거라는 절차를 통해 나타난 하나의 의사는 분명 존재한다. 그 결정 과정에 아무리 문제가 많았다고 해도(정치가들의 선동에 의한 것이라고 해도) 우리는 그 민의라는 것을 존중하지 않을 수 없다. 그리고 그 민의에 의해 선출된 대표들이 만든 헌법을 위시한 법도 존중하지 않을 수 없다. 물론 그것은 가변적이므로 절대적인 것은 아니다. 민주주의 사회에서는 물론이고 어떤 사회에서도 절대적인 것은 없다. 헌법에 규정된 자유도 마찬가지다. 그리고 '지금, 여기서' 우리가 확인할 수 있는 자유는 바로 그런 정도의 것이다.

정치가들의 사기는 차치하더라도 철학자들이 사기를 친 것이 아닌가 하는 점은 우리가 좀더 신중하게 살펴볼 필요가 있다. 부케티츠의 논리를 따르면 자유의지에서 나오는 도덕이나 덕성, 윤리나 철학이란 사실 환상에 불과할 수도 있다. 소크라테스나 플라톤과 아리스토텔레스는 인간과 노예를 자유의지 유무로 구별하고 자유의지를 갖는 인간은 도덕적으로 행동해야 한다고 훈계했다. 반면 노예는 자유의지가 없으므로 자유가 없고 도덕적으로 행동할 수 없다고 보았다. 그리고 그들이 마찬가지로 노예라고 본 비그리스인, 즉 비서양인도 자유의지가 없으므로 인간이 아니며 따라서 도덕이나 윤리를 모른다고 했다. 이는 2000년 동안 서양 지식인이나 부시 같은 정치가들이 취해온 태도였고, 그들을 답습한 우리나라 지식인들이나 정치가들이 취한 태도이기도 했다.

부케티츠의 비판이 가장 주효한 경우는 칸트다. 칸트는 이성에서 자유의지가 나온다고 하면서 의지의 자율성을 모든 도덕 법칙의 유일한 원리라고 주장했는데 부케티츠에 의하면 칸트는 "엄격한 도덕적 확신에 사로잡혀 있어서 어떤 것을 선택해야만 하는 의지란 이미 실제로는 자유로운 의지일 수 없음을 인식하지 못"했다.[4] 도덕법칙이라는 말 자체가 자유의지가 아니라 강제를 지시하기 때문이다. 오늘날에도 자유의지론자들은 이 모순점을 간과하고 있다.

반면 비서양의 사상은 자유에 대한 의식을 절대적인 것으로 보지 않고 다양하게 보았다. 가령 인도인들은 행동의 바람직한 목표를 기쁨의 증대와 괴로움의 감소로 보았다. 내세에 대한 믿음도 인간이 이기적인 동기를 극복하고 공동체의 이익에 헌신하는 것을 목표로 삼은 것이었다. 불교에서도 인간 행동의 도덕적 효과를 뜻하는 카르마

(karma, 업)란 우리의 행동이 그 밖의 다른 행동과 인과관계에 있다고 본 것이었으나, 동시에 이는 신과의 연관 없이 자신의 구제를 인정한 것이었으며, 삶을 무위라고도 보지 않았다. 불교나 도교의 무위란 "아무것도 하지 않는다"는 것이 아니라 남들이 기대하는 것을 하지 않고 자유롭게 산다는 의미였다. 따라서 자유란 반드시 자유의지에 의한 것만이 아니다.

크리슈나무르티와 미하엘 엔데의 자유

자유란 말은 앞에서 말한 것만은 아니다. 가령 여러분 중에는 불교나 크리슈나무르티(Jiddu Krishnamurti, 1895~1986)가 말한 자유[5]에 대해 아시는 분도 계시리라. 크리슈나무르티는 우리가 보통 말하는 자유가 아니라 '더 큰 자유'를 말한다. 그중에서 가장 중요한 자유는 '아는 것으로부터의 자유'[6]라고 말한다. 그러나 자유는 그냥 자유일 뿐 무엇으로부터의 자유가 아니라고도 하는데 이를 한마디로 말하기란 어렵다. 다음과 같은 말도 잘 이해할 수 없다.

> 나는 자유롭기 위하여 투쟁했습니다. 내 친구들, 내 책들, 나를 얽매는 관계들로부터 자유롭기 위하여 투쟁했습니다. 여러분도 똑같이 자유를 위하여 투쟁해야만 합니다.[7]

그렇다면 우리는 자유롭기 위해 그의 책을 읽어야 할까? 나는 그의 책을 아무리 읽어도 어떻게 자유로울 수 있는지 알 수 없었다. 그의

『자유에 대하여』를 우리말로 옮긴 사람은 초기 불교 경전인 『숫타니파타』에 나오는 다음 말을 인용한다.

숲속에서 묶여 있지 않은 사슴이
먹이를 찾아 여기저기 다니듯이
지혜로운 이는 독립과 자유를 찾아
무소의 뿔처럼 혼자서 가라.[8]

크리슈나무르티는 자신을 비우는 무욕의 삶을 사는 것이 자유라고 설교했지만, 그 자신은 은밀한 성적 관계를 포함하여 보통 사람들의 위안거리들을 즐겼다고 한다.[9] 여하튼 내가 말하는 자유는 욕망으로부터의 해방을 뜻하지는 않는다. 욕망으로부터의 완전한 해방이 가능한지 의문이다. 다만 오늘날 우리가 살고 있는 자본주의적 방종의 욕망으로부터는 어느 정도 해방될 수 있고 해방되어야 한다고 믿고 있다.

또는 이와 전혀 무관하게 보이는 사르트르(Jean Paul Sartre, 1905~1980)의 소설 『자유에의 길』이나 실존주의에서 말하는 자유를 아시는 분도 계시리라.[10] 자유를 다룬 소설은 그 밖에도 많다. 자유를 제목으로 단 소설도 많다. 여기서는 엔데(Michael Ende, 1929~1995)의 『자유의 감옥』[11]을 살펴보도록 하자.

주인공 인샬라(신의 뜻대로 한다는 뜻으로 이슬람을 상징한다)는 이슬람교도이면서도 자유의지로 방탕한 생활을 하다가 어느 날 밤 요염한 여성에게 이끌려 거대한 원형 건물에 갇힌다. 그는 건물에 있는 많은 문 중 하나를 선택하여 인생의 길을 가도록 강요당한다. 그러나 문이 너무 많아 어느 것을 선택할지 두려운 나머지 결국 아무것도 바라지 않게 된다. 그러자 모든 문이 사라진다. 그때 그는 알라에게 문이라는 허위의 자유를 없애준 것에 감사하고 "완전한 자유는 완전한 부자유"[12]라는 것을 깨닫고 기뻐한다. 그리고 사경을 헤매다가 깨어나보니 그는 거지가 되어 바그다드의 성문 앞에 서 있다. 그때 그는 자신이 참으로 알라에게 구원을 받았다고 믿고 사람들에게 자신의 이야기를 한다. 그러자 교주가 그에게 감탄하고 상을 주고자 하지만 인샬라는 이미 최고의 것을 가졌다고 답하고 거절한다.

이 이야기는 한편으로 자유의지에 의한 선택의 자유가 풍부한 것은 무가치한 자유의 감옥이라는 의미의 이슬람적 가치를 말하는 듯하면서도, 다른 한편으로는 자유의지를 인정하는 가톨릭적 입장을 말하는 듯도 하다. 프롬(Erich Fromm, 1900~1980)이 『자유로부터의 도피 *Escape from Freedom*』에서 주장한 것도 후자의 입장이다. 프롬은 독일인이 1919년의 바이마르헌법에 의해 자유를 얻었지만 자유의 불안에서 도피하고자 하여 결국 나치 정권을 초래했다고 보고 이러한 결과를 피하기 위해서는 각자가 자율적으로 자유를 활용해야 한다고 주장했다.[13]

엔데의 이야기를 어떻게 보든 충분한 자유가 주어지면 사람들은 자유의 가치를 부정하게 되고 자유에서 도피하여 안정을 얻고자 하는 경향이 있다는 것은 분명하다. 여기서 이슬람적 교훈은 자유를 포기하는 것이 옳다고 주장하는 반면, 가톨릭적 교훈은 이를 부정한다. 노예계약을 자유롭게 체결해도 무방하다고 하는 자유지상주의자들은 전자를 인정하고, 후자는 결단의 자유를 중시하는 사르트르나 카뮈(Albert Camus, 1913~1960)의 실존주의로 연결된다.

그런데 가톨릭과 달리 루터(Martin Luther, 1483~1546)나 칼뱅(Jean Calvin,

1509~1564)의 프로테스탄티즘은 자유의지를 부정하고 신이 정한 필연에 따라 열심히 일하면 신의 구원을 받는다고 했다.[14] 그들의 입장은 『자유의 감옥』의 경우 여러 가지 문 앞에서 어느 것도 선택하지 않고 그냥 열심히 일한다는 것이다. 위에서 본 이슬람적 교훈도 열심히 일하는 것을 반드시 거부하는 것은 아니다. 만일 열심히 일하여 번영을 초래했다면 그것도 하나의 가치 있는 자유라고 할 수 있고, 그 경우에 자유는 더이상 감옥이 아니다. 그런 번영이 없었다고 해도 어려운 수행을 거쳐 모든 욕망을 초월한 사람이 되었다면 그것도 또하나의 가치 있는 자유라고 할 수 있다. 동양 문화에 심취한 엔데는 그 마지막 길을 말한 것인지도 모른다. 그러나 이 책에서는 그러한 엔데의 자유 사상을 따르는 것이 아니다. 인샬라가 모든 번뇌를 극복하고 도를 통했는지 모르지만 그가 사는 속세는 여전히 번뇌가 많다. 그 번뇌를 당장 없애는 묘안은 없다. 그 번뇌를 최소한으로 줄이는 지혜와 실천이 우리에게 가능할 뿐이다.

도스토옙스키의 「대심문관」

자유의지는 도스토옙스키(Fyodor Mikhailovich Dostoevskii, 1821~1881)의 『카라마조프가의 형제들』에서도 다루어진 주제다. 특히 소설 속의 작품인 극시 「대심문관大審問官」은 도스토옙스키 문학의 정수로서 현대에서의 권력과 자유의 문제를 조명한다. 이는 중세에 지상에 재림한 그리스도가 지상의 빵이 아니라 천상의 자유를 추구해야 한다고 주장한 것이 교권에 의하여 거부되었다는 이야기다. 교권을 대변하는 대심문관은 예수에게 그의 가르침이 너무나 엄격하여 많은 사람들에게는 고통이었을 뿐이라고 비난하며 다음과 같이 말한다.

인간에게 양심의 자유보다 더 매혹적인 것은 아무것도 없지만, 이보다 더 고통스러운 것도 아무것도 없지. 자, 인간의 양심을 단번에 영원히 안정시킬 확고한 근거들 대신에—너는 전부 비상하고 아리송하고 애매모호한 모든 것을 선택, 즉 전부 인간들의 힘으론 감당할 수 없는 것을 선택했고, 결과적으로 마치 그들을 전혀 사랑하지 않는 꼴이 되어버렸으니—더욱이 이렇게 한 자가 도대체 누구냐 말이다. 그들을 위해서 자기 목숨을 내놓으러 온 그자가 아니더냐! 인간의 자유를 지배하는 대신에 나는 그것을 증대해서 인간의 영혼의 왕국에 영원토록 고통의 짐을 지워준 것이었다. 너는 인간이 너에게 매혹되고 사로잡힌 채 자유롭게 너를 따를 수 있도록 자유로운 사랑을 바랐다. 앞으로 인간은 확고한 고대의 법칙 대신, 거저 너의 형상만을 자기 앞의 길잡이로 삼은 채 무엇이 선이며 무엇이 악인가를 자유로운 마음으로 몸소 결정하지 않으면 안 됐다—하지만 너는 선택의 자유와 같은 무서운 짐이 인간을 짓누른다면 결국에 가서 너의 형상과 너의 진리를 거부하고 논박을 하리라는 걸 정녕 생각하지 못했더냐? 그들은 결국에 가서는 진리는 네 안에 있는 것이 아니라고 소리칠 것인데, 왜냐면 그들에게 그토록 많은 근심거리와 해결할 수 없는 과제들을 남겨줌으로써 너는 그들을 그 무엇보다도 큰 혼란과 고통 속에 방치한 셈이니까.[15] (…)

인간은 약하고 비열하다. 인간이 지금 곳곳에서 우리의 권력에 대항하여 반란을 일으키고 그 자신이 반란을 일으키는 것을 자랑스러워한다고 한들 뭐가 어떻단 말이냐? 이것은 어린아이나 초등학생의 오만

함에 지나지 않아. (…) 하지만 이 어리석은 아이들도 자신들이 반역자이긴 하되, 자신의 반역조차도 감당해낼 힘이 없는 허약한 반역자에 불과하다는 걸 결국에 가선 깨닫게 될 것이다. (…) 그리하여 불안, 혼돈, 불행—바로 이것이 네가 인간들의 자유를 위해 그토록 많은 것을 감내한 이후 그들에게 주어진 지금의 운명이란 말이다![16]

이어 대심문관은 8세기 전부터 이미 예수의 가르침을 버리고 악마를 따랐다고 고백한다.[17] 반면 대심문관의 동료들은 칼을 들고 자신들이 지상의 왕이라고 선언하고 지상의 왕국을 건설하기 시작한다. 건설이 완료되면 인간들은 양심의 자유를 다시 찾고 아이나 동물처럼 순종하게 된다.[18] 그 왕국은 사람들에게서 빵을 뺏어 재분배하고 모두를 행복하게 하는 체계를 만들 예정이다.[19] 그래서 "오, 우리는 그들에게 그들이 우리를 위해서 자신의 자유를 거부하고 우리에게 복종할 때야 비로소 그들이 자유롭게 될 것임을 확신시킬 것"[20]이라고 한다. "왜냐하면 그것이 개인적으로 자유롭게 모든 것을 결정해야 하는 지금의 끔찍한 고통과 거대한 근심으로부터 그들을 구원해줄 것이기 때문"[21]이다. 그러면 예수는 더이상 불필요하게 되고 도리어 유해하게 된다. 그래서 대심문관은 예수를 화형에 처하기로 결정한다.

자유롭게 행동할 수 있고 따라서 자신의 행위에 대해 책임을 진다는 의지가 도리어 짐이 되어 부자유가 되는 역설은 우리의 일상에서나 역사에서도 얼마든지 볼 수 있다. 앞에서 말한 프롬이 분석한 바이마르공화국 이후 나치즘에 이른 독일이 그렇다. 그러나 그렇다고 해서 자유 자체를 부정할 수는 없다.

필연론과 자유의지론

자유라는 말만큼 그야말로 자유롭게 사용되는 말도 없어서 그 뜻을 확정하기란 쉽지 않다. 자유라는 말에는 200종 내외의 서로 다른 함의가 있다고 보는 견해도 있다.[22] 이 책에서 그러한 다양한 자유를 모두 검토할 수는 없지만 그렇다고 해서 인간의 외부적 행위에 대해서만 다루고 내면성을 전적으로 제외할 수는 없다. 왜냐하면 자유론에서 자유의지를 비롯한 내면적 자유에 대한 논의가 외면적 자유에 대한 논의와 전적으로 무관하지 않기 때문이다.

앞에서 보았듯이 서양 사상에서는 이를 자유의지론이라고 한다. 이는 인간의 행위가 어떤 타자의 강제에서 나오는 것이 아니라 자기 내면의 자유로운 선택에서 시작된다고 보는 견해다. 이에 반하는 것을 필연론이라고 한다. 이는 인간의 자기 결정 능력을 부정하고 인간의 모든 행위는 어떤 외부의 힘에 의해 지배된다고 보는 것이다. 이에 따르면 인간이 아무리 자유롭다고 해도 본질적으로는 자유인이 아니라, 다른 무엇인가의 의지에 지배되는 노예와 같은 존재가 된다. 그 '다른 무엇'이란 신의 의지거나, 맹목의 운명, 또는 각종의 욕망과 같이 나 자신 속에 있는 어떤 비이성적인 부분일 수도 있다. 그러나 이러한 견해는 인간의 이성을 부정해서가 아니라, 도리어 이성에 의한 경우만을 자유라고 봤다는 것에 주의해야 한다.

서양 사상을 이러한 필연론과 자유의지론의 대결이라고 보는 학자들도 있다. 학자에 따라서는 이러한 자유의지론이 플라톤, 아리스토텔레스, 키케로(Marcus Tullius Cicero, 기원전 106~43)를 거쳐 기독교(특히 아우구스티누스와 아퀴나스)로 이어졌고, 중세는 교회의 정통이론인 자유의

지론의 시대가 되었다고 보는 사람도 있다. 르네상스 시대에 와서 루터나 칼뱅의 예정설이 대두하면서 필연론이 대두했으나 그뒤 프로테스탄티즘에서는 이어지지 못했고, 17세기의 밀턴(John Milton, 1608~1674), 라이프니츠(Gottfried Wilhelm Leibniz, 1646~1716), 로크, 18세기의 몽테스키외(Charles Louis de Secondat, Montesquieu, 1689~1755), 루소(Jean Jacques Rousseau, 1712~1778), 칸트, 콩스탕(Benjamin Constant, 1767~1830), 19세기의 토크빌(Alexis de Tocqueville, 1805~1859), 밀, 20세기의 롤스(John Rawls, 1921~2002)까지 자유의지론에 따랐다고 보는 입장도 있다. 그래서 근대의 자유론은 자유의지론을 본질로 한다고 보는 입장도 있다. 물론 근대의 자유론이 모두 그러했던 것은 아니다. 홉스, 스피노자(Baruch Spinoza, 1632~1677), 헤겔(Georg Wilhelm Friedrich Hegel, 1770~1831), 마르크스와 19세기 사회과학은 필연론에 근거했다.

이러한 논의와 이어지는 것이 국가적 자유와 비국가적 자유의 관련 문제다. 여기서 국가적 자유란 권력을 배경으로 하여 행해지는 국가의 조직화나 질서 형성 작용 속의 자유를 말한다. 따라서 비국가적 자유란 그러한 국가 차원 이상의 윤리적 가치(가령 우애)에 근거한 자유를 말한다. 이는 유교나 이슬람교는 '정치적'이지만 불교는 '비정치적'이라고 구별하는 것과도 통한다. 반면 기독교, 특히 가톨릭은 중세이래 '국가적 자유'와 '비국가적 자유'가 긴장 관계에 있다고 볼 수도 있다. 그러나 유교나 이슬람교에도 국가 차원 이상의 윤리가 엄존하고 불교에도 국가 차원의 윤리가 엄존하므로 이러한 구분에는 큰 의미가 없다.

이 책에서 말하는 자유는 종교의 그러한 측면과 별개로 정치적 차원의 자유만을 말한다는 점을 강조해야겠다. 즉 자유는 옳고 그름이라는 정치와 법의 사회적 권리의 문제이지, 선과 악이라는 종교적·윤리적·문화적인 가치의 문제가 아니므로 그 두 가지를 엄격하게 구별해야 한다고 본다. 따라서 우리가 탐구하는 자유를 위시하여 인권이나 민주의 문제를 그리스 로마 문화나 기독교 문화, 또는 동양 문화와 연결시키기보다도 도리어 그 관련성을 끊어버려야 한다. 즉 자유는 현대의 인간관계 생활에서 공동으로 준수하고 이행해야 할 정치적이고 법적인 차원의 객관적 원칙일 뿐이다. 외국의 이론을 수입하거나 자국의 전통을 억지로 자유에 맞추어 근거로 삼을 필요는 없다.

따라서 자유는 국가나 정부, 사회단체, 여론, 종교와 같은 것이 사적인 신앙, 정감, 성, 혼인, 기호, 흥미, 사상, 학설 등에서 나오는 가치를 남에게 강요하는 것이 아니다. 자유가 종교에서 비롯되었다고 해도 현대의 사회적 도덕 자체는 종교적 도덕일 수 없고 그래서도 안 된다. 자유는 일종의 공공적 이성에서 나오는 것이지 비이성과 관련되는 개인적 양심에서 나오는 것이 아니다. 즉 자유는 모든 사람들에게 공동으로 준수를 요구하는 공적 가치이지 개인의 안심입명이나 궁극적 관심과 관련된 사적 가치가 아니다. 물론 사적인 가치는 현대의 자유 정립이나 도덕 발전에 중요하다. 그러나 그것을 정부나 국가가 나서서 강요할 수는 없다.

자유주의를 비판하는 공동체주의 및 각종 종교의 주장이 부흥하고 있다. 그러나 이는 단순히 추상적인 논의의 문제일 수 없다. 한국을 비롯하여 공동체의 전통이 강한 나라에서는 공적 가치로서의 개인의 자유가 더욱 강조될 필요가 있고, 방종과 관련되는 사적 가치로서의 개인적 자유에 대한 제한이 논의될 필요가 있다.

자유를 허용하는 체제를 자유주의라고 볼 때 이는 자유주의에 반대하는 모든 주의, 신앙, 사상, 학설을 발표하고 발전시키는 자유 또한 허용해야 하므로 자유주의에 저항하는 자유도 인정해야 하지만, 자유 자체를 부정하는 자유까지 허용해야 하는지는 중대하고 심각한 문제다. 가령 자유의 핵심인 관용이 관용적이지 않은 전체주의적 강권을 초래하는 경우 그러한 전체주의에까지 관용으로서의 자유를 인정해야 하는가 하는 문제다.

자유의 정의

어떤 자유를 말하는가?

1부에서 보았듯이 세상의 대부분 나라 사람들은 그 나라의 상징인 국가에서 무엇보다도 자유를 노래한다. 이를 보면 인류의 가장 중요한 가치가 자유라고 하는 점에는 의문이 없다. 국가의 차원만이 아니라 개인이나 집단의 경우에도 마찬가지다. 누구든 자유를 거부할 수 없다. 그러나 정작 자유가 무엇인지는 명확하지 않다.

자유에 대한 많은 책들이 무엇보다도 자유가 무엇인지에 대한 설명 없이 시작되는 것이 나에게는 너무나도 이상하다. 자유가 마치 인간처럼 자명해 그 뜻을 알 필요가 없다는 듯이 말이다. 가령 노명식은 『자유주의의 원리와 역사』의 서론 첫 줄에서 "사람은 날 때부터 자유롭지만 어디를 가나 사슬에 묶여 있다"는 루소의 말을 인용하면서

"인간의 본래적 속성은 자유"라고 했다.[1] 그러나 자유는 식욕이나 성욕, 또는 성장과 질병 등과 같이 구체적이고 명확한 인간 본연의 속성이라고 할 수 없다. 인간은 자유 없이도 살 수 있다. 극단적으로 노예로 살 수도 있고 실제로 오랫동안 그렇게 살아왔다. 자유주의가 지향하는 최소국가가 아니라 그 반대인 최대국가에서도 살 수 있다.

나는 자유를 인간의 본래적인 속성이라고는 생각하지 않는다. 자유에 대한 수많은 선험적 주장들, 가령 천부인권설, 신의설(神意說), 원죄설, 인성설, 이성설, 원초상태설 등등은 과학적인 역사적 주장이라기보다도 정치적인 수사에 불과했다. 오늘날 우리가 사용하는 자유란 말은 서양에서 온 것이고 특히 근대 자본주의 사회에서 일반화된 것이지 그 이전에는 일반적으로 존재하지 않았다. 따라서 자유를 보편적이라고 하며 그 근거와 유래를 설명하는 어떤 비경험적 주장도 받아들일 수 없다. 자유주의나 개인주의를 인간의 자연적인 인성이나 선험적인 원칙이라고 보는 견해도 받아들일 수 없다.

자유는 권리, 인권, 자연권이라는 말과 함께 사용되는 경우가 많지만 구별되기도 한다. 일반적으로 자유를 포함하는 권리란 보통 '특별한 이익을 누릴 수 있는 법률상의 힘'을 말한다고 하지만 '법률상'이라는 한정에는 문제가 있다. 왜냐하면 권리의 일종인 인권이나 자연권은 세계의 모든 사람이 국적이나 그 나라의 법률과 관계없이 존중받아야 하는 권리를 말하기 때문이다. 인권이란 권리 중에서 기본적인 권리를 말하고 자연권이란 인간이 태어나면서 갖는 권리를 말하기 때문이다.

인권이나 자연권이라는 개념은 서양의 경우 중세에서부터 비롯되었고 1776년의 미국독립선언은 모든 사람에게는 "빼앗길 수 없는"

일정한 권리가 조물주에 의해 부여되었음이 자명하다고 했으며, 1789년의 프랑스 인권선언은 "사람은 자유롭고 평등한 권리를 지니고 태어나 살아간다"고 했다. 그러나 1791년 영국의 벤담은 그러한 자연권은 거짓말에 불과하다고 주장했다.[2] 이처럼 인권이나 자연권에 대해서는 여러 가지 이유에서 그것들을 인정할 수 없다거나 부분적으로만 인정할 수 있다고 하는 논의, 특히 경제적·사회적 권리는 인정할 수 없고 개인적 자유만을 인정해야 한다는 주장이 이어져왔다. 벤담도 윤리적 정당성을 부정한 것은 아니고, 그는 이를 쾌락이나 욕망과 같은 효용을 기준으로 한 공리주의의 입장에서 생각했으나, 그 효용이라고 하는 것도 명백한 기준으로 보기는 어렵다. 특히 효용을 따지기 어려운 곤궁 상태에 있는 경우를 제외한다는 문제가 있다.

그러한 주장이 내세우는 가장 큰 근거는 인권이나 자연권이 본래 법적인 것이 아니라고 하는 점이지만, 18세기 이래 미국 헌법을 위시하여 많은 나라에서 법적 권리로 인정되었다. 따라서 그러한 주장은 더이상 문제가 되지 않지만, 그럼에도 인권이나 자연권이 원래 법적인 것이 아니라 윤리적인 것임은 강조될 필요가 있다. 벤담이 법적 권리만을 인정하고 인권이나 자연권을 상상의 권리에 불과하다고 주장했던 1791년, 페인은 『인권Rights of Man』을 써서 인권, 즉 자유의 윤리적 정당성을 주장했고 뒤에 이는 미국 헌법과 프랑스 헌법에서 명문화되었다.

나는 자연권이니 인권이니 하는 말을 사용하지 않아도 좋고, 그 근원을 천부인권이니 뭐니 하며 종교적이거나 철학적으로 수식할 필요도 없다고 생각하지만, 앞으로도 어떤 윤리적 또는 정치적 주장에 의해 새로운 자유, 즉 인권이 생겨날 수 있고, 그것이 국내외의 승인을 받아 법의 일부로 포함될 가능성은 얼마든지 있다고 생각한다. 그런 의미에서 자유는 앞으로 열려 있다. 즉 개방되어 있다.

자유의 보기

자유란 무엇인지를 생각해보기 위해 몇 가지의 구체적인 경우를 상정해보자. 우리가 보통 자유라고 할 때에는 여러 가지 의미가 있기 때문이다. 자유의 보기로 다음 여섯 가지 예를 들어보자.

1. 노예로 살지 않을 자유
2. 대표를 뽑을 자유
3. 모여서 외칠 자유
4. 폭행이나 고문을 당하지 않을 자유
5. 기아선상에서 허덕이지 않을 자유
6. 성을 이유로 차별받지 않을 자유

이상 여섯 가지의 자유를 중요하지 않다고 생각할 사람은 없겠다. 여기서 중요하다고 함은 상대적인 것인데 이는 다음과 같은 두 가지 자유와 비교해보면 알 수 있다.

7. 혐오하는 이웃에게 불려가지 않을 자유
8. 조용하게 나날을 보낼 자유

위 여덟 가지 중 1~6번의 자유는 기본적인 인권이라고 할 만큼 중요하지만, 7~8번의 자유는 인권으로 인정될 정도로 사회적으로 중요하지는 않다. 개인이 쉽게 스스로 해결할 수 있는 문제들이기 때문이다. 특히 8번의 자유는 외부의 강제 없이 개인적으로 선택할 수 있는 개인적 자유다. 이는 개인적인 자기만족의 자유와는 다르다. 동양이나 서양의 개인적 수양이나 극기를 뜻하는 마음의 자유는 선택의 자유를 뜻하는 것이 아니기 때문이다. 이는 서양 근대 초에 주로 신앙의 차원에서 문제가 되었고, 이어 19세기에 와서 남녀의 능력을 발전시킬 수 있는 개인적 기회의 부여로 나타났다. 그리고 20세기에는 가장 중요한 자기표현의 자유로 부각되었다. 물론 7번처럼 이웃이 나를 강제로 잡아가는 경우나, 8번처럼 남들이 나를 조용하게 나날을 보내지 못하게 방해하는 경우에는 문제가 된다. 이 책에서 말하는 자유는 그렇게 문제되는 경우를 포함하여 1~6번과 같은 사회적으로 중요한 인권으로서의 가치를 갖는 것을 말한다.

1~6번의 자유는 자유의 역사적 전개와 관련된다. 1번은 인민적 자유와 직결된다. 자기가 속한 인민의 독립을 지켜 노예가 되지 않는다고 하는 의미의 자유가 최초의 자유이자 최후의 자유였다. 그러나 세계사의 차원에서 인민적 자유는 최근까지 서양의 제국적 자유에 의해 침해되어왔다.

2번은 정치적 자유, 즉 공적인 일에 참가하는 권리다. 이는 자유가 단순한 가치관이 아니라 법이나 정책에 의해 구체화된 경험의 복합물임을 뜻한다. 여기서 권력을 자유에 대한 위협으로 볼 수도 있고, 또는 그 반대로 권력을 실질적 자유에 이르는 수단, 즉 자유의 윤곽을 결정하는 제도를 만드는 힘으로도 볼 수 있다. 이는 고대사회에서 가장 중요한 자유였으나 지금도 중요하다.

정치적 자유에 대한 이 두 가지의 상반된 견해는 3번의 시민적 자유, 즉 개인이 권력에 저항하여 자신의 의견을 주장할 수 있는 권리에서도 나타난다. 헌법에 그러한 권리가 명시된다고 해도 현실에는 집회에 대한 탄압이나 사회주의자에 대한 탄압이 횡행한다.

4번은 사법적 자유 또는 신체의 자유라고 하는 것이다. 이는 수사나 재판의 절차에서 중시되지만 그것이 정치적인 경우 더욱 중시될 필요가 있다.

5번은 경제적 자유다. 즉 어떤 종류의 경제적 관계가 개인의 직장에서 자유를 초래할 수 있는가 하는 것이다. 최초에는 토지 소유를 중심으로 한 경제적 자립이 자유노동의 이름으로 중요했으나, 공업화에 의해 토지 소유가 더이상 중요한 목표가 아니게 됨에 따라 계약의 자유, 산업적 자유(기업의 의사 결정에 대한 발언권), 경제적 보장이 중요하게 되었다.

6번은 20세기 후반에 나타난 집단적 자유의 한 보기이다.

문제는 1번의 인민적 자유가 전통적으로 중시되어왔으나 적어도 서양의 경우에는 17세기 이후 제국주의적 침략에 나서면서 자유의 하나로 강조되지 못했고 도리어 피침략 인민의 자유가 부정되어 그들은 노예로 살아야 했다는 점이다. 그러나 이는 피침략 인민에게는 가장 기본적인 자유였고 21세기 제국주의적인 세계화 속에서 여전히 더욱 중요한 의미를 갖는다.

또한 2, 3번의 자유는 1번의 경우와 마찬가지로 피침략 인민의 경우는 물론 제국주의 국가에서도 내부 피침략 민중의 자유로서 요구되었음에도 중시되기는커녕 자유로서도 인정되지 않았다. 그 이유는 나라가 빈곤한 경우 실현성이 없다는 것이었다. 그러나 실현성이 없다고 하여 자유로 인정할 수 없다고는 할 수 없고, 미래의 실현을 위해서도 자유로 인정할 필요가 있다. 또한 실현성의 문제는 사회적 자유가 아닌 개인적 자유나 정치적 자유에서도 마찬가지라고 할 수 있다.

이러한 사회적 자유를 인정해야 할 무엇보다도 중요한 이유는 재산이나 복지와 같은 사회적 조건에 대한 자유로운 기회가 주어지지 않는다면 참된 자유는 있을 수 없기 때문이다. 이러한 사회적 조건에 대한 기회로서의 자유는 이미 국내외 법으로 인정되고 있으므로 이를 자유가 아니라고 볼 수 없다. 그러나 자유의 중요성은 그 입법화로만 정당화될 수 있는 것은 아니라 그 자체의 윤리적 가치에 의해 정당화되어야 한다.

가령 4번의 폭행을 당하지 않을 자유는 폭행으로부터 해방되는 자유의 중요성을 말하는 것임과 동시에 그러한 해방을 위해 다른 사람들은 자신이 무엇을 할 수 있는지를 생각해야 한다는 것도 포함한다. 이는 폭행을 가하는 사람에게는 단도직입적으로 폭행을 가하지 말라는 요구가 된다. 나아가 그 밖의 사람들에게도 폭행해서는 안 되고, 폭행을 방지하기 위해 무엇을 하면 좋은지를 강구하게 한다. 이는 다른 자유의 경우에도 마찬가지다.

이상 여섯 가지 자유는 각각 불변의 것도, 서로 배타적인 것도 아니다. 자유는 개인적인 것만도, 집단적인 것만도 아니다. 자유는 개인만이 아니라, 가족, 지역, 기업, 인민, 국가라는 단위에서도 중요했고, 또한 가족을 비롯한 모든 공동체 속에서 개인의 자유도 중요했다. 즉 개인적 행동과 집단적 행동을 통한 투쟁 속에서 자유는 성장했다.

위에서 말한 그 어떤 자유도 그것을 둘러싼 사회적 조건과 무관하게 생겨난 것이 아니다. 자유를 순수하게 외부의 강제가 없는 소극적 상태라고 보는 경우에도 어떤 사회적 조건이 부당한 강제를 초래할지 무시할 수 없다. 개인적 자유를 가장 중시하는 20세기 서양에서도 정부, 동의를 강제하는 사회적 압력, 관료제, 전통적 가족과 같은 사적 제도, 집중화된 경제권력은 개인적 자유에 대한 장애가 될 수 있다. 따라서 자유에 대한 논의는 당연히 정치적일 수밖에 없고, 정의의 차원에서 논의될 수밖에 없다.

자유를 누릴 자격을 누가 갖는가 하는 문제도 마찬가지다. 앤더슨 (Benedict Anderson, 1936~)의 말처럼 국민이란 지리적이고 지적인 경계를 갖는 '상상의 공동체'다.[3] 자유의 실질적 의미가 커지면 커질수록 국민의 자격을 규정하는 포섭과 배제의 범위가 더욱더 중요해진다. 고대의 노예, 중세의 농노, 근대의 여성 및 노동자와 외국인은 배제되었고, 노예주의 자유는 노예제, 영주의 자유는 농노제(봉건제), 사용자의 자유는 노동제(자본제)라는 종속적 구조 위에서 가능했다. 그리고 배제된 집단이 자유를 요구하면서 그 범위는 차차 넓어졌다. 자유의 보편성이라고 하는 원리는 헌법을 만든 정치가나 자유에 대한 이론을 만든 학자들에 의해 정립되지 않았다. 그들 대부분은 고대의 노예제를 비롯한 모든 종속적 비자유인의 희생 위에 살았다. 자유의 범위는 자유를 요구하는 사람들에 의해서만 그 범위가 넓어졌다. "자유는 받는 것이 아니라 쟁취하는 것이다. 역사적, 도덕적으로 보면 투쟁, 비극적 실패, 눈물, 희생, 그리고 슬픔의 성과다."[4]

• 1935년 선거를 앞두고 루스벨트를 지지하는 미국 노동당 여성 당원들이 다른 여성들에게 투표하는 방법을 가르쳐주고 있다. ©Kheelcenter/Wikimedia Commons

자유의 정의

이상의 구체적인 보기를 통해 자유에 대한 일반적인 정의를 찾아보자. 자유는 복잡한 주제이므로 추상적인 정의 하나만으로는 충분히 이해할 수 없다. 자유는 사상이자 실천이다. 자유는 논쟁과 투쟁 속에서 구체적인 의미를 획득하기 때문이다. 따라서 자유를 가능하게 하는 사회적 조건, 그리고 자유를 누리는 자격의 범위에 대한 관심이 동시에 필요하다. 자유에 대한 정의는 이러한 부분까지 반영돼야 한다.

그런 점들을 유의하며 사전에 나오는 자유의 정의를 찾아보자. 국어사전이나 백과사전에서 자유란 "남에게 구속을 받거나 무엇에 얽매이지 않고 자기 마음대로 행동하는 일, 또는 그러한 상태"라고 풀이된다. 여기서 자유의 억압적 전제가 되는 것은 '남의 구속'과 '얽매는 무엇'이다. 후자는 가령 '돈 문제에 자유롭다 또는 자유롭지 못하다'고 하듯이 물질과 연관되거나 '종교 문제에 자유롭다 또는 자유롭지 못하다'고 하듯이 정신적인 것일 수도 있다. 그러나 이는 이 책에서 말하는 자유에 해당되지 않는다. '남의 구속'을 받지 않는 것이 바로 이 책에서 말하는 자유다. 즉 벌린이 말하는 소극적 자유에 해당되는 것이다. 그러므로 국어사전의 정의는 내가 이 책에서 말하는 정의와 다르다.

그러나 자유라는 말은 그 밖에도 여러 가지 의미로 사용되기 때문에 그 뜻을 명백히 정의하기란 매우 어렵다. 가령 '자유세계'니 '자유 대한'이니 하는 말이 있고, 이는 '공산 세계'나 '공산 북한'과 반대되는 말이라고 하는데 이 경우 위 사전의 풀이가 그대로 맞는지 의문이다. 북한 귀순병이 '자유 대한'의 품에 안겼다고 하지만 '자유 대한'의 우리가 북한에 귀순할 수 있는 자유를 갖고 있는가? 그 경우 자유롭기는커녕 즉각 국가보안법에 의해 자유를 박탈당하지 않는가? 그럼에도 우리는 '자유 대한'이라고 할 수 있는가?

'자유경제'라는 말을 '통제경제'나 '계획경제'의 반대어로 사용하는 것도 이와 유사하지만 '공산'과 '통제' 및 '계획'은 반드시 일치하지 않는다. '자유무역'이나 '자유통상'이라는 말은 '보호무역'이나 '보호통상'에 반대되는 말인데 여기서 '보호'란 '공산'이나 '괴뢰'나 '통제'나 '계획'과도 반드시 일치하지 않는다. 또한 '자유임용'이란 '자격임용'에, '자유 심증주의'란 '법정 증거주의'에 각각 대립하는 말인데 여기서 자유의 의미도 앞의 그것들과 다르다. '경제재'에 반대되는 것을 '자유재'라고 하는 경우도 마찬가지다. 최근 '자유 문화(free culture)'라고 하는 말은 '허가 문화(permission culture)'에 대한 반대말로 사용된다.[5] 자유라는 말의 다양한 사용은 그 밖에도 많다. 그러나 왜 자유란 말에 이런 다양한(아니 너무나도 혼란스러운) 의미가 생겼고 그것들이 각각 어떤 의미를 갖는지를 여기서 따지지 않겠다.

'자유'라는 한자어는 19세기 후반에 일본인이 서양어 'freedom'과 'liberty'를 번역한 것이라고 한다.[6] 그전 한자권에서는 불교에서 '자유 해탈(解脫)'이라는 말이 '스스로 해탈을 한다'는 초월의 의미로 사용되기도 했고, '자유 백사(百事)'[7]란 말처럼 마음대로 모든 일을 했다는 부정적인 의미로 사용되기도 했다. 즉 자유란 사회적 구속을 받지 않고 타인이나 세상사에 무심하거나 제멋대로 구는 태도를 말하는 것으로 대체로 바람직하지 못한 평가를 받아왔다. 이런 부정적인 의미의 자유란 말로 번역되어 자유라는 개념에 문제가 생겼다고 보는 견해도 있다. 그러나 나는 반드시 그렇다고 보지는 않는다. 말의 뜻이 잘못되었다면 고치면 된다. 자유를 둘러싼 문제가 자유라는 말 때문에 생긴 것이라고 보기에는 우리의 자유라는 것이 참으로 한심하다.

자유를 한자로 '自由'라고 쓰는데 이 말 자체로는 무슨 뜻인지 알기 어렵다. '自'란 '자기'나 '자신'처럼 '나' '스스로'를 뜻하고 '由'는 '이유' '사유' '연유' '유래'처럼 '말미암음'을 뜻하는 말로 보고 풀이를 붙이면 무슨 뜻인지 알 수 없다. '스스로 유래함'이나 '스스로에게서 비롯되는 것' 등이라고 볼 수도 있겠지만 무슨 뜻인지 분명하지 않다. 가령 언론의 자유를 '언론 스스로 유래함' 따위로 이해하기는 어렵다.

그래서 다른 뜻이 없는지 살펴보지 않을 수 없다. '由'에는 '행함'이라는 다른 뜻도 있다. 그러한 뜻으로 보면 자유란 '스스로 행함'을 뜻한다. 곧 자유는 '자행(自行)'을 뜻한다. 이런 자유의 뜻풀이는 내가 처음으로 제기하는 것이어서 독자들은 놀라워하실지 모르겠지만 그렇게 볼 수도 있다고 생각한다. 의심스러우시면 당장 옥편을 찾아보시라. 옛글에 대입해보면 불교의 경우 '자유 해탈'이란 '스스로 행하여 해탈함', 역사의 경우 '자유 백사'란 '스스로 모든 일을 행함'을 뜻했다고 볼 수 있다. 그 말들에 부정적인 의미가 포함되었다고 해도 '자유'라는 말 자체는 반드시 그렇지 않았다고 볼 수도 있다.

'스스로'를 뜻하는 '자(自)'와 '행함' 등을 뜻하는 '유(由)'라는 말을 합친 자유라는 한자어 자체부터 그 의미를 충분히 알기 어렵지만 위 사례를 보면 '스스로 행한다'는 뜻에 가깝다고도 볼 수 있다. 전통적인 구속이 강한 유교사회에서 '스스로 행한다'는 뜻의 자유가 '제멋대로 행한다'는 의미로 부정적인 평가를 받은 것은 당연한 일이었겠으나, 자기를 중심으로 하는 현대사회에서는 당연한 것이니 지금 우리로서는 그 번역이 반드시 잘못되었다고 볼 필요는 없다.

그런 의미로 국어사전 등에서 자유를 "남에게 구속을 받거나 무엇에 얽매이지 않고 자기 마음대로 행동하는 일, 또는 그러한 상태"라고 풀이한 것은 일단 옳다고 본다. '자기 마음대로' 다음에 '남에게 피해를 끼치지 않고'라는 조건을 단다는 전제하에 말이다. 위에서 본 자유란 말의 다양한 용례 중에는 반드시 이러한 뜻과 일치하지는 않는 경우도 있으나, 기본적으로는 그런 뜻으로 사용해도 무방하다. 그러나 나는 이러한 정의가 내가 말하고자 하는 자유를 완전하게 뜻한다고 생각하지 않는다. 이에 대해서는 뒤에서 다시 설명하도록 하고 여기서는 자유라는 말의 번역 문제를 살펴보도록 하자.

'자유'의 번역 문제

서양의 자유라는 개념에는 많은 문제가 있음에도 불구하고 지금 우리가 자유라고 하는 것은 역시 서양어 'freedom'과 'liberty'를 번역한 것이므로 우리는 먼저 두 단어의 뜻부터 살펴볼 필요가 있다. 물론 서양어의 뜻에 구속될 필요는 없고 우리가 참고할 점이 있으면 참고하는 것으로 충분하다.[8]

프랑스어에서 자유는 liberty에 해당하는 'liberté'뿐이고 독일어에는 freedom에 해당하는 'freiheit'뿐이다. 그러나 영어에서는 두 가지 말이 함께 사용되고 있다. 흔히 freedom은 높은 정신적 자유, liberty는 낮은 신체적 자유라고 구별되기도 하지만 이는 적절한 구별이 아니다. 이러한 구별로부터 프랑스에서는 정신적 자유를 이해하지 못하고 독일인은 신체적 자유를 이해하지 못한다고 보는 영미인의 견해가 있으나 이것도 부당한 편견에 불과하다. 이는 독일인은 철학적이고 프랑스인은 예술적이라고 하는 편견과 결부되는 것이기도 한데 그런 특징이 전혀 없다고 할 수는 없다고 해도 이를 각국인의 자유론에 그대로 적용하는 것은 문제가 있다.

그러나 영미와 독불의 자유론에는 기본적인 차이가 전혀 없지는 않다. 즉 영미의 자유주의는 주로 최소국가를 주장하는 것으로 이는 밀의 『자유론』이나 벌린의 『자유론』에서도 분명히 드러난다. 즉 개인의 자유는 국가에 맞서서 수호해야 한다는 것으로, 이는 루소 이래 유럽 대륙에서 자유를 자치라고 보고 인민이 자치하면 자유롭다고 주장한 것과 다르다. 즉 벌린이 말한 소극적 자유와 적극적 자유의 구별이나, 자유주의의 자유와 민주주의의 자유의 구별에 가깝다.

영어에서 freedom과 liberty 모두 부당한 속박이 아닌 것, 또는 자기의 권리나 권력을 행사하는 기회가 있는 것을 뜻하는 것은 마찬가지다. 이와 같은 의미를 갖는 말로는 'independence'도 있는데 우리는 이를 보통 '독립'이라고 번역하지만 위에서 말한 뜻도 포함한다. 그중에서 independence는 속박이 없을 뿐 아니라 남에게 의존하지 않고 자립하는 능력을 의미한다.

freedom은 철학적이거나 일반적인 문맥, liberty는 법이나 정치의 문맥에서 사용한다는 구별도 있으나 둘 다 권리(right)와 마찬가지로 "어떤 제한도 없이 행동하는, 그리고 그 자신이 특별한 방식으로 설정한 제한 속에서 행동하는 능력"을 말한다고 보는 견해도 있으니 논자에 따라 견해가 다를 수 있다.[9] 또 freedom은 자기의 권리나 권력을 행사하고 욕망 등을 만족하는 기회가 있음, 즉 현실적으로 무엇을 달성하고 향수할 수 있다는 의미, 상호 행위나 사고, 운동의 자유라는 의미가 강한 측면도 없지 않다. liberty도 그런 의미이지만 도를 지나친 자유라는 비난의 의미로도 사용된다. 이는 법에 의해 제도적으로 보장되는 기회 내지 개별적인 구체적 장애의 부재라는 의미가 강하다. 그러나 그 구별은 반드시 명확하지 않다.

또 하나의 차이는 freedom에는 free라는 형용사가 있으나 liberty에는 형용사가 없다는 점이다. 프랑스어에는 libre라는 형용사가 있으나, 이는 영어의 liberal과는 다르고, 자유주의자나 자유사상가를 뜻하는 영어의 liberal에 해당하는 프랑스어는 libertin이다. 이는 영어의 liberal처럼 라틴어 libertinus(자유인)에서 나온 말이다. 프랑스에서 자유인은 종교로부터 해방된 자를 뜻했다. 칼뱅은 자신의 반대파를 그렇게 불렀다.

앞에서 보았듯이 '자유'란 한자어에는 '스스로 말미암다'라는 뜻이 있다고 보는 견해가 있지만 영어의 freedom이나 liberty에 해당되는 서양어에는 그런 뜻이 전혀 포함되어 있지 않다. 그러나 자유를 '마음대로'라고 보는 의미는 영어를 비롯한 외국어에도 포함되어 있었다.

freedom

free란 말의 어원인 인도유럽어 priio는 '자신의 손'과 같이 자신의 몸 일부를 나타내거나 '자신의 가족'이나 '자신의 혈족'이나 '자신의 부족'과 같이 자신의 혈연관계를 뜻하는 말이었다. 여기서 자유의 기본이 나온다. 즉 자신의 몸과 사회적 관계의 자유다. 고대 그리스어에서 자유를 뜻한 '엘레우세리아(eleutheria)'라는 말은 인도유럽어 leudh에서 나왔다고 추정되는데 독일어에서 '사람들' '족속'을 뜻하는 leute는 그 원형을 가장 잘 보존한 말이다.

그런데 노예와 구별하기 위해 자신의 집단을 '자유인의 신분에 속하는 사람들'이라고 하면서 '자유로운'이라는 개념이 생겨났다. 여기서 우리는 '자유'가 자유로운 '인간'과 자유롭지 못한 '노예'를 구별하는 의미로 처음에 사용되었음을 알 수 있다. '노예'는 보통 전쟁에서 승리한 집단이 패배한 집단 구성원을 부리는 과정에서 생겨났다.

따라서 자유는 처음부터 노예나 체류 외국인 또는 시민권 박탈자와 구별되는 자유민만의 것을 뜻했다. 최초에 여러 혈족이나 부족으로 구성되었던 자유민의 소집단이 다수가 되어 하나의 영역에 공존하게 되면서 도시국가가 생겨났다. 도시국가는 하나의 소집단이나 그 지배자가 전제 권력으로 지배하는 경우도 많았지만 그리스 도시국가는 이를 거부하고 자유를 지키기 위해 모든 자유민이 자유롭고 평등하게 자치하는 직접민주주의 방식을 취했다. 그것이 자유의 민주주의적 법제화였다. 즉 전제 권력의 대두를 막기 위해 중요한 안건을 민회에서 결정하고, 추첨에 의해 관직을 임명하며, 유급 관직은 1년마다 교대로 정하고, 관직 종사자를 민회가 감시한다는 등의 직접민주주의였다. 지금 우리가 아는 인류 최초의 참된 자유세계였다. 자유로운 개인들이 자치하는 사회를 형성한 것이었다.

그런데 우리가 철학의 할아버지니 하는 소크라테스나 아버지라고 하는 플라톤이나 그의 제자 아리스토텔레스는 그 자유를 거부하고 민주주의를 비난했으며 노예를 생래적인 것이라고 하며 노예제를 옹호했다. 그래서 나는 그들을 좋아하지 않는다. 그런 자들 때문에, 그리고 그들이 가르친 알렉산드로스대왕에 의해 그리스가 망한 뒤 로마에서는 소크라테스 등처럼 그리스가 자유를 평등으로 보았기에 망했다며 민주주의를 배척했다. 대신 로마인의 자유는 그리스에서와 달리 공화제와 가부장제라는 법적 권위와 결부되었다. 그들에게 평등이란 그리스에서처럼 통치자와 피지배자가 일치한 것이 아니라, 법 앞의 기회 평등을 뜻했고, 공화제 이후 전제군주가 등장하면서 법은 안정된 시민 생활을 보장하는 것으로 변했다. 물론 그것도 노예를 제외한 자유민의 것이었다.

중세에도 노예는 존재했으나 기독교인 노예는 더이상 용납되지 않았고, 개인과 단체는 다양한 자립적 활동 공간에서의 권리를 법에 의해 어느 정도 보장받았다. 그 권리는 인간들 사이만의 결정이 아니라 신에게서 유래했다. 그러나 중세의 자유란 기본적으로 기독교 사제 집단, 길드 집단, 귀족 집단 등의 특권을 옹호하는 자유를 의미했다.

16세기 말까지 자유는 귀족적 태생이나 양육, 고상함, 관대함, 대범함 등과 동의어였다.[10] 『옥스퍼드 대사전』에 의하면 자유롭다는 말은 시대에 따라 다른 의미로 사용되었다. 즉 1483년부터는 어디든 갈 수 있다는 의미로, 1578년부터는 무제한으로 행동한다는 의미로, 1596년부터는 속박과 책무에서 풀렸다는 의미로, 1697년부터는 일이나 의무에서 풀렸다는 의미로 사용되었다. 그러나 현대에 와서는 고대 이래 중세까지의 동질적인 자유가 아니라 동질성이 결여되고 외부로만 무한하게 확대되는 자유, 특히 소유의 자유로 변했다. 소유를 뜻하는 property란 라틴어의 pro-prius에서 비롯되었고 prius란 위에서 본 priio에서 나왔다.

그런데 pro-prius에는 친족관계만이 아니라 물건에 대한 관계도 포함되었다. 즉 로마인은 친족이나 공동체만이 아니라 자신의 소유물에 대해서도 동질성을 추구했다. 로마인에게 소유권이란 포획물, 즉 '손으로 취득한 것(mancipium)'이었다. 자기 몸의 활동으로 취한 것은 자신의 몸과 같은 것, 자기 몸의 연장이었다. 이는 국가권력이나 공동체의 승인에 의한 것이 아니었다.

그리스인의 경우보다 더욱 강력한 것으로 여겨진 로마인의 소유권은 현대 소유권으로 재현되었다. 여기서 노동가치설이 나왔고 이는 스미스와 마르크스에까지 이어졌다. 그러나 로마의 소유권이 국가에 대한 강력한 의무와 연결되어 소유권의 절대화가 억제된 반면 현대의 소유권은 국가에 대한 불가침까지 주장한 강력한 절대의 것이었다.

현대의 소유권에 의해 현대는 거대한 자본의 공장으로 변했다. 그리고 국가는 소유의 자유에 대응해 사라지기는커녕 그 공장의 거대한 관리자나 보호자로 변해 소유하지 못하는 민중의 자유를 침해하는 존재가 되었다. 생활 공간의 동질성을 상실한 채로 외부로만 확대됨에 의해 자기도, 자유도 사라졌다. 결국 극소수의 자본가만이 극단적인 소유의 자유를 갖고 나머지 대부분 사람들은 소비의 자유만을 갖게 되어 몸과 마음을 자유롭게 행하는 인간도, 그들이 자치하는 사회도 사라지고, 심지어 소유권의 탐욕적 행사에 의해 자연도 파괴됐다.

liberty

liberty란 말은 liberal과 관련된 것으로 이는 라틴어 liber에서 비롯되었다. freedom처럼 고대 서양 사회에서는 '자유민'을 뜻했다. 즉 자유롭지 않은 노예 등의 인간과 구별하는 사회적 신분 내지 계급을 뜻하는 말이었다. 흔히 교양 교육이니 일반 교육으로 번역되는 'liberal arts'라는 말도 14세기 영어에서는 계급적 용어였다. 즉 하층 계급에 적합하다고 한 기술이나 노동과 달리, 독립한 자산과 안정된 사회적 지위를 가진 상층계급 사람들에게 적합한 기술과 노동, 즉 문법, 예술, 물리, 천문 등을 뜻하는 말이었다.

15세기 liberty는 freedom의 자유라는 뜻과 함께 정식의 허가나 특권을 뜻하기도 했다. 그러나 현대 영어에도 남아 있는 'liberties of subject'라는 표현에서 보듯이 그것은 특정 통치권에 대한 절대적 복종의 범위 안에서 부여된 일정한 권리를 뜻했다. 이러한 '억제되지 않는'이라는 의미는 16세기에 '방종'이라는 뜻으로 변했고, liberty가 자유민이라는 계급적 의미가 아닌 사회적 의미, 즉 '정통이 아닌' '과격한' '억제와 규율의 결여' '허약하고 감상적인' '개인주의' 등 보수 세력이 진보 세력을 비난하는 의미를 갖게 된 것은 18세기 전반이었다. 그러나 18세기 후반부터 19세기 초엽 진보 세력이 득세하면서 그 말은 '정통의' '관대한' 것이라는 의미를 갖게 됐고 이를 정치적 주장으로 표현한 자유주의(liberalism)가 나타났다. 이는 관대함을 뜻하는 liberality의 의미를 포함한 것이었음을 주의할 필요가 있다. 당시의 liberalism이라는 말에는 14세기부터 관용을 뜻한 liberality라는 의미도 포함되었다.

그후 19세기 후반에 와서 '보수'가 된 자유주의에 대해 '진보'인 사회주의자들도 보수파가 자유주의를 비난한 것과 같은 의미로 자유주의를 자본주의의 정치이념으로 비난했으나, 자유주의자들은 사회주의자들이 자유를 무시한다고 비판했다. 자유주의와 사회주의의 대립은 그 내용이 복잡하지만 일반적으로는 소유에 대해 개인적 자유냐 국가적 공유냐의 구별, 즉 자본주의냐 공산주의냐에 따르고 있다.

자유와 관용

19세기 liberty나 freedom의 번역으로 중국에서는 자주[11], 자유, 자전(自專), 자득, 자약(自若), 자주재(自主宰), 임의, 관용, 종용이라는 말이 채택되었고, 일본에서도 자주, 자유, 자재(自在), 불패(不覇), 관홍(寬弘) 등이 채택되었으나, 그 말들이 모두 적절하지 않다는 논의, 특히 자유라는 말이 적절하지 않다는 논의가 당연히 제기되었다(불행히도 나는 19세기 조선에서 어떤 번역어가 채택되었는지 알 수 없다).

앞에서 보았듯이 당시 동양 지식인들이 liberty나 freedom의 번역을 매우 신중하게 고려한 것을 충분히 이해할 수 있다. 위의 여러 번역어로 보면 그 의미를 적극적인 의미와 소극적인 의미라고 하는 두 가지 차원에서 고려했음을 알 수 있다. 적극적인 의미란 자주, 자유, 자전, 자득, 자약, 자주재, 임의, 자재, 불패의 경우이고, 소극적인 의미란 관용, 종용, 관홍의 경우다. 즉 스스로 주인으로서 행동한다는 적극적인 의미와, 타인에 대해 그 역시 주인으로 행동하는 존재이니 너그럽게 대한다는 소극적인 의미가 동시에 포함된 것이라고 볼 수도 있다. 또는 전자는 스스로 행동을 한다는 적극적인 의미, 후자는 어떤 행동을 하는 것을 허용받는다는 소극적인 의미였는지도 모른다. 이러한 두 가지 의미는 사실 영어에서 엄밀하게 말해 freedom이 주어진 상황 속에서 어떤 행동을 하는 능력을, liberty가 국가에 의해 어떤 행동을 해도 좋다는 허용을 뜻하는 것에 각각 대응한다고 볼 수도 있으나 이러한 엄밀한 구분은 영어에서도 일반적이지 못하다.

19세기 중국과 일본의 지성인들은 freedom이나 liberty의 어쩌면 모순된 그 내용이나 의미에 대해 심각하게 고뇌했을지도 모른다. 특히 남을 포용하는 '관용'의 의미를 어떻게 담아야 하는지 고뇌했으리라. '자유'라고만 번역하면 그런 뜻이 전혀 담기지 못하기 때문이었다. 게다가 그들은 멋대로 욕망하는 방종으로서의 '자유'만큼은 인정하고 싶지 않았으리라. 그러나 그 말만이 남은 것은 역시 자유가 부재한 동양의 전통 탓이라고 해야 할까? 아니면 자유가 없는 전통과 현실에서 갑자기 자유가 주어졌기에 그런 방종으로 흘렀을까?

여하튼 이 두 가지 의미를 동시에 담을 수 있는 한자말은 없었다. 결국은 자유라는 말이 남게 된 것은 그것이 19세기 일본이나 중국에서 당시 대중에게 가장 일반적인 말이었기 때문이었다고 할 수 있으리라. 그러나 그러한 자유라는 말은 방종(放縱), 즉 함부로 놀아먹음이라는『후한서』에서 나온 전통적 의미와 곧잘 혼동될 수 있는 여지를 남겼고, 사실 당시 대중에게도 그것이 가장 필요한 것이었는지도 모른다.

여기서 나는 아쉬움을 갖는다. 차라리 자유가 아닌 관용이라는 번역어가 채택되었다면 좀 달라지지 않았을까? 지금은 관용이라는 말이 자유와는 다른 뜻, 즉 '너그럽게 받아들이거나 용서함'으로 사용되는 만큼 자유라는 말 대신 관용이라는 말을 채택한다는 것은 있을 수 없다고 생각될 수도 있다. 하지만 그 뜻이 소극적이고 수동적이라는 의미에서 문제가 없는 것도 아니겠지만, 적어도 그런 의미가 포함된다는 것을 이해할 필요는 있지 않을까?

왜냐하면 우리 사회는 자유의 사회이기는커녕 그 전제가 되는 관용의 사회도 아니기 때문이다. 우리 전통사회의 가치를 부정하고 싶은 생각은 추호도 없지만, 적어도 사상의 자유를 비롯한 자유는 이 세상 어떤 시대, 어떤 나라의 경우보다 철저히 탄압되었다고 하지 않을 수 없다. 불행히도 그 사상의 희생자들을 우리는 가톨릭의 경우처럼 '성인'으로 추앙하기는커녕 이름조차 잊고 살아 사상의 자유문제를 짐작조차 못하지만, 적어도 19세기 조선에서 유례없이 많은 성인을 낳은 가톨릭 박해만을 보아도 우리 전통사회의 사상 탄압이 얼마나 극심했는지를 충분히 미루어 짐작할 수 있다.

동시에 실학을 포함한 전통 학문 어디에 사상의 자유에 대한 언급이 나오는가? 심지어 한말이나 대한제국 시대의 소위 계몽 시대에도 사상의 자유에 대한 언급이 있는가? 심지어 일제하 독립운동 어느 언저리에 사상의 자유, 사상의 독립이 문제되는가? 이런 나의 반문에 어이없어할 분이 계시리라. 물론 나도 그 점을 알고 있고, 느끼고 있다. 소위 이씨조선을 통해 수많은 피비린내 나는 권력 다툼이 이어졌고, 한말에도 그랬지만 그 어느 것도 사상의 자유를 지키기 위한 싸움은 아니었다. 물론 사상의 자유 자체만을 지키기 위한 싸움은 없었다. 우리 가톨릭의 '성인'도 사상의 자유는커녕 종교의 자유 자체를 지키기 위한 투쟁을 한 것은 아니었다. 오로지 가톨릭을 믿는 자유의 수호 성인이었다. 우리는 그 가톨릭이 오랫동안 전통 종교와 대립해 전통 종교의 '자유'를 부정했음을 잘 알고 있다. 어쩌면 그 '성인'은 가톨릭과 전통사회 사이의 권력 투쟁의 결과인지도 모른다.

우리는 권력 투쟁 속에서 살아왔다. 좁은 땅에 수많은 인구가 살았기에 4·19니 6·25니 5·18이니 뭐니 어쩌면 모두 권력 투쟁으로 보아야 할지도 모르는 역사 속에 살아왔다. 그러니 멋대로 욕망하는 방종으로서의 '자유'는 있어도 남을 포용하는 '관용'으로서의 '자유'는 없었다.

자유의 의미

자유의 여러 측면

지금까지 설명한 자유를 여러 측면에서 생각해보자. 내가 누구의 노예가 아니라고 하는 것은 자유로운 상태에 있음을 뜻한다. 노예가 '아니라'는 소극적 측면에서 보면 '해방'되었다는 것이고, 노예가 아닌 '주인'이라는 측면, 즉 적극적 측면에서 보면 '독립'적이라는 것을 말한다. 이처럼 독립은 자유의 적극적 측면이고 해방은 소극적 측면이다. 독립과 해방은 행동이라기보다도 상태의 개념 내지 사실의 개념이라고도 할 수 있다.

그러나 자유는 그러한 상태에 머무는 것이 아니라 어떤 행동을 할 수 있다는 의미가 더욱 강하다. 이를 자기 결정에 의한 자기 행동이라고 할 수 있다. 즉 자기 결정은 주체적인 행동의 기본적 측면이다. 이러한 행동의 측면은 무엇보다도 능력을 전제한다고 할 수 있다. 능력 없이는 어떤 자기 결정도, 자기 행동도 불가능하기 때문이다. 이에 대해 좀더 상세히 살펴보기 전에 자유의 주체인 개인과 집단에 대해 살펴보자.

고대 그리스부터 지금까지 가장 기본적인 자유는 나라의 자유와 인민의 자유, 즉 집단의 자유였고, 나라 내부에서도 중세 이래 교회나 수도원이나 대학, 근대의 각종 신분이나 노동조합이나 기업이라는 집단의 자유임은 몇 번이나 강조한 바다. 중세에서는 교회가 국가와 언제나 긴장 관계에 있었고 이는 근대까지 이어졌으나 사상적으로 국가의 자유를 가장 높이 주장한 것은 그로티우스(Hugo Grotius, 1583~1645)와 홉스였다. 특히 17세기의 홉스는 주권의 절대성을 주장한 것으로 유명한데 그가 오늘날과 같이 높은 평가를 받은 것은 17세기가 아니라 19세기 국민국가 시대였고 주권국가를 최고의 윤리 주체로 주장한 헤겔에 의해 더욱 극단화되었다. 그리고 그러한 집단의 자유를 전제하여 개인의 자유가 나타났다. 개인의 자유는 고대 그리스의 30세 이상 남성 시민으로부터 차차 확대되어왔으나 구성원 모두에게 확대된 것은 20세기에 와서였다.

집단의 자유가 상태로서의 자유를 의미하는 것은 고대 그리스에서부터 마키아벨리(Niccolò Machiavelli, 1468~1527)의 공화적 자유로 나타났고 이는 앞에서 본 여러 나라의 국가에서도 볼 수 있는 '나라의 자유'에 단적으로 드러난다. 근대 유럽에서 이러한 집단의 '상태로서의 자유'를 최대한 향수한 것은 절대군주들이었다. 17세기는 여러 군주에게 봉사한 이론가들이 주권자로서의 군주의 자유를 무엇보다도 강조한 시대였다. 가령 영국의 국왕에게 봉사한 홉스도, 프랑스 국왕 루이

14세에게 봉사한 가톨릭 사제 보쉬에(Jacques-Bénigne Bossuet, 1627~1704)도, 덴마크 국왕에게 봉사한 프로테스탄트 철학자 푸펜도르프(Samuel von Pufendorf, 1632~1694)도 그러했다. 공화정 네덜란드에서 그로티우스가 포르투갈이 동인도의 무역을 독점한 것을 비판하고 네덜란드에 무역의 자유를 부여하기 위해 자연법에 호소한 것도 국가를 자유의 주체로 본 것이었다. 그로티우스에게는 국가가 향수하는 '상태로서의 자유'와 그것이 행사해야 할 '능력으로서의 자유'는 분리할 수 없는 것이었다.

이에 반해 19세기에 헤겔이 주장한 '세계정신'의 구현자로서의 국가의 자유는 '능력으로서의 자유'를 강조한 것이었다. 20세기에 와서 무제한의 국가주권에 반대하여 기업이나 노동조합이나 교회 등의 국가 내 자발적 결사의 자유를 주장하여 국가의 다원적 구성을 강조한 것도 사실은 국가 내의 논의였다. 그런데 거대화한 나치즘과 파시즘 그리고 사회주의 국가의 대두에 대응해 '능력으로서의 자유'를 국가의 경우는 물론 개인의 경우에도 부정하려는 논의가 벌린의 '소극적 자유'론과 같은 형태로 20세기 후반에 대두했다. 이는 그러한 자유의 위기에 대응한 서양 사상의 새로운 흐름이었으나 그것이 자유에 대한 완전한 논의를 배제한다는 점에서 문제가 있음은 앞에서도 누누이 강조한 바다.

자유의 의미

이상의 논의에 입각하여 자유의 의미를 다시 생각해보자. 앞에서 말한 '스스로 행한다' 또는 '스스로 살아간다'는 의미의 자유는 무엇보다도 추상적인 행동의 자유만을 뜻하는 것이 아니라는 점을 주목할 필요가 있다. 그것은 어떤 의미에서든 물적인 토대가 없이는 불가능하다. 자유의 기본은 자신의 몸과 마음과 삶의 자유이다. 자신의 몸과 마음으로 살아가는 자유이고 자신의 몸과 마음과 삶이 연결된 사람들과의 사회적 관계를 형성하는 자유이다. 여기서 기본 원칙은 타인의 자유를 해치지 않고 도리어 그것을 보장해야 한다는 점이다.

나는 스스로 지금 이 책을 쓰는 것을 자유로운 공부, 언론, 문화, 표현 등이라고 생각하는데 그 '자유 공부'란 스스로 하는 공부, '자유 언론'이란 스스로 하는 언론, '자유 문화'란 스스로 하는 문화, '자유 표현'이란 스스로 하는 표현을 말한다. 그 밖에도 자유로운 사상, 양심, 행동, 행위, 판단, 결단, 결정 등등 여러 가지로 부를 수 있다.

그런데 내가 앞에서 '자유 언론'이라고 함은 보통 언론이라고 하는 것과는 달리, 즉 거대한 권력과 자본을 갖는 언론사가 아니라 나 혼자서 스스로 의욕하고 생각하고 판단하고 쓰고 말하여 만들어내는 것을 뜻한다. 물론 그런 '나'가 여럿 모여 하나의 집단을 이룰 수 있는데, 그 경우에도 원리는 마찬가지다. 즉 우리 스스로 의욕하고 생각하고 판단하고 쓰고 말하여 만들어내는 것이다. 이를 '언론 자유'라고 두 단어 순서를 거꾸로 했다고 해서 뜻이 거꾸로 변하는 것이 아니다. 역시 스스로 의욕하고 생각하고 판단하고 쓰고 말하여 만들어내는 것이 본질이다. 나는 이것이 자유라고 본다. 즉 '스스로 행함'이다.

'스스로 행함'은 '내 멋대로 행함'이나 '규율이나 이웃을 무시하고 제 멋대로 행함'이라는 의미에서 부정적으로 사용될 수도 있지만 '자발적으로 행함'이나 '자율적으로 행함'이라는 주체적 의미, 또는 '독자적으로 행함'이나 '독창적으로 행함'이라는 개성적 의미, 기타 '어떤 힘에도 기대지 않고 혼자서 행함'이나 '전문적이거나 직업적이지 않고 순수하게 취미로 즐겁게 행함'이라는 독립적이고 비직업적인 의미 등의 여러 가지 긍정적인 의미일 수도 있다. 자유라는 말에는 다른 가치와 마찬가지로 그런 긍정과 부정의 양면성이 있다.

앞에서 말한 '스스로 행함'이란 '심신 구조가 허용하는 한 자신이 하고 싶다고 생각하는 것을 행함'을 뜻한다. 그러나 사람의 심신 구조에는 차이가 있다. 또 '하고 싶다고 생각하는 것'에도 여러 가지가 있을 수 있는데 그중 가장 하고 싶은 것을 선택하게 될 것이다. 그러나 하고 싶은 것을 못하는 경우도 있다. 가령 모든 사람에게 최고급 식당을 차릴 자유가 있고 그곳에서 누구든 식사하는 것을 금지하지 않는다고 해도, 즉 그런 완전한 자유를 인정한다고 해도 그 식당을 차리거나 그곳에서 식사할 수 있는 사람은 극히 제한되어 있으므로 대부분의 사람들은 자유롭다고 할 수 없고, 그런 나라를 자유로운 나라라고 하기도 어렵다. 그럼에도 우리는 누구나 고급 식당을 차릴 자유가 있고 그곳에서 누구든 식사하는 자유가 있는 나라를 자유국가라고 한다. 우리나라나 미국 등 서양처럼 말이다. 그러나 과연 그렇다고 볼 수 있는가?

앞에서 모든 나라가 자유를 노래함을 보았다. 그러나 모든 나라가 자유를 완전하게 인정하지 않음은 두말할 필요가 없다. 아니 자유 자체가 완전하게 인정될 수 없는 형편에 있는 나라가 많다. 대부분의 사람들이 가난하여 자유를 누리기 어렵기 때문이다. 모든 사람이 가난하면 문제가 없을 수도 있겠지만 실제로는 소수가 부자이기 때문에 문제가 생긴다.

이는 인류 역사의 처음부터 생긴, 인류에게 고유한 문제는 아니었다. 처음부터 인류가 부자유하고 불평등했던 것은 아니었다. 반대로 자유롭고 평등했다. 그러나 인류의 역사가 진행되면서 점점 더 자유와 평등을 상실하고 억압과 차등이 심해졌다. 전쟁을 통한 침략의 악순환 속에서 억압과 차등은 더욱 극심해졌고 이는 19세기 서양 제국주의에 의한 전 세계 침략으로 극단에 이르렀다. 이때 자유의 문제는 범세계적인 것이 되었다. 특히 인민의 자유가 처음으로 범세계적인 문제가 되었다.

그러한 가장 기본적인 자유는 최소한의 물질적 토대 없이는 불가능하다. 그러한 물질적 토대가 없이는 어떤 자유도 없다. 양심이나 신앙이나 사상의 자유 같은 고귀한 마음의 자유도 굶어죽을 정도의 기아 상태에서는 불가능하다. 그런 의미에서 물질의 자유, 소유의 자유는 매우 중요하고, 특히 그러한 자유를 실질적으로 누릴 수 없을 때 노동권이나 사회보장권을 인정하여 능력을 갖게 하는 것이 매우 중요하다.

또하나 자유에 대한 정의에 중요한 점은, 자유란 반드시 법적인 의미로 사용되지 않으나, 우리는 이를 법적인 의미라고 생각하는 경향이 있다는 점이다. 국어사전에서도 이런 의미에서 자유를 "법의 테두리 안에서 완전한 권리, 의무를 가지는 자율적인 활동"이라고 하면서 그 보기로 언론의 자유를 들고 있다.[1] 그러나 자유는 "법의 테두리 안"이라는 조건에 매이지 않는다. 법학에서는 자유를 소위 절대적 자유와 상대적 자유로 구분하고, 후자만을 "법의 테두리 안"의 것이라고 보고 있는데, 그렇게 본다면 국어사전의 법적 정의는 반드시 옳은 것이 아니라고도 할 수 있다. 그러나 법학에서 절대적 자유를 인정한다고 해도 실제의 우리나라 법에서는 여전히 "법의 테두리 안"이라는 조건이 붙어 있으므로 국어사전의 정의는 반드시 틀렸다고도 할 수 없을지 모른다.

여기서 중요한 점은 자유란 법을 벗어날 수도 있는 것이라고 하는 점이다. 자유가 그 자체로 자율적인 것이라면 그 자체에는 어떤 한계도 있을 수 없기 때문이다. 물론 자유가 구체적으로 행사되는 경우 그것에 대한 제한은 있을 수 있지만 이는 지극히 예외적인 경우, 즉 타인의 자유를 인정하지 않거나 타인에게 피해를 주는 등의 경우에 엄격히 한정해야 한다.

매춘의 자유

여기서 매춘의 자유를 생각해보자. 요즘 사회적인 물의를 빚고 있는 원조교제는 매춘의 일종이다. 매춘을 공적으로 인정하자는 주장도 있고 외국에는 그런 사례도 있지만 우리나라에서는 여전히 불법이다. 모든 규제를 풀자고 주장하는 신자유주의도 매춘 규제까지 풀자고 주장하는지는 알 수 없다. 19세기 초 독일 철학자 셸링(Friedrich Wilhelm von Schelling, 1775~1854)이 『인간적 자유의 본질』에서 자유란 '악'의 요소를 포함한 인격의 발전이어야 한다고 주장했을 때 그 악이란 매춘을 뜻한 것으로 짐작되지만 그뒤 200년이 지났음에도 매춘에 의해 인격이 성장한다고 보기에는 무리가 있다.

우파만이 아니라 좌파도 매춘의 자유를 인정할지 의문이지만 그 원조인 19세기의 마르크스는 이를 인정했다. 마르크스는 결혼이란

• 멕시코의 성노동자들이 더 나은 근무 환경을 요구하며 행진하고 있다. ©Thelmadatter/Wikimedia
Commons

두 사람만의 배타적인 인간관계를 만들어내는 것이라 비판하고 결혼을 폐지하는 대신 매춘의 자유를 공산주의의 1단계로 인정했다. 즉 매춘을 통해 인격성의 부정인 사유재산이 철저하게 되면 사회 전체가 붕괴되고 이어 변증법에 의해 공산주의의 2단계로 접어든다고 보았다.

한편 마르크스의 소외론에 의하면 매춘은 성의 상품화로 부정된다. 인간의 성, 몸은 각자의 자유로운 처분권에 의해 상품화되어서는 안 된다는 것이다. 즉 '몸을 팔아서는 안 된다'는 것이다. 그러나 스포

츠 선수나 무용수는 몸을 통해 생계를 챙기고 예술이나 인기까지 창출하는데도 '몸을 판다'고는 하지 않지 않는가? 성관계는 부부에게만 허용되어야 한다는 것도 가부장적인 일부일처제의 논리일 뿐이다. 도리어 매춘을 둘러싼 문제를 노동문제로 보고 그 노동조건을 개선하고 노동단체권을 인정하는 것이 정의롭지 않는가? 매춘부에게 일정한 자격을 요구하고 정당한 근로계약을 하도록 하는 것이 더 정의롭지 않을까? 자유의 기본인 존엄성을 보장하는 것이 아닐까?

마르크스의 매춘 인정에 동의하지 않는다고 해도 매춘에 대한 일반적 혐오와 매춘하는 남성에 대한 묵인이 왜곡된 남성 우위의 가부장적 도덕의 차별에 의한 것임은 충분히 인정될 수 있다. 자유를 무엇보다도 차별의 철폐, 존엄성의 확보라고 보면 이러한 차별은 자유의 이름으로 용인될 수 없다. 매춘부의 존엄은 자유의 근본 전제로 인정되어야 하고 이를 억압하는 권력관계의 불공정은 극복되어야 한다. 적어도 지금처럼 매춘을 사회에서 배제하는 것은 능사가 아니다. 어쩌면 매춘은 아직 해방되지 않은 '마지막 노동자'일지 모른다. 마르크스는 『자본』 제3권 초고의 마지막에 다음과 같이 썼다.

살아가기 위해 노동을 해야만 하는 필연의 나라 저쪽에 자기 목적으로 인정될 수 있는 인간의 힘의 발전이, 참된 자유의 나라가 시작된다. 그러나 그것은 단지 저 필연성의 나라를 그 기초로써 그 위에서만 꽃을 피우게 할 수 있다. 노동시간의 단축이야말로 그 토대이다.

마르크스는 옳았다. 그러나 그 역시 노동만을 말했다. 그러나 매춘을 노동문제로 보지는 않았다. 게다가 19세기 대영제국에 살면서 『자본』을 썼던 그에게도 인민의 자유는 보이지 않았다. 그를 잇는 수많은 마르크스주의자들 또는 그 난해한 변종들도 마찬가지다. 나는 애초 이 책에서 네그리(Antonio Negri 1933~)나 지제크(Slavoj Žižek, 1949~)까지 썼다가 지워버렸다. 그들의 논의는 흥미롭지만 지금 당장 우리에게는 마르크스가 19세기에 말한 노동시간의 단축이 무엇보다도 시급하다. 왜냐하면 우리의 노동시간은 여전히 세계에서 가장 길기 때문이다. 그럼에도 난해하고 화려한 낱말들로 채워진 미학적인 낯선 외국 철학을 한가하게 되뇔 여유가 나에게는 없다.

표현의 자유와 저작권

또하나의 현대적 자유의 문제점으로 표현의 자유와 저작권 문제를 생각해보자. 저작권을 중시하는 것은 예술이나 문화의 창조성을 높이 평가하는 것이다. 반면 표현의 자유는 자유로운 표현을 가능한 한 인정해야 한다는 것으로서 저작권은 그러한 자유로운 표현을 제한한다. 따라서 저작권은 표현의 자유와 모순된다. 저작권 등의 지적 재산은 본래 개인의 소유물이 아니다. 자기가 창작한 것을 팔아버리면 타인의 소유물이 되기 때문이다. 그러나 저작권을 중시하는 입장에서는 원작의 일부를 자유롭게 인용하는 샘플링마저도 표절이거나 절도로 여기고 있다.

창조는 본래 모방, 즉 차용이나 도용이라는 인용으로 이루어진다. 그 모두에 저작권 사용료를 부과한다면 풍부한 예술의 창조는 불가능하다. 이는 학문의 경우 더욱 명백하다. 대부분의 학술서는 타인이 쓴

것의 인용이거나 주석이라는 모방으로 이루어진다. 따라서 저작권은 창조성을 촉진하는 차원에서만 인정되어야 하고 그 모방 행위는 대폭으로 인정되어야 한다.

특히 패러디는 사회적으로 중요한 역할을 한다. 도용과 차용에 의한 패러디는 대항 예술의 전략적 무기이고 새로운 문화적 동력을 낳는 원천이 된다. 가령 미국의 팝아트는 기성 예술에 대항하는 새로운 예술이었다.

자유와 사유의 혼동

여기서 나는 다시금 자유와 사유를 엄밀히 구분할 필요가 있다고 생각한다. 자유와 사유는 발음은 비슷하나 그 뜻은 분명 다르다. 한자를 사용하지 않는 세대에게는 그 한자, 즉 '自由'와 '私有'의 구별이 힘들지 모르지만 두 개는 엄연히 다른 말이다. 그럼에도 왜 두 가지는 혼동되는가? 한자를 보면 알겠지만 사유는 그 뜻이 '개인이 갖는다'고 하는 명백한 것인 반면 자유는 그 뜻이 모호하다.

자유에 대한 오해는 그것이 사유와 혼동되고 있다는 것에 그치지 않는다. 자유는 소유, 소비, 향유, 사용 등을 자신이 멋대로 한다는 의미로도 사용되고 있다. 더 큰 혼동은 자유와 자본의 혼동일 것이다. 이는 앞에서 본 사유와의 혼동과 유사한 것이지만 자본이란 사유 이상으로 세상을 바꾸는 것이므로 자유를 자본이라고 보게 되면 더욱더 많은 문제점이 생기게 된다. 어쩌면 지금 우리가 사는 세계의 가장 심각한 문제는 자본이 세계를 지배한다는 점이다. 자본이 세계를 지배하는 것은 오랜 옛날부터의 일이지만 최근에 와서 인간의 자유를 압살하는 그 폐해는 더욱 심해졌다. 특히 자본이 만능인 한국에서 그렇다.

여하튼 자유가 사유로 변한 것이 근본 문제다. 그래서 사유물을 엄청나게 많이 갖는 극소수의 사람만이 가장 자유롭게 되었고 사유물을 많이 갖지 못한 대부분의 사람들은 자유롭지 못하게 되었다. 그 결과 자유국가니 자유경제니 하지만 대부분의 사람들은 자유를 느끼지 못한다. 마음대로 소유하고 소비하며 향유하지 못하기 때문이다. 이는 자유의 문제가 아니라 사유의 문제이긴 하지만 사실 자유와 사유는 반드시 별개가 아니다. 인간다운 삶을 위한 최소한의 기본적 사유 없이 자유는 불가능하기 때문이다. 우리 사회에는 아직도 그런 최소한의 기본적 사유도 없어 자유를 누리지 못하는 사람들도 많아 문제지만 적어도 평균적으로는 상당한 사유를 누리고 있다.

얼마 전까지만 해도 너무나 배가 고파서 자유를 사유로 착각했다고 해도 자유와 관련되어 그 밖에도 많은 문제가 있었다. 자유는 무엇보다도 개인의 자유다. 노예 신분으로부터의 자유를 포함한 모든 개인적 자유다. 역사상 자유는 노예로부터의 자유에서 비롯되었다. 우리의 역사에서도 주민의 3분의 1이 노예였던 시대가 있었다. 노예가 아니었다고 해도 대부분의 사람들은 자유롭지 못했다. 그러나 그러한 비자유로부터의 자유는 노예를 비롯한 대부분의 사람들에 의해 추구되지 못했다. 그래서 우리는 오랫동안 자유라는 말을 알지 못했다. 도리어 노예가 양반이 되는 변화를 겪었다. 그래서 지금 대한민국 사람들은 모두 신분계급 제도로부터 해방되어 있지 못하고 양반의 후손이 되어 노동자들이나 외국 노동자들을 노예처럼 부리고 있다.

자유라는 개념은 노예라는 말에 반대되는 말로 나왔고, 노예를 지배하는 것을 자유라고 함은 참으로 잘못된 자유였다. 따라서 참된 자유는 노예가 주인과 자유를 평등하게 갖는 때에 비로소 나타났다. 이는 노예 스스로의 혁명 등 여러 가지 방법에 의해 가능해지지만 한반도의 경우에는 위로부터의 개혁, 특히 외세에 의한 것이어었기에 신분 해방은 거의 인민의 노예화와 같이 이루어졌다.

우리가 역사상 최초로 자유의 필요를 경험했다면 그것은 일제강점기 때였으리라. 일제라고 하는 외국, 그것도 제국이라고 하는 가장 강력한 침략국에 의해 자유를 빼앗긴 뒤 3·1운동을 비롯한 인민의 자유를 되찾기 위한 노력이 있었지만 결국은 스스로 자율적으로 되찾지 못하고 미국과 소련이라는 또다른 외국에 의해 타율적으로 되찾았다. 남한에게 자유를 준 미국은 자유를 국유의 북한과 대립되는 사유로 착각하게 만들었다. 사유로 착각된 자유가 무한한 사유의 추구로 극단화되면서 자유에 대한 혐오가 생겨났지만 이는 자유를 그 본래의 모습으로 되돌리는 것이 아니라 대통령을 국민이 직접 뽑는 자유가 민주주의라는 상식으로 귀결되었다. 그것이 민주화의 핵심이었다. 그래서 자유를 노래하는 것이 아니라 민주주의를 노래하게 되었다. 자유와 민주주의는 직결되는 것임에도 우리나라에서는 자유보다 민주주의를 선호하는 사람들이 있고, 또는 그 반대도 있다.

3부
자유의 역사

중요한 것은 자유주의의 완성이라고 찬양되는 19세기, 유럽 이외의 대부분의 세계는 비자유 그 자체였다는 점이고, 그 비자유 위에 유럽의 자유가 존재했다는 점이다. 유럽의 자유는 비유럽에 대한 유럽의 착취 위에 세워졌다. 그 착취가 없었다면 유럽의 자유주의라고 하는 것은 존재할 수 없었다. 또한 그것은 유럽 내부의 계급적 착취 위에 세워진 것이기도 했다. 그렇다면 유럽의 자유주의, 그 자유주의가 말한 자유란 얼마나 허위적인 것인가?

자유론의 역사적 전개

자유의 그림

자유의 그림이라고 함은 앞의 1부에서 말한 자유의 노래와 2부에서 말한 자유의 정의에 대응해 자유의 그림을 그려보자는 것이기는 하지만 더욱 정확하게는 자유라는 그림[1]이 아니라 자유라는 그림의 지도나 구도(構圖), 또는 구조나 조감(鳥瞰)이라고도 할 수 있다. 우선 자유의 내용에 따라 그 역사의 전체 구도를 조감해보자. 프랑스의 역사가 블로크(Marc Bloch, 1886~1944)가 "자유의 개념이란 각각의 시대가 자기 마음 내키는 대로 다시 수정한 개념이다"[2]라고 했을 정도로 자유론은 현란하기 때문에 그 전체의 윤곽을 살펴볼 필요가 있다.

흔히 자유라는 관념은 고대 그리스에서 발생했다고 한다. 고대 사회에 자유란 주로 도시국가가 집단으로서의 자기 결정을 할 수 있음을 뜻했다. 그 자유는 도시국가라는 집단을 외부 세력의 침략으로부터 지킨다고 하는 집단적 자유로 시작되었다. 그런 집단적 자유가 고대 그리스에만 있었다고 볼 수는 없고 모든 인민 집단에 있었을 것임에 틀림없다. 역사학의 아버지라고 하는 고대 그리스의 헤로도토스(Herodotos, 기원전 484?~430?)는 페르시아 등의 비서양에도 그런 집단의 자유라는 개념이 있었다고 했다.

반면 고대 그리스에 개인적 자유가 없었다고 보는 견해[3]가 있지만 이는 적어도 일부 도시국가에서 노예를 뺀 자유민들이 개인적 자유를 누렸고 시민적 자유까지 누렸다는 사실을 부정하는 것이므로 부당하다. 아테네의 민주주의가 개인주의적 인권 사상에 바탕을 둔 근대 민주주의와 전혀 다르다고 보는 견해는, 전자는 시민권을 소유한 자들에게 한정된 특수한 것이기 때문이라고 하지만[4] 이러한 특수성은 정도의 차이이지 후자의 경우에도 마찬가지였다. 게다가 헤로도토스는 이 점에 대해서도 페르시아 등에 가능성이 있었음을 시사하고 있다. 이 책에서는 고대 그리스에 이미 인민의 자유, 개인의 자유, 시민의 자유라고 하는 자유의 세 가지가 모두 발생했다고 보고 그 내용을 3부에서 설명한다.

따라서 자유는 이미 고대 그리스에서 모두 나타났고 그 문제점이 모두 검토되었으며 그 개선책도 강구되었다고 봄이 옳다. 고대 그리스 아테네의 페리클레스 시대는 흔히 민주정이라고 하지만 그것이 노예와 여성과 외국 출신자를 제외한 소수 시민들의 민주정이었음은 물론이다. 그것이 인권 사상에 근거한 현대 민주주의와 다른 것은 사실이지만 현대 민주주의라고 해서 완벽한 것은 아니었고 그 자유의 범위가 상대적으로 더욱 넓었던 것뿐이었다. 자유를 누리는 개인과 시민의 범위는 고대 그리스 이후 중세를 거쳐 현대로 오면서 점차 확대되었으나 자유 자체의 구조와 문제점은 크게 변하지 않았다.

이어 중세에도 자유가 일정하게 인정되었다고 볼 수 있다. 봉건제가 동의와 법치의 자유주의적 정치형태였다고 함은 화백제(和白制)나 골품제, 도당제(都黨制)나 향약제(鄕約制) 등이 그렇다고 주장하는 것만큼 황당한 이야기일 수 있으나 적어도 봉건제하의 귀족이나 자유도시의 길드를 비롯한 단체 시민들의 자유는 있었다고 볼 수 있다.

이상 나의 견해와는 달리 고대 그리스나 중세 봉건제에는 공동체에 앞서는 개인주의 철학이 없었으므로 자유주의의 근원을 그 시대에서 찾는 것은 부당하다고 보는 견해가 있으나[5] 고대 그리스에도 소피스트들을 비롯한 개인주의 철학이 존재했다. 앞의 견해도 고대 그리스에 인간주의와 현세주의가 명백히 있었다고 한다.[6]

고대 그리스나 중세 봉건제에서 개인의 자유를 인정하지 않는 견해는 르네상스에 인간주의와 현세주의가 명백히 있었다고 보면서도 르네상스를 개인의 자유가 본격적으로 등장하는 18세기에 이르는 과도기라고 본다.[7] 이러한 견해는 종교개혁도 자유주의나 민주주의에 전혀 관심이 없었다고 보지만[8] 이는 반드시 옳은 견해라고 볼 수는 없다. 르네상스 자유론의 특징을 스키너(Quentin Skinner, 1940~)는 '네오 로마적 자유'라고 하고 그것이 서양 자유론의 기초가 되었다고 본다.[9]

그러나 나는 16세기 유럽의 자유론은 기본적으로 제국주의적 자유론이라고 보고 그것이 20세기까지 유지되는 가운데 서양 내부에서는 17세기 이후 개인이 자신의 양심과 신앙을 외부의 간섭으로부터 지키는 권리와, 생명과 신체의 안전을 보장받는 권리가 자유로 강조되었으며 소유의 자유가 자유의 기본적 조건으로 더욱 강조되었다고 본다. 이어 18세기에는 정치적 자유가 강조되었고 19세기 초엽에 체제의 민주화와 함께 정치에 참가하는 권리가 새로운 자유로 부가되었다. 그러나 19세기에 가장 중요한 자유는 경제적 자유였고 19세기 중엽에는 빈곤으로부터의 자유도 부각되었다. 이와 함께 국가에 의한 경제적 불평등의 시정이 가장 중요한 문제가 되어 20세기에는 이에 대한 두 가지 견해, 즉 보수적인 신자유주의와 진보적인 평등주의적 자유주의가 생겼다. 이상을 18세기에는 정치적 자유, 19세기에는 경제적 자유, 20세기에는 사회적 자유의 강조로 요약할 수 있다.

이러한 자유의 역사적 조감은 20세기 후반에 와서 최소한의 자율성으로서의 자유 개념이 자의적인 체포로부터의 자유, 양심과 사상의 자유, 언론과 표현의 자유, 결사와 운동의 자유, 직업 선택과 생활 방식의 자유와 같은 기본적 자유의 본질임을 부정할 수 없게 했다. 문제는 계약의 자유나 사적 소유권이 여기에 포함되느냐 하는 것이다. 소유권이 전면 부정된다면 인간은 노예제에서처럼 타인의 소유물이 되거나 사회주의에서처럼 공동체의 자원으로 타락할 수도 있다. 그런 의미에서 소유권의 전면 부정은 인정될 수 없지만 소유권의 무제한적 인정이 초래한 폐해에 비추어볼 때 이를 기본적 자유의 본질이라고 볼 수는 없다.

이러한 자유의 구도나 구조 내지 밑그림 조감이 오늘의 자유라고 할 수 있다. 그러나 소유권의 제한 문제는 물론 기본적 자유의 제한까지를 둘러싸고 여전히 논쟁이 이어지고 있다. 자유를 어떻게 보는가에 대해서는 보는 사람과 사상에 따라 달라진다.[10]

벌린과 콩스탕의 자유론

자유의 그림과 함께 중요한 것이 자유론 내지 자유론의 그림이다. 즉 '자유란 무엇인가'라는 이 책의 물음에 답한 학자들은 그들이 각각 강조한 자유의 내용에 따라 여러 가지로 구분될 수 있다. 자유를 여러 가지로 구분하는 이론에는 여러 가지가 있다. 그중 하나가 벌린에 의한 소극적 자유론과 적극적 자유론의 구별, 즉 '~으로부터의 자유'와 '~에로의 자유'로 구분하는 것일지 모른다. '모른다'고 한 것은 그가 정치학계에서는 그런대로 알려진 편이지만[11] 그 밖에는 그다지 알려지지 못했고 특히 일반인에게는 전혀 유명하지 않기 때문이다. 게다가 국제적 명성도 영미에 한정되어 있지 독불이나 여타 지역에 미치는 것이 아님을 주의해야 한다. 이를 보아도 벌린을 중시하는 우리나라 학계는 지나치게 영미 중심적임을 알 수 있다.

벌린이 말하는 적극적 자유론이란 고대 그리스 로마부터 칸트와 헤겔 그리고 마르크스와 그 학파가 주장한 것으로, 완전한 의미의 개인적 자유란 자아실현의 기회 확보를 말한다는 전제 아래, 그 자아실현을 효과적으로 확보하는 데 권력이나 능력 같은 특정 자원이 필요하다면 이러한 자원을 확보하는 것도 자유 자체의 일부로 보아야 한다고 주장하는 것이다. 즉 민주주의, 복지국가, 사회주의, 공화주의 등의 자유론이라고 할 수 있다. 벌린은 적극적 자유론은 잠재적으로 전체주의적이어서 자유주의는 이를 수용할 수 없다고 본다. 즉 사회주의는 물론 민주주의나 복지국가도, 또한 공화주의나 자치라는 개념도 자유주의일 수 없다고 본다. 나아가 적극적 자유론의 전제인 인간의 좋은 삶이라는 객관적 통념의 실존을 자명한 것으로 요청한다는 점에서 반근대적이라고 본다.

이에 대해 소극적 자유론이란, 자유와 자아실현은 같은 것이 아니라 다른 것이며, 사람은 자신이 좀더 높게 평가하는 목표를 위해서 자신이 누릴 자아실현의 기회를 자유롭게 선택할 수 있다고 보면서, 각자의 자아실현의 내용이 분명하지 않고, 각자의 자아실현 요구는 서로 충돌할 수 있으며, 심지어 어느 개인의 내부에서도 충돌할 수 있다고 보는 입장이다. 또한 인간의 능력은 본성적으로 평등하게 분배될 수 없다고 보는 입장이다. 이는 전형적인 야경국가나 자유주의의 자유론이라고 할 수 있다.

이상이 벌린에 의한 두 가지 자유론의 구별이지만 여러 사상가들의 자유론이란 적극적 자유론이나 소극적 자유론으로 명확하게 구분되기 어려운 경우도 적지 않다. 가령 적극적 자유론에는 헤겔식의 집단적 자기 결정만이 아니라 스피노자나 칸트나 밀처럼 개인의 이성적 자기 지배로서의 자율성이나 자기 결정을 주장한 경우도 있는데 이는 결코 자유주의의 자유론과 다른 것이 아니다. 또한 스키너가 주장하듯이 마키아벨리를 비롯한 공화주의자들의 자유론에도 소극적 자유론과 적극적 자유론이 함께 있다.

그럼에도 벌린은 이런 적극적 자유론이 자아를 고차원의 이성적인 것과 저차원의 욕망적인 것으로 나누는 점에서 가부장제나 전제정치를 용인하는 데 사용된다고 비판한다. 그러나 그런 경우가 아니라 인간 지성의 자유로운 발휘만을 요구하는 자율성이 있을 수 있음을 부정할 수는 없다. 무엇보다도 중요한 점은 민주주의에서는 자유주의의 경우와 같이 소극적 자유만으로 충분하지 않다고 하는 점이다. 민주주의에서 가장 중요한 점은 소극적 자유와 적극적 자유, 즉 개인적 자유와 정치적 자유를 어떻게 적절하게 접합시키느냐 하는 것이다.

자유에는 두 가지 개념이 있다는 벌린의 주장은 1818년 프랑스의 콩스탕이 다음과 같이 주장한 바에 의한 것이다. 다음은 보비오 (Norberto Bobbio, 1909~2004)가 인용한 콩스탕의 주장이다.

고대인들은 한 국가 내의 모든 시민들에게 권력이 분배되는 것을 목적으로 했으며 이것을 그들은 자유라고 생각했다. 현대인들의 목표 는 각자의 사적인 소유에 대한 보장이다. 현대인들이 생각하는 자유는 제도에 의해서 획득된 이 소유의 보장을 일컫는다.[12]

즉 콩스탕은 권력이 시민들에게 평등하게 분배되는 것이 자유라고 생각한 고대 그리스인들의 민주주의적 자유론과, 사적인 소유에 대한 보장을 중심으로 자유를 생각한 현대인들의 자유주의적 자유론을 구 별했다. 이러한 의미에서만 보면 현대의 자유를 소유의 자유라고 보 는 것도 반드시 무리는 아니다.

그러나 콩스탕은 현대의 자유를 소유의 자유로만 보지는 않았다. 그는 현대의 자유를 "사적인 자립을 평온무사하게 향수하는 것"[13]이 라고 하고 그 내용으로 정치적 자유와 시민적 자유를 포함시켰다. 여 기서 시민적 자유란 개인적 자유와 거의 같은 말로 개인이 개인의 자 격으로 자유롭게 행동하는 평등한 권리를 말한다. 구체적으로는 표현 의 자유, 양심과 신앙의 자유, 자의적인 지배로부터의 자유, 직업선택 의 자유, 경제적 자유, 사적 소유권 등이다. 그리고 정치적 자유란 참 정권, 청원권, 언론을 통해 여론을 움직이는 자유 등이다. 따라서 콩 스탕이 말하는 현대의 자유는 우리 헌법을 비롯한 모든 현대 헌법의 자유를 대부분 포함한다. 그런 점에서 명실공히 현대적 자유라고 할 수 있다.

반면 고대의 자유는 고대 공화정에서처럼 직접민주제를 전제한 공권력의 분유(分有)나 주권의 집단적 행사였다는 점에서 현대의 자유와 다르고, 거기에는 공권력이 개입할 수 없는 사적 영역은 부정되어 개인은 공동체에 완전히 복종해야 했다고 콩스탕은 보았다.[14] 이러한 점에서 콩스탕의 주장은 벌린의 주장과 일치하지만, 벌린이 부정한 자기완성 내지 도덕적 인격이라는 자유의 목표를 인정한 점에서 콩스탕은 소극적 자유론자가 아니라 그 반대로 적극적 자유론자라는 것에 주의해야 한다.

특히 콩스탕 자신은 시장 거래를 통한 인간의 기본적 욕구를 충족시키는 것 자체가 인생의 목적이라고는 생각하지 않았다. 도리어 국가가 사람들의 정치적 자유를 함께 보장함에 의해 사람들은 스스로 자기완성이라고 하는 고차의 이상을 목표로 하리라고 기대했다. 즉 경제적 자유와 함께 정치적 자유도 인간의 행복을 가능하게 하는 토대라고 보았다. 이러한 경제적 자유의 자발성적 계기가 그로 하여금 시장경제를 멸시하게 않게 했다. 특히 그는 인간이 자신의 활동이나 명성이나 정열을 버리게 되면 바보가 되고 불행하게 된다고 보았다. 그러나 이는 사실이 아님을 우리는 알고 있다. 그런 명성 등이 없어도 사람들은 일정한 경제적 욕구가 충족되면 문화적인 생활을 추구하기 때문이다.

이러한 콩스탕과 벌린의 구별은 역사적 사실과 일치하지 않는다는 점이 중요하다. 즉 고대에도 사적인 소유를 비롯한 개인적 자유는 중요했다. 또한 고대에도 현대에도 인민의 자유는 모든 개인적 자유의 전제였다. 또한 개인적 자유가 물질적 보장의 자유를 전제로 한다는 점을 부정한 점에서도 문제다. 다시 말해 인민의 자유와 물질적 보장의 자유가 없는 어떤 개인적 자유도 불가능하다. 그런 점에서 콩스탕과 벌린의 단순한 개인적 자유의 구분에는 찬성할 수 없다.

나아가 벌린과 마찬가지로 콩스탕의 주장은 자유의 역사적 발전 법칙 같은 것을 주장한 것이 아니라, 도리어 그들이 살았던 당대의 정치적 현실에서 자신들의 정치관을 나타낸 것에 불과했다는 점을 주의할 필요가 있다. 즉 콩스탕은 프랑스혁명 후의 로베스피에르 공포정치를 타도한 테르미도르의 자유주의 정부를 찬양했는데 그 정부야말로 마르크스가 반동이라고 비판했던 바로 그 입헌군주제 정권이었다. 반면 콩스탕이 비난하고 마르크스가 찬양한 자코뱅 정권은 루소의 인민주권론에 근거한 평등주의적 공화정이었다. 콩스탕이 옹호한 정권은 프랑스혁명과 자코뱅 정권에 의해 민중에게 빼앗긴 권력을 부르주아가 다시 탈환하고 개인의 자유, 특히 소유권을 보장한 정권이었다. 따라서 그는 빈곤 문제나 사회복지에 대해서는 거의 관심을 갖지 않았다. 대신 그는 대중은 소수를 다수의 노예로 만들 권리를 요구한다고 보고 대중에 의한 민주주의를 경계하면서 자유가 주권에 우선해야 한다고 주장했다.

이처럼 민주주의가 개인적 자유와 양립할 수 없다고 하는 콩스탕의 주장은 영국에서 1867년 제2차 선거법 개정 뒤 보통선거권을 인정하는 것이 시민적 자유의 보장에 해를 끼치지 않는다는 것이 증명됨에 따라 그 신빙성을 잃었다. 영국 외에는 대중의 선거 참여를 인정하는 데에 시간이 더 걸렸지만 적어도 1948년 한국에서 보통선거권이 인정된 전후로 보통선거권은 범세계적으로 인정되었다.

콩스탕이나 벌린이 말하는 바에 의하면 자유와 자유주의를 혼동하는 것은 옳지 않다. 나는 이 책에서 콩스탕이나 벌린처럼 자유를 옹호하지만 그들과는 달리 자유주의의 자유보다는 민주주의의 자유를 옹호한다. 그들은 민주주의보다 자유주의를 선호했으나 자유주의보다 민주주의를 선호한다. 그렇다고 해서 나는 자유주의의 자유를 무조건 부정하는 것은 아니다. 또한 자유주의 이전에 인민의 자유와 물질적 보장의 자유가 있어야 개인적 자유가 있다고 본다.

네그리의 자유

최근 주목되는 또하나의 자유 그림은 이탈리아 철학자 네그리와 미국의 정치학자 하트(Michael Hardt, 1960~)의 그것이다. 네그리는 『제국』에서 종래의 국민국가들의 주권이 쇠퇴하고, 서로 경제적·문화적 교환을 규제할 수 없게 되어 국민적·초국민적 기구들이 단일한 통치 논리 아래 통일되면서 새로운 형태의 주권을 갖게 된 제국이 나타났다고 본다. 즉 종래의 제국주의적 모순이 세계 제국으로 변했다고 본 것이다. 그리고 이러한 상황에서 탈계급화한 다중이 등장하여 제국에 대항한다고 본다.

최근의 세계화 경향을 배경으로 한 이러한 제국의 등장을 미국으로 상정하여 인정하는 견해는 그 밖에도 많다. 그러나 실제로는 국민국가가 없어지기는커녕 그러한 다수의 국민국가는 건재하고 그들 사이의 제국주의적 경쟁도 여전히 존재한다는 점에서 네그리와 하트의 주장은 맞지 않다. 또한 그들이 말하는 다중이라는 개념에도 문제가 있다. 그들은 이를 종래의 노동자계급과 다르다고 주장하며 다중을 개방적이고 포괄적인 개념으로 보고 서로 의사소통하고 함께 행동할 수 있는 공통점을 발견해야 하는 집단으로 보지만 이는 지극히 추상적인 이야기인데다 여전히 존재하는 노동자계급을 무시한다는 점에서도 문제다. 구체적으로 이는 네그리가 한때 속한 이탈리아 자율주의 운동을 말하는 것인데 그것이 반세계화 운동에서 기능한 바는 지극히 미미했다.

그는 자유가 보수주의, 자연법론, 신자유주의와 자본주의 발전론자들에게 넘어갔지만 탈근대라는 "자본의 적대적 관계가 모든 사회적 관계들을, 삶의 모든 연계들을 지배하는 상황"[15]에서 "창발성과 자유의 강력한 선언을 신뢰해야"[16] 한다고 주장한다. 그리고 그것을 "반란이자 거부", '아니오'라고 말하는 힘이라고 한다.[17] 그의 자유론은 난해하지만 여기서는 그가 서양 사상사에서 찾는 자유의 계보학만을 살펴보자.

네그리는 현대의 신자유주의 및 보수주의의 뿌리인 홉스-루소-칸트-헤겔에 의해 형성된 국민주권이나 인민주권론 계보와는 달리, 실질적 민주주의(절대민주주의[18])의 절대적 자유의 뿌리인 마키아벨리-스피노자-해링턴-제퍼슨-마르크스의 계보로 '다중'의 야성적 상상력에 근거한 '구성적 권력론(constitute power)'이 형성되었다고 본다. 즉 홉스의 노선은 "주권, 권력, 그리고 사회에서의 인간의 공존 가능성을 초월에 뿌리박은 질서의 효과"로 간주하고 권력을 하나의 통일로 확립하는 반면, 마키아벨리 노선은 주권을 "개인의 자유에 대해 점점 더 개방적이고 점점 더 유효한 구성 과정으로 이해"한다.[19] 이는 앞에서 본 벌린의 적극적 자유론이나 공화주의의 자유론과는 다른 관점이다.

네그리에 의하면 홉스에서 비롯된 주권론은 자기중심적으로 자신의 이익만을 추구하는 여러 개인이 어떤 시점에서 자기의 자연권을 주권자에 대해 자주적으로 포기하거나 양도하고, 그뒤에는 국가주권을 주체적으로 뒷받침하는 주체로 변모한다고 보았다. 여기서 주권국가의 성립과 함께 자연인은 일단 죽어버리고, 이미 '구성된' 법질서를 지향하는 권리 주체로 다시 태어난다.

이에 반해 마키아벨리에서 비롯되는 공화적 주권론은 자연의 감성을 그대로 갖는 야성인들이 그 상황마다 자유로운 상상력의 작용으로 '다중'으로 연대하여, 권력을 구성한다고 보았다. 그리고 다중은 구성된 권력, 국가체제에 구속되지 않고, 능동적으로 스스로 희망하는 주권을 구성한다는 것이다. 네그리는 그런 구성적 권력에 의한 '열린 주권'의 모델이 인민의 의지에 의해 자신의 정부를 개폐할 권리가 있다고 한 '독립선언'이고, 그 원리를 바탕으로 한 미국 헌법이라고 본다. 이러한 미국의 주권 원리는 주체를 획일화하는 경향의 유럽적인 국민국가와는 전혀 다른 것이라고 네그리는 설명한다. 네그리의 논의에서 우리가 주목하는 바는 서양의 자유사상을 벌린 등과 달리 새로운 각도에서 보고 있다는 점이다.

공동체주의와 공화주의

20세기 말의 자유에 대한 논의에서 가장 중요한 것은 자유주의와 공동체주의, 그리고 공동체주의와 반드시 동일하지는 않지만 유사성을 갖는 공화주의의 그것들이라고 볼 수 있다. 먼저 자유주의는 자유와 평등을 그 핵심 원리로 삼고 이에 대한 다원주의를 전제한다고 볼 수 있다. 자유주의는 역사주의와 낭만주의가 반발한 계몽적 합리주의를 비롯하여 그 선구가 되는 로크 이래의 전통을 따른다고 볼 수 있다.

이에 반해 공동체주의는 다원주의를 거부하고 공동선을 실체적 관념으로 본다. 공동체주의는 시민적 덕성의 도야와 참여민주주의를 중시한다는 점에서 이는 고대로부터 마키아벨리, 루소, 그리고 또하나의 전통으로서 몽테스키외와 토크빌 같은 고전적 자유주의자를 경유하여 계승되어온 시민적 공화주의 내지 시민적 휴머니즘에서 비롯된다. 또한 공동체주의는 공유된 역사나 전통을 공동선이나 자기 동일성의 기초로서 중시하는 점에서 역사주의와 낭만주의와도 관련된다.

공동체주의는 자유주의의 '무연고적 자아'에 대한 비판에서 시작하여 '공동체적 자아'를 주장한다. 그러나 전자를 부정하고 후자를 인정하는 것이 문제의 해결은 아니다. 문제는 하나의 '자아'라는 개념 자체다. 공동체주의는 우리가 오직 하나의 공동체에만 속해 있다고 보는 점에서 하나의 개인만을 인정하는 자유주의와 다름이 없다. 실제로 우리는 다양하고 모순된 주체들이고, 상이한 공동체에 살고 있기 때문이다. 따라서 자유는 기본적으로 개인에게 속하는 것이지만 오직 집합적으로 행사될 수 있고 다른 사람에게도 똑같은 자유가 있음을 전제해야 한다.

이는 고대적 자유와 근대적 자유를 함께 인정하는 것이다. 이러한 점에서 스키너의 공화주의는 나와 유사한 입장이지만 다원주의와 민주주의에 회의적이라는 점에서 공동체주의와 더 유사하다. 공화주의도 공동체주의와 함께 아리스토텔레스에서 출발하지만 키케로와 마키아벨리 그리고 밀턴과 해링턴(James Harrington, 1611~1677)에서 그 근원을 찾아 공동선, 시민의 덕, 부패라는 개념을 강조한다.

나는 공동체주의가 다원주의를 부정하는 점에 반대한다. 그러나 자유주의도 다원주의에 반드시 충실한 것은 아니다. 그 자체가 합리주의, 보편주의, 개인주의를 전제로 삼기 때문이다. 따라서 개인의 자유와 함께 인민과 집단의 자유도 인정해야 한다. 그래야만 사회적 권력관계 속에 존재하는 종속적 형식들의 다양한 모습을 파악할 수 있기 때문이다. 이러한 다원주의는 사회적인 것의 단편화를 주장하고 단편들 속에서 어떤 관계적 정체성도 인정하지 않는 탈근대적 개념과도 구별된다. 나는 전체의 차원이든, 부분의 차원이든 근본주의나 본질주의나 원리주의를 부정한다. 따라서 나는 서양의 자유주의를 전면 부정하거나 전면 긍정하는 견해 모두를 인정하지 않는다.

공동체주의는 사회적 관계들이 주체를 형성한다고 보기 때문에 주체가 사회적 관계들보다 먼저 실존한다고 보는 자유주의적 개인주의에 반대하지만 그런 생각에도 크게 두 개의 흐름이 있다. 그 하나는 아리스토텔레스의 영향하에 공동선의 이름으로 다원주의를 거부하고 민주주의에 대해 애매한 입장을 갖는 샌델(Michael Sandel, 1953~)과 매킨타이어(Alasdair Macintyre, 1929~)의 입장이고, 또하나는 자유와 다원주의에 대한 자유주의의 기여를 인정하는 테일러(Charles Taylor, 1931~)와 왈저(Michael Walzer, 1935~)의 입장이다.

독일과 프랑스의 자유론

앞에서 본 벌린이 말한 '소극적 자유'와 '적극적 자유'의 전통을 각각 영국의 로크-스미스-밀의 '시민적 전통', 독일의 훔볼트-칸트-헤겔의 '국민적 전통'으로 본다. 반면 18~19세기 프랑스의 자유론의 경우, 몽테스키외, 볼테르, 콩도르세, 콩스탕, 스탈 부인 등은 '소극적 자유'론에 포함시키되, 18세기 루소나 로베스피에르, 19세기의 스탕달과 미슐레, 20세기의 베르그송, 사르트르, 푸코 등은 자유를 시민과 시민사회 전체의 '자율' 상태라고 본다는 점에서 구별된다.[20] 벌린은 루소 등을 '적극적 자유'로 보지만 이를 독일의 경우와는 구별하는 견해도 있다는 것이다.

이러한 '자율'의 전통은 군주의 개별 의지를 '인민의 일반 의지'로 대체시켜 국가의 기능을 시민사회 모든 구성원들의 '자율적인 개성'을 보장하는 데 사용하도록 재편할 것을 주장했다. 즉 이들은 독일 학자들처럼 국가권력이 '더 높은 자아'를 만들어내기 위해 부여된 것이 아니라 모든 시민이 '일반 의지'에 지속적으로 참여함으로써 얻을 수 있는 자율성을 보장하기 위해 부여되었다고 보았다.

독일에서 자유는 '국가의 도덕적 힘'에 흡수되어 자유민주주의에 대한 보수주의의 승리를 초래하여 결국은 나치 독일 및 전체주의와 결합했고, 루소 이래의 프랑스 자유는 자코뱅의 공포정치와 결합한 이래 자유민주주의의 성취는 성공하면서도 그 유지에는 언제나 실패해 질서와 자유 사이에 오간다는 문제를 낳았다. 즉 질서의 체제는 자코뱅 독재(1793~1794), 보나파르트 왕정(1804~1814), 나치하의 비시정부, 자유의 체제는 1789년의 입헌군주제, 1830년의 7월혁명, 1871년의 제3공화국, 그리고 1970년대 프랑스의 전체주의적 민주주의로 나타났다. 사르트르나 푸코가 1970년대 프랑스의 전체주의적 민주주의에 동조한 것은 아니었으나 사르트르는 1970년대 캄보디아 대량학살에 철학적 구실을 제공하고 스탈린주의를 지지했으며, 푸코도 이란 혁명을 지지했다.

우리는 나치를 통해 독일의 전체주의에 대해 알지만 그것이 칸트 이래의 독일 사상에서 비롯된다는 것을 잘 모른다. 한편 프랑스에 대해서는 전체주의적 성격이 있음 자체를 모른다. 그러나 이미 1952년에 탈먼(Jacob Leib Talmon, 1916~1980)은 나치 독일과 스탈린 제국이 루소와 자코뱅에서 비롯된 '전체주의적 민주주의'의 현대적 재현이라고 주장했고[21] 1958년 벌린도 루소 등이 '집단적 자기실현의 적극적 자유'를 옹호했다고 비판했으며[22] 이러한 견해는 1970년대에 프랑스에서도 강력하게 주장되었다.[23] 그러나 이에 대한 반론도 만만치 않다.[24] 분명한 것은 그러한 프랑스적 전통이 '소극적 자유'에 대해서는 대단히 부정적이라고 하는 점이다. 즉 소극적 자유를 "사회·정치적으로 부패한 '부르주아' 세계에서 개인의 지위와 부를 증진시키는 데 목적이 있는 비굴한 거짓 자유"로 보았다.[25]

이상 영국, 독일, 프랑스의 자유론 비교는 그 세 나라에 대한 여러 가지 차원의 논의와도 관련된다. 가령 토드(Emmanuel Todd, 1951~)가 영국은 자유에만 관심을 갖는 반면 프랑스는 대체로 자유와 평등을 신봉하고, 독일은 이와 대조적으로 권위와 불평등을 동경한다고 본 것[26]과도 무관하지 않다.

이상 영국, 독일, 프랑스의 자유론 외에 미국의 자유론을 구별할 수도 있다. 흔히 미국의 자유론은 영국의 그것과 같은 '소극적 자유'로 여겨지지만 반드시 동일한 것이라고 볼 수는 없다. 그 밖에도 우리는 여러 나라의 자유론을 구별할 수 있다. 가령 제3세계의 탈제국주의적 자유론도 그 하나다. 이처럼 자유론은 나라에 따라, 시대에 따라 다르다. 그러나 이 책에서 모든 나라나 시대의 자유론을 상세히 다룰 수는 없기에 그 특징적인 측면을 각 해당 부분에서 언급하는 것에 그친다.

자유주의와 민주주의

자유주의의 소극적 자유

자유주의의 이론적 전제 중 하나는 흔히 말해지듯이[1] 중세 이래 서양에서 나타난 자연법 이론이다.[2] 이는 절대주의 국가 이론, 즉 왕이나 귀족만이 권리를 갖는다는 것에 대한 반발에서 생겨났다. 자연법 이론이란 왕이나 귀족만이 아니라 인간은 누구나 생명과 자유, 안전과 행복을 추구할 권리를 본래부터 갖는 존재이므로 국가는 이를 침해해서는 안 된다는 것이다. 미국의 독립선언서(1776)나 프랑스의 인권선언(1789)은 이러한 자유주의 자연권 이론에서 비롯된 개인적 자유와 시민적 자유를 중시했다.

자연법의 역사는 흔히 인간의 권리를 자유로 규정한 마그나카르타(1215)에서 시작되었다고 하지만, 권력은 법의 범위 내에서 행사되어

• 마그나카르타에 서명하는 영국 왕 존(John).

야 하고 권력의 남용에 대해 시민은 독립된 사법부에 호소할 수 있는 권리를 갖는다고 보는 '법의 지배'라는 사상은 고대 그리스나 중세에서도 볼 수 있는 것이었고, 심지어 절대주의 국가에서도 일정 부분 유지되었다.[3]

물론 이러한 권리 존중 사상이 자연법 이론에 의해 실정법의 권리로 규정된 것은 마그나카르타 이후였고, 그후 점차 행정권에 대한 입법권의 우위, 사법부에 의한 입법부 감시, 중앙정부에 대한 지방정부의 자율성 확보, 정치적 권위와 압력으로부터의 행정 관료의 독자성 확보가 가능하게 되면서 자유는 더욱 강하게 보장되었다. 이러한 자유를 흔히 소극적 자유 또는 자유주의적 자유라고 한다.

자유주의적 자유란 어떤 개인이 권력에 의해 그 자신이 원하지 않는 일을 강요받거나 자신이 원하는 일을 하지 못하도록 제지받지 않는 행동의 자유를 뜻한다. 이는 권력에 대립하는 자유로서 자유주의 사상의 기본이 되어왔다. 그러나 이는 국가의 입헌적 장치에 의해 보장되고 나아가 국가는 국내외적으로 긴요한 공공질서 유지의 임무 수행만을 위임받는다는 점에 의해서도 보장된다는 점에서 단순히 소극적인 것만이 아니다. 즉 권력은 필요악이므로 통제되어야 하고 그 역할은 제한되어야 자유가 보장된다는 것이다.

이는 16세기 이후 서양에서 종교 국가가 쇠퇴하고 신앙의 자유를 비롯한 정신적 자유가 확대되고, 봉건제가 쇠퇴하고 자본주의가 성장함에 따라 부의 자유로운 처분과 상업적 자유가 성장한 시대에 부응하여 생겨났다. 여기서 국가는 종래의 가부장적 존재로부터 최소국가를 이상화하는 것으로 변화했다. 자연법 이론은 사회계약 이론 내지 계약 이론과 연관되었다. 사회계약 이론이란 정치권력의 행사가 그 행사 대상인 시민들과의 동의에 의해 이루어질 때만 정당하다고 보는 것이다.

자연법 이론과 사회계약 이론의 연결 고리는 두 이론이 공통적으로 지지하는 사회의 성격이 개인주의적이라는 것이다. 개인주의란 개인이 사회의 성립에 선행한다고 보는 것으로, 이는 사회가 개인에 앞선다고 보는 유기체론과 대립한다. 아리스토텔레스에서 비롯되는 유기체론은 유럽에서 오랫동안 유지되어왔는데, 이는 근대 초 홉스의 사회계약 이론에 의해 전복되었다.

서양 사상사는 한마디로 개체론(atomism)와 유기체론(전체론, holism)의 대립이라고 할 수 있다. 유기체론에서는 국가가 전체의 몸이고, 이는 여러 부분으로 이루어지는데 각 부분은 전체를 위해 봉사한다. 이러한 유기체론에서는 개체가 전체에서 독립하여 자율적으로 행동할 수 없다. 유기체론의 국가는 사적인 영역과 공적인 영역의 구분을 부정하지만 개체론은 그 구분을 인정한다. 자유주의는 유기체에서 개인을 분리하여 개인은 생존경쟁에서 살아가는 존재로 본다.

민주주의도 개인을 유기체라는 전체의 일부가 아니라고 보는 점에서 자유주의와 일치한다. 그러나 민주주의는 자유로운 개인들로 구성된 자치적 결사에 속하는 개인을 인정하고 개인은 그러한 결사를 반대하고 떠날 수도 있는 자유를 갖는 존재로 본다는 점에서 과거의 유기체 국가와는 다른 새로운 사회적 자치 결사로서의 유기체를 다양하게 형성한다고 본다.

여기서 특히 우리는 우리 헌법을 비롯한 모든 현대 국가가 기본적으로 개인주의에 입각한다는 점을 주목해야 한다. 왜냐하면 헌법 이론에서는 물론 여러 차원에서 개인주의를 부정하고 공동체주의를 주장하는 견해가 자주 등장하기 때문이다. 그러나 개인주의를 부정하는 공동체주의는 자유주의와 민주주의 모두에 반하는 것이다. 개인주의에는 폐해가 많다. 그러나 그 폐해를 이유로 하여 개인주의 자체를 부정할 수는 없다.

민주주의의 적극적 자유

'민주주의(democracy)'란 '인민(demos)'의 '지배(kratia)'를 뜻했다. 즉 1인이나 소수의 독재가 아닌 다수 인민의 통치를 뜻했다. 고대 아테네에서 그것은 직접민주주의였다. 그러나 미국에서 독립선언서가 나올 무렵 직접민주주의를 선동정치라고 비판하고 간접(대의)민주주의를 요구하게 되었다. 이는 고대 아테네에서 소크라테스나 플라톤이나 아리스토텔레스처럼 민주정을 비판한 과두정의 주장과 다름이 없었으나, 현대 국가가 고대 도시국가와 달리 거대하다는 이유로 정당화되었다. 현대 자유주의자들 역시 직접민주주의에 대해 반대했으므로 정치적 자유에 있어서 제한적인 참정권을 주장하기도 했다.

직접민주주의는 인민의 정부를 주장하는 반면 간접민주주의는 인민에 의한 정부라고도 주장되었으나, 그 핵심은 자유와 평등의 관계다. 자유주의의 자유방임 사회는 불평등일 수밖에 없고, 따라서 완전한 평등사회를 추구하는 사회는 비자유주의 사회일 수밖에 없다.

자유주의에서 인정되는 평등은 매우 불완전한 단 하나의 평등, 즉 자유를 위한 권리의 평등뿐이다. 즉 타인의 자유와 상충되지 않는 범위 내에서 자신의 자유를 충분히 향유할 수 있다는 것이다. 여기서 다시 두 가지 평등이 나온다. 하나는 법 앞의 평등이고 다른 하나는 권리의 평등이다.

법 앞의 평등은 먼저 재판의 평등을 뜻한다. 이는 자유주의의 권리 존중과 일치한다. 나아가 법 앞의 평등은 모든 사람에 대한 법의 보편적 적용을 뜻한다. 즉 특수한 사람이나 상황을 위한 차별적인 법은 폐지되어야 함을 뜻한다. 권리의 평등은 권리에 대한 동등한 향유를 뜻하므로 신분에 의한 차별 자체를 제거한다는 점에서 법 앞의 평등보다 더 나아간다.

민주주의도 개인을 출발점으로 한다는 점에서 앞에서 말한 자유주의의 기초인 개인주의에 입각한다. 이에 반하는 유기체론은 독재정을 지지한다. 그러나 민주주의적 개인주의와 자유주의적 개인주의는 서로 다르다. 자유주의적 개인주의는 개인을 절대적 존재로 보고 그가 국가와 사회의 범위조차 넘어선다고 볼 수 있지만, 민주주의적 개인주의는 개인의 합의에 의한 새로운 국가와 사회의 범위를 인정하고 그 집합적 결정을 그들 자신의 직접적이거나 간접적인 표현으로 긍정한다. 자유주의는 공공적 권력을 최소화하도록 요구하지만 민주주의는 공공적 권력을 민중의 의사에 입각해 재구성하도록 요구한다.

공화주의의 정치적 자유

자유주의나 민주주의와 구별되기도 하고 구별되기 힘들기도 한 것으로 공화주의가 있다. 공화라는 말은 우리나라를 가리키는 '민주공화국'이라는 말에 나오는 것이기도 하다. 우리 헌법 제1조에서 "대한

민국은 민주공화국이다"라고 규정된다. 민주란 민주주의의 약자이겠는데 공화국이란 무엇인가? 대한민국을 영어로 Republic of Korea라고 하는데 그것을 다시 우리말로 번역하면 '코리아 공화국'이다(코리아는 고려에서 비롯된 말이지만 고려라기보다는 코리아라고 함이 더 일반적이다). 여기서 공화란 무엇인가? 한때 공화당이란 정당이 있었는데 유신 시대의 그 악명 높은 공화당의 이념이 공화였는가?

국어사전에서 '공화'란 '여러 사람이 공동 화합하여 일을 행함'을 뜻하고, '공화국'이란 '국가의 최고 권력이 한 사람만의 의사에 있지 않고 합의체인 기관에 있는 국가'를 말한다고 한다. 그러나 공화에는 그 이상의 의미가 있다. 영어의 'republic'이란 말의 어원은 라틴어 'res publica'로서 그 말 자체는 '공적인(publica) 것(res)'을 뜻한다. 즉 '사적인 것'의 반대이다. 아렌트의 공사 구별에 따라 말하자면, 자유롭고 자립한 '공적인 사람들(公人)'의 공적인(정치적인) 논의의 대상이 되는 '공적인 일'을 말한다.

따라서 공화란, 공인들이 공통 관심사인 공적 사항에 대해 토의하고 그 결론에 근거하여 그 일을 관리, 통치하는 것을 말한다. 즉 '공민의 공동 통치'이다. 그러나 공화에는 그 이상의 또다른 의미가 있다. 즉 res publica는 영어의 common-wealth라는 말과 같다. 즉 '국가'를 뜻함과 동시에[4] '공통의 부' '공통의 소유'라는 개념을 포함한다.

이는 홉스나 로크가 말하는 자유주의와는 다르다. 자유주의에서는 먼저 사회계약을 맺기 전 개인이란, 서로 아무런 연결이 없고 자기 멋대로 자기 이익을 최대한 추구하는 개인주의자 내지 이기주의자를 말한다. 그런 개인은 자신의 생명과 신체 및 재산을 보존하기 위해 불가피하게 국가법에 복종하게 되나, 자신과 관련되는 '공적인 일'에 참여

할 의무는 지지 않고, 도리어 정치에 도덕이나 가치관이 포함되는 것을 회피한다고 본다.

이에 반해 공화주의는 공민이 자기의 행복만을 누리고자 해서는 안 되고 '공적인 일'에 주체적으로 '참여'하는 것을 공동선으로 내면화하는 상태를 정치의 이상으로 보았다. 그런 점에서 공화주의는 본질적으로 공동체주의(communitarianism)와 같으나, 공동체주의가 정치 이전에 종교, 역사, 문화를 공유하는 전통적인 공동체를 전제로 하는 것에 반해, 공화주의는 반드시 그런 공동체를 전제로 하지 않으며 어떤 공동선을 중심으로 모든 구성원이 참여해 전혀 새로운 국가를 세우려는 점에서 서로 다르다. 따라서 공화주의는 '정치 참여주의'라고도 볼 수 있다.

이 말은 영국에서 17세기에 찰스 1세를 처형했을 때 처음 생긴 말이었으나 18세기 영국에서는 거의 사용되지 않았다. 18세기의 버크(Edmund Burke, 1729~1797)나 해밀턴이 수립한 공화주의는 공적 생활의 적극적 참여를 자유의 본질로 보면서도 그 참여자를 재산 소유자에 제한한 것으로, 처음에는 매우 제한적인 범위의 덕성을 가진 사람들에게만 정치적 자유를 인정하고 그들에 의한 강력한 통치를 주장한 귀족적 공화주의였다. 이러한 전통은 현대 공화주의에도 그대로 남아서 시민의 도덕성을 강조하는 특징을 유지하고 있다. 대체로 이러한 공화주의는 보수적 입장이었다.

그러나 루소나 제퍼슨에서 비롯된 민주적 공화주의는 시민 참여를 중시하고 정부가 시민이 원하는 바에 따라야 한다는 점을 강조하며, 대의제를 중시한 귀족적 공화주의와 달리 주민 발의와 주민 투표와 같은 직접민주주의적 요소를 강조한다. 샌델을 비롯한 최근의 시민적 공화주의자들은 시민들이 크고 작은 공동체에 귀속되는 다중적 정체성을 강화해야 한다고 주장한다.

　이상 적어도 세 가지의 공화주의가 존재하므로 공화주의의 주장을 하나로 요약하기는 힘들다. 그 자유론도 마찬가지다. 공화주의는 벌린이 말한 소극적 자유와 적극적 자유와 다른 정치적 자유, 즉 "사적인 형태의 주종적 지배 자체가 존재하지 않는 상태"[5]를 말한다고 한다. 노예의 경우 소극적 자유는 노예 상태에서도 누려지지만 공화적 자유는 그렇지 않다는 것이다.[6] 그러나 자유주의에서 말하는 소극적 자유는 그런 것이 아니므로 이러한 비교는 부당하다. 또한 적극적 자유는 "자신의 의사와 그의 행동을 지배하는 법, 규칙 등이 일치할 때 가능"한 반면 공화적 자유는 법에 의해 "타인의 자의로부터 자유로울 때 가능"하므로 다르다고 하지만 이러한 비교도 무리다. 공화주의는 자유주의와 달리 "법에 의한 간섭, 나아가 국가의 공정한 개입을 자유에 해가 되는 것으로" 보지 않고, 민주주의와 달리 법을 인민 의사의 반영이 아니라 공공선을 지향하는 보편적 규범으로 보기 때문에 다수의 의사를 소수에게 강요하지도 않는다고 한다.[7] 그러나 자유주의도 민주주의도 보편적 법을 부정하지 않는다. 또 공화주의가 주종 관계를 부정한다고 하지만 역사상 실제로는 고대 그리스나 로마의 공화정은 노예제를 전제로 한 것이었고 근대의 그것도 소수의 엘리트에 의한 지배를 주장한 것이었다.

　도리어 공화주의의 입장에서 콩스탕이나 벌린을 비판할 점은 그들이 "주종적 지배의 부재를 정치적 자유를 위한 필수적인 것으로 다루질 않았다"[8]는 점이 아니라 마키아벨리나 이탈리아 르네상스의 자유가 무엇보다도 국가의 자유, 도시공동체의 자유, 인민의 자유를 강조한 점이라고 해야 할 것이다.

여하튼 이러한 공화주의가 하나의 정치사상으로 논의되는 것과 달리, 우리나라 헌법에서 말하는 '공화'국에는 어느 정도의 의미가 포함되어 있는지 의문이다.[9] 다른 나라에서도 공화주의는 민주주의나 자유주의에 포함되거나 서로 보완하는 관계로 이해되어왔고 우리나라에서도 민주주의나 자유주의와 다른 특별한 의미로 이해되지는 않고 있다. 미국의 정치 지도자들은 일찍이 18세기부터 그렇게 보완적으로 이해했고, 이는 입헌 정부를 세우고, 언론과 신앙의 자유를 보장하며, 전제적 권력을 제한하는 것에 함께 공헌했다. 또한 어느 것이나 자유의 기반으로서 재산의 보장을 강조한 점에서 공통되었다.

자유주의와 민주주의

자유주의와 민주주의는 영국의 청교도혁명에 의해 진보했다. 청교도혁명에 의해 자유주의의 자유가 진보했고 대의민주주의의 수립이 가능하게 되었다. 특히 수평파들에 의해 민주주의 원칙이 선포되었다. 또 1688년의 명예혁명은 권력분립 사상을 확고하게 만들었다. 이처럼 영국에서는 자유주의와 민주주의가 함께 발전했다.

그러나 프랑스의 경우 자코뱅 공화정과 1848년 2월혁명 그리고 나폴레옹 3세의 제2제국을 거치면서 민주주의에 대한 자유주의의 회의를 초래했다. 당시 플라톤 사상에 젖은 토크빌 같은 보수주의자들은 민주제와 전제정은 동전의 양면에 불과하다고 보았다.

19세기에는 참정권의 확대를 둘러싸고 그것이 자유를 증진시키는 것으로 보는가 아니면 감축시키는 것으로 보는가에 따라 자유주의측은 진보(민주주의)와 보수(비민주주의)로 갈렸다. 민주주의측도 자유주의적인 쪽과 비자유주의적인 쪽으로 갈렸다. 전자는 참정권의 확대를 비롯한 권력의 제한 문제에 관심이 컸던 반면 후자는 권력의 분배 문제에 관심이 더 컸다. 참정권이 점차 확대되면서 민주주의적 자유주의와 자유주의적 민주주의는 차차 일치했다. 반면 비자유주의적 민주주의는 사회주의로 나아갔고, 그 결과 비민주주의적 자유주의(보수주의)와 극단적으로 대립했다.

자유주의와 민주주의의 관계를 각각 양립 가능성의 관계, 양립 불가능성의 관계, 양립 필요성의 관계로 보는 세 가지의 입장으로 볼 수 있다. 민주주의와 사회주의의 관계도 마찬가지다. 자유민주주의자는 물론 공산주의자도 그 양립을 불가능하다고 보는 반면(프롤레타리아 독재를 주장하는 공산주의가 민주주의 운운함은 이 책에서 말하는 민주주의가 아니다), 사회민주주의자는 필요성의 관계로 본다. 이처럼 민주주의는 자유주의와 사회주의 모두에 의해 수용되어 현대에 자유민주주의 국가와 사회민주주의 국가를 낳았다.

그러나 자유민주주의 국가와 사회민주주의 국가에서 말하는 민주주의의 내용은 다르다. 자유민주주의의 그것은 보편적 투표 참여권을 비롯한 자유로운 의사의 표출이지만, 사회민주주의의 그것은 재산 제도의 사회주의적 개혁에 의한 경제적 평등이다. 즉 소극적 자유와 적극적 자유의 충돌이다. 이 두 가지 자유를 둘러싼 논쟁은 계속되고 있다. 20세기 말에 대두한 신자유주의는 자유민주주의를 더욱 순수한 자유주의로 되돌리고자 하는 주장에 불과하다. 그러나 신자유주의 국가에서도 국가의 개입은 전혀 없다고 할 수 없다.

결국 자유주의와 민주주의의 대립은 그 주장자들의 대립이다. 사회적 위치가 높으면 자유주의, 낮으면 민주주의를 선호한다는 것이다. 인류 역사에서 언제 어디서나 그런 사회적 위치에 따른 사람들의 구별은 존재해왔으므로 그 대립은 끝없이 이어질 것이다. 물론 타협의 가능성이 전혀 없는 것은 아니다. 그 타협은 결국 사회적 위치가 상대적으로 높은 소수가 그렇지 못한 다수에게 상당 부분을 양보하는 길밖에 없다.

자유주의와 사회주의

자유주의에는 여러 가지가 있다. 첫째, 자유방임주의를 근거로 한 18세기의 자유방임주의다. 1970년대 후반에 등장한 신자유주의나 자유지상주의(libertarianism)도 그 하나다. 둘째, 20세기 초의 대공황으로 자유방임주의적 시장경제가 무너진 뒤 경제 활동에 대한 정부의 개입을 적극적으로 인정하는 복지자유주의다. 미국에서 자유주의라고 하면 이를 말하는데 유럽의 경우 이는 사회민주주의를 뜻하는 것으로서, 한국에서 자유주의라고 하는 경우와 매우 다르다는 것을 주의해야 한다. 한국에서 자유주의라고 하면 자유방임주의를 말하고, 사회주의라고 하는 경우에는 공산주의는 물론 사회민주주의까지도 포함하는 것이 보통이다. 따라서 자유주의 그리고 민주주의에 대한 엄밀한 정의가 필요하다.

자유주의는 개인의 자유를 존중하기 위해 거대한 국가권력에 반대하여 최소국가를 지향하는 것인 반면, 민주주의는 국가권력을 민중에게 주자는 것으로 반드시 최소국가를 지향하는 것이 아니라 도리어 최대 복지국가를 지향하는 것이 일반적이라는 점에서도 서로 다르다는 것을 주의해야 한다. 자유주의와 민주주의에는 여러 가지 다양한 형태가 있지만 기본적으로는 각각 최소국가와 복지국가를 지향한다는 점에서 다르다는 점을 명심하자.

이러한 점에서 본다면 한국을 자유민주주의라고 하는 것에는 문제가 있다. 왜냐하면 한국은 민주주의 국가이면서도 자유주의 국가라기보다도 사회국가라고도 주장되기 때문이다. 사회국가란 사회의 사적 부문에 대한 간여와 통제를 공동선의 제고에 효과적이고 바람직하다고 보는 가부장주의적인 복지국가를 의미한다. 이는 1919년 바이마르헌법을 비롯하여 현대 복지국가나 사회국가의 특징으로 말해지는 것으로서 1948년 제헌 이래 한국 헌법의 기본적인 특징의 하나가 되어왔다. 물론 그러한 복지국가나 사회국가에도 차이가 있고 한국의 그것은 독일 등 다른 나라에 비해 더욱 자유주의적이지만 그렇다고 해서 완전한 자유주의라고 할 수도 없다. 즉 복지국가는 아니지만 국가가 경제를 통제하는 점에서는 자유주의라고도 할 수 없다.

물론 세상에 완전한 자유주의 국가는 없다. 마찬가지로 완전한 민주주의 국가도 없다. 어디에 더 가까우냐의 구별이 가능할 뿐이다. 흔히 한국은 자유주의적이고 민주주의적인 국가라고 하는데, 이를 자유민주주의라고 하는 경우, 자유주의와 민주주의 어느 쪽을 강조하느냐에 따라 차이가 생기기 마련이다. 이를 흔히 보수와 진보의 차이라고도 하지만, 엄격히 구별하기란 역시 힘들다.

흔히 자유주의는 자유를, 사회주의는 평등을 강조한다고 본다. 사회주의가 아닌 경우에도 영국처럼 자유는 발달하여 입헌주의와 의회

제도를 일찍 확립했으나 계급제도가 존속한 탓으로 평등이 늦게 발달한 나라도 있고, 권위주의 체제하에서의 참여나 평등화가 자유화보다 빨리 나타난 독일 같은 나라도 있다. 한편 프랑스는 자유와 평등이 프랑스혁명 이후 함께 발전했다고 볼 수도 있다. 프랑스혁명은 절대주의를 타도한 자유의 혁명이면서도, 귀족의 특권을 타도한 평등의 혁명이기도 했기 때문이다. 그러나 인민주권의 추구는 자코뱅 독재를 초래했고 그 공포정치는 개인의 자유를 극단적으로 침해하여 자유도 평등도 이룩하지 못했다.

이처럼 나라별로 자유와 평등을 이해함은 상대적인 논의에 불과하고, 일반적으로는 특권계급이 특권으로 누린 자유가 모든 사람이 누리는 자유로 바뀌었다고 볼 수 있다. 따라서 '모든 사람이 누리는 자유'라는 의미에서 자유는 그 자체가 평등한 것이다. 물론 그 평등의 내용은 나라에 따라, 시대에 따라 다르다. 자유주의는 법 앞의 평등이나 기회의 평등을, 사회주의는 경제적 평등을 중시한다. 복지국가도 사회주의 정도의 평등은 아니지만 평등을 지향한다. 자유냐 평등이냐가 보수와 진보의 구별점이 되기도 하지만 한국에서 말하는 보수와 진보가 과연 그런 지향성을 갖느냐 하는 점에는 의문이 있다. 왜냐하면 한국에서의 보수란 자유가 아니라 사유를 강조하는 입장에 더욱 가깝기 때문이다.

자유주의와 제국주의

자유의 모더니즘과 포스트모더니즘

이 책을 쓰기 위해 당연히 여러 책을 보게 되었다. 그중 하나가 노명식이 1991년에 쓴 『자유주의의 원리와 역사』였고 또하나는 문지영이 2009년에 쓴 『자유』였다. 『자유주의의 원리와 역사』 마지막에 실린 수많은 참고문헌에는 한국어를 비롯한 동양어 책은 한 권도 없으니 이는 1991년까지 한국인(또는 동양인)이 자유에 대해 쓴 유일한 책일지 모른다. 『자유』에는 참고문헌 목록 자체가 없어 확실히 알 수 없지만 본문의 내용을 보면 역시 한국어 문헌은 없는 듯하다. 바로 앞에 나온 『자유주의의 원리와 역사』도 언급되지 않는다.

두 책 모두 자유나 자유주의에 대한 명확한 정의를 내리고 있지 않은 점도 공통된다. 『자유』는 자유주의란 자유를 최상의 가치로 보는 것이라고 정의하지만 자유라는 것에 대한 정의는 내리지 못하고 있다. 자유에 대한 이해가 시대와 나라에 따라 다르고 그런 자유 중에서도 무엇을 중요한 것으로 보느냐 하는 관점에 따라 자유주의의 내용도 달라진다. 따라서 자유와 자유주의는 다르다. 이 둘을 같다고 보는 태도는 너무나도 안이한 것이 아닐 수 없다.

두 책 모두 한국인이 자유와 자유주의를 부정적으로 보는 인식에서 출발하는 점도 공통적이다. 그러나 전자는 한국인의 그런 인식이 서양 자유주의에 대한 무지에서 비롯된다고 보고 한국인이 배워야 할 서양 자유주의를 설명하는 반면, 후자는 서양 자유주의에도 문제가 있다고 지적하면서 서양 자유주의를 설명하는 점에서 서로 조금은 다르다. 이는 1990년 전후로 서양에서 유행했고 이어 한국에서도 유행한 모더니즘과 그후의 포스트모더니즘의 입장을 각각 보여주는 것인지도 모른다. 어느 경우나 한국의 현실에 입각한 논의나 한국인의 입장에서 본 세계 인식이라고 보기 어렵다.

내가 여기서 말하는 한국의 현실이란 앞서 말했듯 자유가 사유로 왜곡되고 개인, 시민, 인민의 자유로 인식되지 못하고 있다는 점이다. 한국에서는 인민의 자유란 더이상 논의의 대상도 아니게 됐지만 우리 인민의 자유가 1945년 이후에도 여전히 완전하지 못한 것은 분명한 사실이다. 여전히 여러 측면에서 제국주의가 뿌리깊다. 또 시민으로서의 자유나 개인으로서의 자유도 완전하지 못하다. 세계도 마찬가지다. 서양에서는 비서양에서보다 더 크고 많은 자유가 누려지고 있지만 비서양 세계에서는 그렇지 못하다. 따라서 문제는 서양에서 유행한 모더니즘이나 포스트모더니즘일 수가 없다. 그 어떤 논의든 서양의 주장을 반복하는 것에 불과하다.

이러한 점은 위에서 예로 든 두 권의 책에서도 볼 수 있다. 내용으로 보면『자유주의의 원리와 역사』는 16세기 이후의 서양사를 중심으로 하는 반면[1]『자유』는 고대 그리스부터의 역사를 살펴보는 점에서 다르기는 하지만 결국 서양 중심이다. 즉 플라톤에서 설명을 시작하는데 플라톤은 자유에 대해 부정적이었지만 이는 그가 반대한 민주정의 경우이고 그가 지지한 철인정치의 귀족정에서 철인이나 귀족의 자유는 중시했다고 한다. 나는 이러한 설명에 반대하지는 않지만 지금 우리가 자유라고 하는 것이 극소수의 자유만(따라서 노예를 포함한 나머지 대다수에게는 자유가 없다)을 말하는 것인지, 그리고 그것도 자유라고 할 수 있는 것인지 하는 점은 문제라고 본다. 플라톤처럼 '극소수자의 자유'를 자유라고 인정한다면 어느 세상, 어느 시대이든 자유가 없는 경우가 없다. 그러나 나는 이 책에서 그런 자유는 자유라고 말하지 않겠다. 이는 우리가 일제 때 '일제의 자유'가 있었고, 독재 때 '독재자의 자유'가 있었다고 말하는 것과 다르지 않다.

나는 소크라테스[2], 플라톤[3], 아리스토텔레스[4]의 그런 문제점을 비판하는 몇 권의 책을 이미 썼다. 그러나 한국에서는 그런 책을 처음으로 쓴 탓인지, 그들에 대한 믿음이 아직도 절대적인 탓인지 세 사람에 대한 절대적 숭배는 여전히 고쳐지지 않고 있다. 그런 절대성은 방방곡곡에서 찾을 수 있지만 다음과 같은 책에서도 볼 수 있었다. 바로 러셀이 쓴 『인기 없는 에세이Unpopular Essay』인데 원서 첫 글인 「철학과 정치」에서 러셀은 포퍼가 플라톤을 비판했다고 썼다. 그런데 국내 번역서에는 이와 반대로 "현란하게 옹호를 받"[5]았다고 번역되어 있다. 이는 역자의 플라톤에 대한 선입견 때문에 빚어진 착각으로 생각된다. 플라톤이 비판을 받다니 있을 법이나 한 소리인가 생각한 것이다. 여하튼 『자유주의의 원리와 역사』 『자유』 두 권 모두 주로 서양에서 논의된 바를 따르고 있어서 반드시 독창적인 것이라고는 생각되지 않는다.

자유주의, 민주주의, 제국주의

자유라는 말은 우리가 자유민주주의 나라에 살고 있다는 것과 직결된다. 우리 헌법에서는 이를 '자유민주적 기본 질서'라고 한다. 이를 흔히 자유주의와 민주주의의 결합이라고 한다. 그러나 자유주의와 민주주의는 반드시 일치하거나 연관성이 있어서 자동적으로 결합되는 것이 아님을 주의해야 한다. 자유주의란 개인의 자유를 가장 중시하는 태도이고, 민주주의란 모든 자유로운 개인이 주인인 정체(政體)를 말한다고 보면 관련되기도 하지만, 그 둘이 반드시 일치하는 것은 아니다. 민주주의의 개인은 반드시 자유롭지 않을 수도 있다. 도리어 대부분의 민주주의에서 개인은 자유로부터 도피하는 경향도 있다.

19세기 이전의 서양에는 자유주의 국가라고 하면서 정치 참여의 기회를 소수 부유층에게만 허용한 비민주주의적인 나라가 많았다. 또는 민주주의를 한다고 하면서도 자유를 충분히 허용하지 않는 나라도 많았다. 물론 지금은 자유주의를 주장하는 나라에서 모든 사람(나이에 따른 구별은 있으나)에게 참정권을 허용하고 있지만 이는 자유주의 원리에 의한 것이 아니라 민주주의 원리에 의한 것이라고 봄이 옳다. 여하튼 20세기에는 모든 사람에게 참정권을 부여하게 되었으나 여전히 자유주의와 민주주의는 대립하는 측면이 있다. 특히 자유주의는 최소국가를 지향하는 반면 민주주의는 최대국가를 지향하는 경향에 의해 서로 대립되어왔다. 최근의 신자유주의 대두가 그것을 분명히 보여준다. 신자유주의가 비복지주의적 최소국가를 지향하는 반면 민주주의는 복지주의적 최대국가를 지향한다.

물론 신자유주의나 고전적인 자유주의와 달리 자유주의와 민주주의의 결합을 주장한 입장도 있었다. 그러나 일반적으로 자유주의는 국가의 권력과 기능을 제한적이라고 보고 개인의 자유를 최대한 신장시키고자 하는 사상으로, 본래 서양에서 중세 말의 절대 국가와 상반되는 것이었다. 이는 적어도 원리적으로는 현대의 전체주의 국가는 물론 복지국가에도 반하는 측면이 있다.

그런데 북한을 비롯한 사회주의 국가는 자신을 자유주의라고 부르지 않고 전체주의 국가라고도 하지 않는다. 도리어 미국을 '파쇼' 전체주의라고 부르고 남한이 그 밑에 있는 식민지라고 주장한다. 반면 한국에서는 이를 정치적 선전에 불과한 것으로 보고, 미국은 물론 남한이 개인의 자유를 인정하는 점에서 자유주의 국가이고, 북한을 비롯한 사회주의 국가가 개인의 자유를 부정하는 점에서 자유주의와 반대되는 전체주의 국가라고 주장한다.

한편 민주주의란 통치권이 한 사람의 개인이나 소수에 의해 집중되어서는 안 되고, 다수 또는 모든 사람들에게 주어져야 된다는 주장으로 군주주의나 귀족주의 등의 독재와 상반되는 것으로 나왔고 현대의 권위주의 독재국가와도 대립되는 것이다. 1인 군주나 다수 귀족이 독재적으로 지배하는 나라가 아니라는 점에서 남한도 북한도 자신들이 민주주의라고 한다. 그러나 남한에도 독재의 시기가 있었고, 북한도 김일성이나 김정일이 독재를 해왔다. 따라서 과거의 남한이나 현재의 북한을 민주주의라고 할 수 없다. 그러나 북한은 미국의 식민지라고 보는 남한을 민주주의라고 하지 않는다. 반면 남한도 북한을 자유주의는 물론 민주주의라고 하지 않는다. 공산당 독재라고 보기 때문이다. 아니 남한에서는 공산주의 자체를 공산당 독재라고 보고 민주주의에 반하는 것이라고 한다.

북한이 그렇게 주장하는 이유는 미국을 비롯한 자본주의 국가들이 민주주의라고 하지만 실제로는 소수 자본가의 독재국가이고, 특히 미군이 주둔하고 있는 남한은 세계를 지배하는 제국주의 미국의 식민지에 불과하다고 보기 때문이다. 이러한 주장이 옳은지 그른지를 떠나서, 일반적으로 제국주의 국가가 지배하는 식민지는 민주주의 국가도, 비민주주의 국가도 아닌 국가 이전의 존재에 불과하다는 것은 분명하다.

1960년대에 새로운 나라들이 많이 독립하기 이전에 세계는 몇 제국주의 국가들이 지배했다. 그 제국주의 국가들은 앞에서 말한 자유주의와 민주주의를 가장 먼저 주장하고 실현한 나라들이기도 했다. 그 자유주의와 민주주의가 제국주의 때문에 가능했다고 할 정도로 밀접한 연관이 있는지는 모르지만 아무리 우연적인 것이라고 해도 관련이 없었다고는 할 수 없다. 특히 자유주의의 본질적인 부분이라고 할 수 있는 소유의 자유에 의한 자본주의 발전은 자유주의를 실질적으로 가능하게 한 물질적 토대를 형성했다.

반면 제국주의 국가는 자국에서 자유주의와 민주주의를 주장하고 실천했으면서도 자국의 식민지에서는 같은 수준의 자유주의나 민주주의를 인정하지 않았고 특히 정치적 자유나 권리를 인정하지 않았다. 19세기 서양의 자유주의나 민주주의는 지극히 불완전한 것이었고, 식민지에 대해서는 반(反)자유주의적이고 반민주주의적이었으므로 이를 어떤 식으로든 자부할 수 없다. 서양인이 그 점을 부끄러워하기는커녕 인정도 하지 않고 19세기 서양을 자유주의나 민주주의의 완성이라고 자부함은 양심 불량의 사기에 불과하다. 19세기 서양이 모델로 삼은 고대 그리스나 로마의 민주주의도 마찬가지다. 특히 남한 사람들이 이를 철저히 따르는 것이야말로 괴뢰, 즉 허수아비의 전형을 보여준다.

애국과 세계시민주의

나는 애국자임을 자부한다. 그리고 동시에 세계시민주의자임을 자랑한다. 나는 이 세상 모든 나라 사람들처럼 내 나라를 사랑한다. 그리고 동시에 이 세상 모든 나라를 사랑한다. 단 다른 나라를 침략하는 나라는 싫어한다. 나는 내 나라가 침략당할 때 적을 물리치기 위해 총을 들고 싸우겠지만 남의 나라를 침략하기 위해서 총을 들 생각은 추호도 없다. 그리고 다른 나라가 침략을 당할 때도 그 나라를 위해 싸우겠다.

나는 애국심을 비롯하여 시민적 덕성이 필요함을 부정하지 않지만 그것이 자유를 구속하는 것이어서는 안 된다. 따라서 애국과 함께 인류애도 동시에 필요하다. 특히 애국이라고 하는 것이 자신들이 태어나 자란 어떤 자연적 지역에 대한 본능적 사랑을 뜻하는 것이 아님을 주의해야 한다. 이를 명시한 18세기 프랑스의 『백과전서』에 나오는 다음의 '조국' 항목을 보면 우리에게는 아직도 계몽이 필요함을 알 수 있다.

시민적 덕성이란 '조국에 대한 사랑', 즉 나라의 법과 공공선에 대한 민주주의적 사랑을 의미하는 것으로서 주로 민주주의 속에서 꽃핀다. 공공선을 개인의 이익 위에 두기 위해서는 일종의 희생정신이 필요하며, 이러한 정신의 힘은 심지어 약한 사람들에게조차도 힘을 나눠줌으로써 이들로 하여금 '공익을 위해 위대한 일을' 달성하도록 한다.[6]

위 문장에 나오는 희생정신이니 하는 말에 크게 신경쓸 필요는 없다. 그 글을 쓴 사람을 포함한 『백과전서』 집필자 자신들도 대단한 희생정신을 발휘한 사람들이 아니었다. 사생활을 포기하거나 붓다나 간디처럼 금욕적인 사람들도 아니었다. 붓다나 간디에게도 사생활이 없었다고 할 수 없다. 붓다나 간디도 공공을 위한 희생을 무리하게 강요받으면 거부했을 것이다. 아니 적어도 간디는 분명히 그러했다. 그는 대영제국이 요구한 모든 희생을 강력하게 거부했다. 그에게 희생이란 없었다. 붓다에게도 희생은 없었다. 득도를 위해 가정을 희생한 것이 아니었다.

위 인용 문장에서 말하는 조국이란 태어난 장소가 아니라 그 구성원의 자유와 행복을 지켜주는 자유국가를 말한다. 『백과전서』 집필자의 한 사람인 루소는 "자유 없이 애국은 불가능하며 덕성 없이 자유는 불가능하고 시민 없이 덕성은 불가능하다"[7]고 했고 다음과 같이 말하기도 했다.

조국을 구성하는 것은 성벽이나 사람들이 아니다. 조국을 구성하는 것은 법과 관습, 구성원들의 습관, 그리고 정치 방식, 또 이런 것들로부터 나오게 되는 특정한 생활 방식이다. 조국은 국가와 그 구성원들 간의 관계이며, 이러한 관계가 변하거나 끊어지게 되면 국가도 그 존재를 상실하게 된다.[8]

이런 생각은 적어도 18~19세기 지식인들 사이에서 어느 정도 공유됐던 것 같다. 가령 19세기 이탈리아의 조국 독립과 통일을 위해 싸운 마치니(Giuseppe Mazzini, 1805~1872)는 다음과 같이 더욱 구체적으로 말했다.

조국은 땅이 아니다. 땅은 그 토대에 불과하다. 조국은 이 토대 위에 건립한 이념이다. 그것은 사랑에 대한 사상이며, 이 땅의 자식들을 하나로 엮어내는 공동체에 대한 의식이다. 당신의 형제 중 어느 하나라도 투표권이 없이 나라 일에 자신의 의사를 전혀 반영할 수 없고, 어느 한 사람이라도 교육받은 자들 사이에서 교육받지 못한 채 고통받고 있는 한, 그리고 어느 한 사람이라도 일할 수 있고 또한 일하고자 하는데도 일자리가 없어 가난 속에서 하는 일 없이 지내야 하는 한, 당신에게 당신이 가져야만 하는 그런 조국은 없다. 모두의 그리고 모두를 위한 바로 그 조국을 당신은 가지고 있지 않은 것이다.[9]

이 글이 쓰인 19세기에 비서양은 물론 서양의 많은 사람들에게는 투표권이 없었고 일자리도 없었다. 21세기 지금은 투표권은 있지만 일자리는 여전히 많지 않다. 그런 의미에서 우리에게는 아직 마치니가 말한 조국이 없다. 지금까지 말한 조국은 위에서 말한 인민과 명확하게 구별되는 것은 아니지만 파시즘과 연결된 인민주의와는 전혀 다른 것이고 결국은 세계시민주의임을 주의해야 한다. 세계시민주의라고 하면 대단히 황당하고 이상적인 것으로 들릴지 몰라도 그것이 제국주의에 반대되는 것임은 분명하다.

제국주의와 자유

나는 19세기에 인류 대부분의 자유가 제국주의에 의해 침탈당했다고 말했다. 그러나 이러한 나의 주장과는 전혀 반대로 19세기에 소수의 서양 사람들이 비로소 자유를 알게 되었다고 보고 그들에 의해 19세기에 자유주의가 비로소 완성되었다는 주장이 있다.[10] 1877년 영국의 액턴(John Emerich Edward Dalberg Acton, 1834~1902)이 다음과 같이 주장한 것은 우리나라의 자유주의에 대한 책의 맨 앞에도 자유의 선언문처럼 인용된다.

자유는 성숙한 문명만이 따먹을 수 있는 우아한 열매로서 자유의 의미를 알게 된 인민들이 자유하기로 결심한 것은 아직 백 년도 채 못 된다. 자유의 전진은 어느 시대에서나 그 원수들의 방해를 받아왔는데, 원수들이란, 무지와 미신, 정복욕, 안일의 타성, 강자의 권력욕, 빈자의 게걸 등이다. (…) 자유는 어느 시대나 성실한 동맹자가 적었지만 소수의 동맹자들에 의해 승리를 거두었다.[11]

액턴은 '권력은 부패하고, 절대 권력은 절대 부패한다'는 말을 한 사람으로 우리나라에서도 유명하다. 우리는 그 말을 유신독재를 비롯한 강력한 부패 권력을 타도하고 민주주의를 세우기 위한 구호로 삼았다. 그러나 그가 주장한 자유로운 인민이란 히틀러가 그렇게도 예찬했던 아리아 인종을 뜻했다. 그래서 그는 프로이센의 프리드리히대왕 같은 전제군주도 '관용과 자유로운 토론의 벗'이라고 예찬하고 그가 없었다면 유럽은 러시아가 지배했으리라고 주장했을 정도로 프로

이센의 군국주의를 예찬했다. 나아가 액턴은 자유를 위해 영국이 세계를 정복하고 기독교를 선교해야 한다고 주장했다. 벌린이 소극적 자유론의 대표 격으로 내세운 액턴은 19세기의 제국주의적 인종 편견을 대변한 사람이었다. 이러한 주장은 당대 영국의 계관시인이자 정치가였던 매콜리, 흄, 버크, 칼라일, 러스킨, 테니슨, 디킨스, 킹즐리, 키플링, 고비노 등의 영국인 대부분도 공유한 제국주의관이었다.

  액턴의 시대는 영국의 제국주의가 극단에 이른 시기였고 그가 '빈자의 게걸'이라고 모독한 노동자 등의 요구도 극단에 이른 시기였다. 그리고 그 10년 전에야 선거법 개정에 의해 성인 남성의 절반이 투표권을 인정받았다. 그런 시대에 액턴은 자신과 같은 소수에 의해 영국과 같은 '성숙한 문명'에서만이 자유의 의미를 알게 되었다는 것이다. 여기서 말하는 '문명'에는 당연히 '야만' 식민지가 포함되지 않고 그것은 '적'이나 '원수'이기는커녕 아예 무시되는 존재일 뿐이다. 그 말을 하기 10여 년 전 미국의 남북전쟁에 의한 흑인 노예의 자유 쟁취도 그에게는 소수의 자유 '동맹자'에 의한 자유의 전진에 포함되지 않았을지 모른다. 또는 미국 흑인은 그래도 서양에서 살고 있었으니 비서양 식민지 흑인과는 구별되었을지도 모른다.

  중요한 것은 자유주의의 완성이라고 찬양되는 19세기, 유럽 이외의 대부분의 세계는 비자유 그 자체였다는 점이고, 그 비자유 위에 유럽의 자유가 존재했다는 점이다. 유럽의 자유는 비유럽에 대한 유럽의 착취 위에 세워졌다. 그 착취가 없었다면 유럽의 자유주의라고 하는 것은 존재할 수 없었다. 또한 그것은 유럽 내부의 계급적 착취 위에 세워진 것이기도 했다. 그렇다면 유럽의 자유주의, 그 자유주의가 말한 자유란 얼마나 허위적인 것인가?

그럼에도 서양의 자유주의나 민주주의가 자본주의 및 제국주의와 관련됨을 인정하지도 않고 "서구 제국주의 국가들이 식민지에서 물러가면서 만들어놓고 간 의회 민주주의에 입각한 헌법은 오늘날 거의 없어"[12]졌다고 보는 견해가 있다. 그러나 제국주의는 식민지에 그런 헌법을 만들어놓지 않았다. 일본 제국주의도 한반도에 의회 민주주의적 헌법을 만들어두고 간 것이 아니었다. 서구 제국주의가 일본 제국주의와 달랐다고 해도 그 제국주의가 식민지에 의회 민주주의적 헌법을 적용시켰다는 것 자체가 허위이니 '오늘날' 없어지고 말고 할 것이 아니다.

제국주의 자체가 없어지지 않는 한 자유주의도 민주주의도 있을 수 없다. 1940~1960년대 여러 인민의 해방 이후 세계적 차원의 자유주의와 민주주의가 처음으로 비로소 가능해졌다. 그러나 경제적 토대가 거의 없고 제국주의가 경제적, 사회적, 문화적으로 잔존하는 상태에서 자유주의나 민주주의를 실현하기는 쉬운 일이 아니다. 그래서 21세기 초에 이르기까지 많은 문제점이 있었다. 이는 제국주의가 사라지지 않는 한 자유주의나 민주주의는 불가능하다는 점을 증명한다.

또한 "고도 자본주의 사회에서"는 자유주의의 여러 가치, 즉 개인적 자유, 인권, 정치적 자유, 정치적·종교적 관용 등이 다 실현되어 있다고 보는 견해도 문제다.[13] 과연 그러한가? 반대로 여전히 문제가 많지 않은가? 21세기의 유럽이나 미국에서는 백인인 자국인의 경우는 몰라도 그들이 아닌 외국인, 특히 유색인의 경우, 인권을 보장하기는커녕 그들에 대한 차별은 여전하다. 여하튼 자본주의가 고도화된다고 해서 반드시 자유주의가 완전하다고 볼 수는 없다. 도리어 자본주의가 고도화되면 독일에서처럼 전체주의가 발생할 가능성도 얼마든지 있다.

우리의 희망은 자유주의?

또한 이상과 같은 견해에 입각하여 20세기는 "파시즘, 공산주의 및 자유민주주의 삼자의 각축전이 전개된 시대"[14]라고 보고서 그중 우리나라 "국민이 자발적으로 신봉할 정치 이념은 자유주의밖에 없"[15] 다고 하는 견해도 있다. 요컨대 서양 선진국에서 자유주의가 최고의 가치이니 우리도 그래야 한다는 것이다. 그러나 우리가 자발적으로 신봉할 정치 이념은 앞으로 우리가 모색해야 하지 무조건 서양식의 자유주의를 따를 수 없다.

위 견해는 자유민주주의와 자유주의를 같은 것으로 보는 듯한데, 이는 반드시 옳은 것은 아니다. 그러나 문제는 그 점이 아니라, 그 자유주의 내지 자유민주주의의 내용이 무엇이냐 하는 것이다.[16] 위 견해는 20세기 말에는 소련권의 붕괴에 의해 공산주의도 자유주의도 복지국가에 접근하고 있다고 보고 있으므로[17] 남한은 물론 북한도 그렇게 갈 것이고 가야 할 것으로 보는 듯하다.

그러나 이는 위 견해가 문제점으로 여긴 자유주의의 모습, 즉 자유주의 '경제'가 권위주의적인 강한 '국가'와 연합하고 있는 것[18]이 아닌가? 그렇다면 복지국가라고 하는 권위주의가 강한 '국가'를 자유주의에 반하는 것으로 거부해야 하는 것이 아닌가? 복지국가는 자유주의가 아니라 민주주의에서 나오는 것임을 우리는 다시 주의할 필요가 있다. 특히 최근 대두하고 있는 신자유주의라는 것이 복지국가를 거부하는 점을 주의할 필요가 있다. 그럼에도 자유주의를 복지국가라고 함은 자신의 독특하고 주관적인 자유주의론일지는 몰라도 객관적인 자유주의론이라고 할 수는 없다.

위 견해는 선진국에 따라 우리나라 "국민이 자발적으로 신봉할 정치이념은 자유주의밖에 없"는데도 우리나라 자유주의에는 문제가 많다고 한다. 그중 가장 중요한 것은 자유주의에 대한 여러 가지 오해와 푸대접이라고 한다. 특히 자유주의를 "앞장서서 적극적으로 실현해야 할 재산과 교양이 있는 사람들도 자유주의를 의식적으로 푸대접하고 있으니 일반 국민이 방향 감각을 잃고 우왕좌왕하고 민중이 연대 감각을 잃어 결국 필요 없는 낭비만이 누적되는 것은 당연한 이치"[19]라고 한다. 이는 자유주의가 본래 재산과 교양이 있는 사람들인 중산층(부르주아)에 의해 주도되었고 그들이 일반 국민을 계도하여 자유주의를 수립했다는 식의 서양의 역사적 경험에 대한 판단에서 나온 말이다. 이와 반대로 한국에서는 중산층이 자유주의를 푸대접하여 국민이 방황해 "6·29 이후 급작스런 사상적 혼란"[20]이 생겨났다고 본다.

위 견해가 말하는 "6·29 이후 급작스런 사상적 혼란"이 무엇을 말하는 것인지 정확하게 알 수는 없으나 1987년 6월 29일 대통령 직선제 개헌이 있었고 그뒤 노동운동을 비롯하여 여러 사회운동이 생겨났음을 누구나 부정할 수 없다. 그래서 나는 6·29 이후의 민주화를 부정적인 혼란이 아니라 긍정적인 정상의 회복, 즉 자유의 증진으로 본다. 이러한 참정권의 확대는 자유주의 서양의 19세기에도 일어난 현상이었고, 이는 서양의 부르주아가 자유주의를 푸대접해서가 아니라 자본주의를 핵심으로 하는 자유주의를 고집한 부르주아의 자유주의에 대항해 민중이 민주주의를 주장하여 자유주의가 양보해 이루어진 것이며, "급작스런 사상적 혼란"이 아니라 지극히 당연한 역사적 발전의 추세라고 봄이 옳다.

자유와 자유주의에 대한 또하나의 오해

위에서 언급한 견해는 1991년 한국에서 나온 저서의 견해다. 그 저서에서 소개된 서양인의 책 중에 그레이의 『자유주의』가 있는데 이 책은 1986년에 제1판이 나왔다가 1995년에 제2판으로 나오면서 자유주의에 대한 입장이 우호적인 것에서 비판적인 것으로 근본적 내용이 바뀌었다. 저자는 그 이유로 소련권의 붕괴 등을 들었다.[21] 앞에서 예로 든 한국인 저서는 같은 이유로 자유주의를 찬양했으나 서양에서는 같은 이유로 자유주의를 비판한 것이다.

소비에트 붕괴로부터 전개되기 시작한 사건들은, 서구의 자유주의 사고와 제도의 보편적 승리를 미리 보여주는 것과는 거리가 있으며, 후쿠야마가 채택한 역사적 시각보다는 좀더 장기적인 역사적 시각에서 볼 때 이런 사건들은 서양의 쇠퇴기를 나타내는 서곡이 될 것으로 보인다. (…) 그것은 역사의 종말이 아니라 역사의 시작이며, 그 형태는 다시 마르크스주의적인 형태가 되지 않을 것 같고, 마찬가지로 자유주의적인 형태도 되지 않을 것 같다.[22]

물론 서양에는 이런 책만 있기는커녕 도리어 후쿠야마처럼 자유주의를 찬양하는 책이 더 많음이 분명하다. 그러나 설령 서양에서 그러하다고 해도 비서양에서는 서양 자유주의에 대해, 특히 그 제국주의적 성격에 대해 비판하는 것이 옳다.

앞의 한국인 저서가 "근세 세계사를 창출해냈고 계속 세계사의 정통을 발전시켜야 할 역사적 책무가 자유민주주의에 있다면 자유와 자유주의의 가치와 이념에 관한 연구가 어찌 한낱 아카데미즘의 관심의 대상에 머물겠는가. 그것은 새 역사를 창조하기 위한 역사적 경험의 내면화의 중요한 작업이기도 하다"[23]라고 기염을 토한 반면 뒤의 서양인 저서에는 다음과 같은 말이 나온다.

이제 나는 자유주의적 실천의 토대를 탐구하는 것이 무의미하며 불필요하다고 생각한다. 자유주의 정권은 바람직한 보편적 통치 형태와는 거리가 멀고, 단지 근대 후기 또는 탈근대의 초기에나 정당화될 수 있는 제도들의 일부에 불과하기 때문이다. (⋯) 나는 이제 탈자유주의나 다원주의의 관점에서 자유주의 정권은 단지 정당한 정치 형태들 중의 한 유형에 불과하며, 따라서 자유주의적 실천이 특별하거나 보편적인 권위를 갖고 있는 것이 아니라고 주장한다. 어떤 정권이 정당한지의 여부는 그 정권이 자국 국민들의 문화적 전통과 얼마나 연관되어 있는지, 그리고 자국 국민들의 욕구를 얼마나 충족시켜주고 있는지에 달려 있다. 이런 평가 기준에 비춰볼 때 자유주의 정권이 항상 우위를 차지했던 경우는 거의 없을 것이다.[24]

나도 위 견해에 기본적으로 찬동한다.[25] 그러나 자유주의 정권이 20세기까지 서양에서 특별했던 것임을 인정함과 동시에 그 정당성에 대한 비판이 필요하다고 보는 점에서 그레이와 의견이 다르다. 마찬가지로 자유주의적이지 않은 정권이 자국의 문화적 전통이나 국민의 욕구에 의해 정당화될 수도 없다고 생각한다. 가령 독일의 나치가 독일적 전통이나 독일 국민의 투표에 의한 절대 지지로 성립되었다고 한다면 그것을 정당한 정권이라고 할 수 있겠는가?

나는 한국을 비롯한 비서양 나라들이 서양의 자유주의를 보편적인 진리로 오해하여 따를 수도 없고 따를 필요도 없다고 했다. 그러나 자유주의가 아닌 자유를 고려할 가치는 있다. 더욱이 우리 사회에는 자유가 사유로 오해되는 지극히 천박한 자유론 내지 자유주의관이 범람하고 있기 때문이다.

프랑스의 부르카 금지

2010년 '톨레랑스'를 자랑하는 프랑스에서 이슬람교도들의 부르카 착용을 금지하는 법을 상하원에서 절대 다수로 통과시켜 2011년부터 시행에 옮겼다. 차기 대선에서 이슬람에 반대하는 우파의 표를 얻기 위한 술책이라고 비판하는 견해도 있었지만 사르코지는 국가의 통합을 위한 조치라고 주장했고 공산당 의원을 포함한 대부분의 의원들이 이에 찬성했다. 이 문제는 어제오늘의 문제가 아니다. 1989년 어느 중학교에서 3명의 이슬람 여학생이 부르카를 착용하고 등교하자 교장이 그 학생들에게 수업을 받지 못하게 한 뒤로 프랑스 전역에서 격렬한 논쟁이 벌어졌다. 이슬람교도나 일부 프랑스인은 오랫동안 이를 표현과 종교의 자유 침해라고 주장해왔지만 정교분리라는 헌법 원칙에 의해 2004년 히잡 착용 금지법이 통과되고 시행되었다. 당시 기독

• 부르카를 착용한 여인들. 부르카는 머리에서 발목까지 신체의 모든 부위를 가리는 이슬람 여성들의 전통 복식이다.

교도의 십자가 착용도 금지하라는 비판이 제기되기도 했으나 먹히지 않았다. 그나마 히잡 착용 금지법은 공립학교에서 히잡 착용을 금지한 것이지만 부르카 금지법은 모든 공공장소에서 부르카 착용을 금지한 것이어서 더욱 심각하다.

 프랑스에 사는 이슬람인이 600만 명에 이르지만 부르카를 착용하는 여성은 2000명에 불과해서 별문제가 안 된다고 보는 입장도 있지만 그 법의 상징성은 매우 크다. 대부분의 프랑스인들이 주장하는 바는 정교분리라는 자유주의의 원칙이다. 또 히잡이나 부르카가 이슬람 여성에 대한 억압과 종속을 상징한다는 것이다. 그러나 이슬람 여성 운동가들은 부르카 착용을 금지하는 서양의 문화제국주의와 싸우는 동시에 이슬람 사회의 종속과도 싸운다는 이중적 입장에서, 이슬람 여성들이 억압과 차별이라는 문제가 아니라 종교에 몸을 바치는 원리주의에 빠져 있다고 비판한다. 따라서 이 문제를 단순하게만 볼 수 없다. 프랑스에 사는 이슬람 여성들은 거리에서 남성과 말하는 것만으로도 매춘녀라고 불리고, 결혼 전에 처녀성을 상실하면 가족의 명예를 위해 북아프리카로 돌아가야 할 정도다. 처녀성을 잃기 전 이른 나이에 결혼을 강요당하고 집에서는 가사 일체를 도맡아 공부는 생각도 못한다고 한다.

2014년 7월 1일, 유럽인권법원은 부르카 금지법이 종교의 자유를 침해하지 않는다는 판결을 내렸다. 다양한 사람들이 함께 사는 사회에서 '얼굴'은 사회적 상호작용에 중요한 역할을 하기 때문에 공공장소에서 얼굴 가림을 규제할 필요가 있다는 이유에서다.

우리나라에서 여전히 베스트셀러인 『정의란 무엇인가』의 저자 샌델은 프랑스나 이슬람 사회에서는 별로 인기가 없는 듯하지만 종교적 공동체의 유대를 강조하는 그의 입장에서는 히잡이나 부르카의 착용을 금지한 것에 반대할 것 같다. 그러나 그가 프랑스라는 공동체의 통합을 강조하는 사르코지의 주장에 찬성한다면 그 법들에 찬성할 듯도 하다. 이에 대한 그의 입장을 알 수 없으니 함부로 단언할 것은 아니지만 이론상 그렇게 상반되게도 볼 수 있다는 것이다.

나는 정교분리를 주장하는 자유주의나 집단적 유대를 강조하는 공동체주의 모두에 반대한다. 표현과 종교의 자유도 정교분리 원칙에 의하는 한 크게 설득력이 없다. 나는 민주주의 사회에서는 종교에 중립적인 공공성의 이상이 위협되는 경우라고 해도 허용하여야 하고 다양한 생활양식에 대한 비판적 검토가 행해져야 한다는 점에서 프랑스의 부르카 금지법은 부당하다고 본다. 민주주의란 처음부터 어떤 특정한 목적을 내세워 수단을 합리화하는 것이 아니라 다양한 가치를 낳기 위한 토대를 형성하고 그 위에서 각자의 삶의 방식을 문제로 삼고 이를 끝없이 검토하면서 변화를 추구하며 살아가는 것이다. 따라서 복장이라는 생활양식의 문제는 정교분리의 원칙에 대한 예외로 인정되어야 한다.

게다가 프랑스는 사실 정교분리에 철저한 나라가 아니라는 점을 주의해야 한다. 1905년 이래 프랑스 가톨릭교회는 지방자치체에 의해 소유되고 관리되어왔고 가톨릭 사립학교에도 국가가 재정지원을 계속해왔다. 또 정교분리라고 하면서도 종교를 정치에서 배제하지 않고 도리어 여러 종교를 평등하게 지원하는 정책을 실시해왔다. 따라서 이슬람교에 대해서만 특별한 금지 조치를 취하는 것은 그런 정책과 모순되는 차별이라고 볼 수 있다. 신부나 수녀, 유대교도나 불교도가 공공장소에서 특별한 복장을 하는 것도 금지하는 것이 옳을지도 모른다. 그런 정책은 오랜 식민지 통치의 잔재이기도 하고 프랑스 근대의 강력한 중앙집권주의의 잔재이기도 하다. 따라서 프랑스에 결여되어 있는 것은 사르코지가 주장한 동화나 통합이 아니라 다양성을 인정하는 사회적 혼성의 공존이고 이를 실천하기 위한 민주적 실험 정신과 그 공간의 존재다. 물론 이는 프랑스만의 문제가 아니다. 특히 이런 점에서 유독 프랑스를 닮은 듯한 우리의 문제이기도 하다.

4부

왜 자유를 말해야 하는가
—한국 사회와 자유

왜 자유인가? 한국에서는 사유가 바로 자유이기 때문
이다. 지금 한국을 자유 국가니 자유주의라고 하듯이
자유란 말은 엄청나게 많이, 매우 자주, 너무나도 중요
하게 사용되면서도 정작 그 의미는 철저히 오용되고 있
다. 한국에서 자유란 내 마음대로 소유하고 소비하며
향유하는 등의 행위를 뜻한다고 해도 과언이 아니다.

한국 교육 비판

교양과 자유

왜 자유인가? 요즘 교양이라는 말이 회자되고 있다. 나는 자유야말로 교양이어야 한다고 생각하지만 한국에서는 그 점이 철저히 무시되고 있다. '교양(教養)'이라는 한자어 자체는 '가르쳐 기름'이라는 뜻이지만 일반적으로는 '사회생활이나 학식을 바탕으로 이루어지는 품행'이나 '전문적 분야의 학문이나 지식'을 뜻한다. 그러나 대학에서 전공과목 외의 과목을 교양과목이라고 하는 경우에는 전문 분야의 학문이나 지식 외의 것을 뜻하기도 한다. 교양의 일부로 인문이라는 말도 유행하고 있다. '인문(人文)'이라는 한자말은 인류의 문화를 줄인 말이라고도 하지만 인문과학이라고 하는 경우 사회과학이나 자연과학 등과 구별되는 말이기도 하며 인문주의라고 하는 경우에는 르네상스에 대두한 휴머니즘(humanism)의 번역어이기도 하다. 이처럼 그 말은 다양하게 사용되어 뜻이 하나이지 않다.

그런데 서양, 특히 프랑스에서는 오랫동안 교양(civilité)이라는 말이 라틴어의 문명(civilitas)과 동의어였다. 즉 르네상스 사상가인 에라스뮈스(Desiderius Erasmus, 1466~1536)의 『아동 행동의 교양에 대하여 De Civilitate Morum Puerlium』(1530)가 프랑스어로 번역된 뒤 교양이라는 말은 문명화된 행동을 규정하고, '야만' '전제주의'와 문명 사이의 대조를 창조하는 데 결정적인 용어가 되었다.[1] 여기서 야만을 문명과 대응시킨 것은 물론 제국주의적인 것이었고 오늘날 우리 사회에서 교양이라는 말이 '점잖음' '정중한' '우아한' '상냥한' '본때 있는' '세련된' '품위'나 '예의' 등을 뜻하고 '촌스러움'과 반대되는 것과 같은 의미도 부여되었다. 경우에 따라서는 귀족의 덕목을 뜻하기도 했다. 그러나 문명이 전제주의에 대응되었다는 점은 긍정적으로 평가될 수 있다.

18세기에 몽테스키외는 인간의 악덕을 억제하고, 따라서 사회의 타락을 방지하는 도덕관, 즉 스스로 부과한 규칙과 '교양'을 연관시켰고 루소는 구시대의 '예의'를 경멸하고 시민적 덕목만이 정당한 국가, 즉 공화국을 창조할 수 있다고 주장했다. 그뒤로 공화주의적 교양이라는 개념이 프랑스혁명 전후에 생겨나 자유 그리고 평등과 연관되었다. 자유는 무엇보다도 전제주의나 봉건주의에 반대되는 말이었다.

여기서 주목할 필요가 있는 것은 새로운 자유의 교양이 구시대 귀족의 교양과는 전혀 다른 것으로 주장되었다는 점이다. 아니 구시대 귀족의 궁중 예법으로서의 교양은 무교양으로 비판되고 새로운 '교양'은 인민이 어떤 식으로든 왕에게 예속되어 있다는 생각을 국왕이나 귀족 등의 지배층이 버릴 것을 요구했다는 점이다. 당시의 책에 나오는 아버지와 자녀의 대화를 읽어보자.

> 아버지: 모든 이들 사이에 상호 존중을 확립하려는 '교양'은 자연법처
> 럼 타인들이 우리에게 하도록 바라지 않는 것을 그들에게 행하지 말라
> 고 규정한단다. 교양은 인간을 의지로 이끌고 그의 자유를 보존하지.
> 아들: 아빠, 자유[의 창조] 이전에 산 사람들에게는 '교양'이라는 관념
> 이 없었나요?
> 아버지: 확실히 대답할 수 있단다. 전제주의 정권에서는 '교양'은 금지
> 되고 미덕은 드물었단다.[2]
>
> (…)
>
> 딸: 아빠, '교양'이 무엇인지 말씀해주세요.
> 아버지: 아이들아, 그것은 부드럽고 정직한 인간관계를 확립하고, 이중
> 성이나 꾸밈이 없는 공손한 예절을 창출하는 덕목이란다. '교양'은 시
> 민이 겉으로 드러나는 모습을 확립하는 것 이상을 한단다. '교양'은 시
> 민의 영혼을 안내하여 그를 사회적 존재로 만들어주기 때문이지.[3]

위 책의 저자는 이어서 교양만이 '자신 이외의 어떤 지배자도, 인
민의 권력 이외의 어떤 권력도 인정하지 않고, 모든 제도가 공동의 이
익을 위해 작동하는' 국가를 창설할 수 있게 한다고 했다. 프랑스혁명
직후인 1796년에 나온 『공화주의적 교양*La Civilité Républicaine*』에서
는 다음과 같이 말했다.

> 권력, 신분, 또는 재산에 따라서만 자신을 규정하고 타인에 의해 규
> 정되는 시대에는 사교에 있어 예의 있는 행동의 모든 미묘한 차이들을

배우는 데 많은 노력이 필요했다. 오늘날 타인과의 관계에서는 자유롭고, 겸손하고, 확고하고, 자신의 말에 충실한 것이라는 단 하나의 규칙만 따르면 된다.[4]

그러나 프랑스혁명 후 나폴레옹이 대두함에 따라 공화주의적 교양은 사라지고 과거의 귀족주의적 예의가 부활했음을 다음과 같은 언급에서 볼 수 있다.

> 백성의 한 사람으로 [사회적으로 간주되는] 단순한 농부조차 '교양'을 드러낼 수 있는 반면 '예의'는 상류사회 사람들에게 한정된다. 문화적으로는 '교양'이 저급한 양육과 양립 가능한 반면 '예의'는 탁월한 양육을 전제한다. 도덕적으로는 '교양'이 관습을 따르는 것에 불과하기에 열등한 반면 '예의'는 진정으로 예의바른 사람의 세련된 감정과 섬세한 영혼을 요구한다.[5]

프랑스혁명 이후 프랑스 사회는 오늘날까지 그러한 '교양'과 '예의' 사이에서 갈등을 거듭해왔다. 아니 고대 그리스 이래 그러한 갈등은 사상사의 가장 중요한 두 갈래를 형성해왔다. 여기서 우리가 확인할 필요가 있는 것은 민주주의의 교양은 자유의 교양이라고 하는 사실이다.

19세기 말 우리가 서양의 근대 문명과 접촉한 이래 그러한 민주주의의 교양이나 사상으로서 자유의 교양과 사상을 모색했는지는 의문이다. 우리의 전통적 교양과 사상은 유교의 그것이었다. 유교가 전통사회에서는 대단히 중요했고 현대사회에서도 여러 가지 가치를 갖지만 적어도 자유의 사상은 아니었고 그 점에서 현대사상과의 접목에 문제가 있다. 따라서 근대 말 동아시아에서 유교 비판이 시작되었던 것은 당연한 일이었는데 그것이 현대 민주주의 사회에까지 이어졌는지는 의문이다. 특히 한국에서 그러했는지 의문이다.

앞에서 말했듯이 교양, 인문, 문명 등에는 여러 가지 뜻이 있지만 그 모두에 기본적으로 자유의 정신이 숨어 있음을 우리는 주목해야 한다. 즉 교양이나 인문은 지적 사치가 아니라 자유와 평등을 그 핵심으로 한다는 것이다. 여기서 자유가 교양과 인문 및 문명의 차원에서 문제가 된다는 것을 우리는 주의해야 한다.

한국 교육의 문제

왜 자유인가? 우리가 자유를 알아야 할 이유는 두말할 필요도 없이 우리의 헌법을 비롯한 사회의 기본 문서(우리가 비준한 국제인권규약 등 여러 국제법도 포함하여)에서 자유를 우리의 기본 가치로 삼고 있기 때문이다. 이처럼 자유가 우리 사회의 기본적인 믿음이라면 자유를 어려서부터 충분히 가르쳐야 한다. 그러나 우리나라는 자유에 대한 교육이 너무나도 소홀하다. 다른 나라와 달리 사회 외에 '도덕'이나 '윤리'[6]라는 이름의 교과서가 초중고교에서 가르쳐짐에도 불구하고, 그런 이름의 교과서가 자유를 무시하고 왜곡하는 경향까지 있다. 심지어 자유는 도덕이나 윤리에 어긋나는 듯이 가르치고도 있다. 여기서 헌법과 윤리의 모순이 생겨나는지도 모른다.

자유를 부정하거나 비판하는 윤리 사상은 외국에도 많지만 국가가 국정 교과서로 모든 아동에게 획일적이고 강제적으로 가르치지는 않는다. 현대사상 중에도 공동체주의 등이 그런 사상이지만 그런 것을 국정 교과서의 내용으로 삼아 가르치는 나라는 우리나라밖에 없다. 물론 한국 교과서의 공동체주의는 미국의 그것은 아니다. 명색이 한국 교과서이고 공동체주의란 공동체를 강조하는 것이니 한국이라는 공동체를 무시할 수는 없는 것이 당연하다. 그래서 각종 전통 사상이나 현실을 언급한다. 그러나 그런 것들은 자유를 비판하는 공동체주의를 정당화하고 수식하는 소재들일 뿐이다.

사실 도덕이라는 이름의 교과서가 있는 것도 문제지만 국가가 정하는 교과서가 있는 것 자체도 문제다. 즉 우리의 도덕이란 국가가 정하는 것이다. 이런 국가 도덕을 모든 아동에게 일률적으로 교육한다는 것이 자유민주주의 국가에서 허용될 수 있는 것인가? 그전에 국가가 정하는 국정, 또는 국가가 검사하고 인정하는 검인정 교과서를 아이들에게 일률적으로 교육하는 것이 자유주의나 민주주의 나라에서 허용될 수 있는 것일까? 설령 그것이 허용된다고 해도 자유를 무시하는 현행 교과서에는 문제가 많다.

가령 초등학교 1학년 1학기 『바른 생활』에서는 알아서 공부하기, 바로 걷고 앉기, 질서 지키기, 씻기, 인사하기, 맛있게 먹기를 강조한다. 1학년 2학기 『바른 생활』에도 비슷한 내용이 이어지다가 마지막에 나라 사랑으로 태극기와 애국가를 말하는데 왜 나라 사랑인지를 설명하지는 않고 무조건 그 둘을 존중하는 것이 나라 사랑이라고 강변한다. 이어 나오는 명절의 세배와 차례에 대한 설명도 마찬가지다. 2학년 2학기 『바른 생활』에는 나라의 꽃인 무궁화에 대한 이야기가 나온다.

『바른 생활』이란 과거의 『도덕』이었고 도덕이란 철학의 하나였다. 아이들에게 그런 도덕을 강변하기 이전에 왜 그런 도덕이 필요한지를 설명하고 토론을 통해 스스로 인식하게 만드는 것이 훨씬 도덕적이라고 생각하는데 교과서의 태도는 이와 정반대다. 이러한 강변, 심지어 강요된 암기식 교육은 자발적인 도덕의 함양에 전혀 도움이 되지 않는다.

심지어 도덕 교과서에는 자유라는 말이 지극히 추상적으로 매우 드물게 나온다. 6학년 『도덕』 교과서에는 자유와 권리라는 말이 두 번 나온다.

> 사람들은 누구나 똑같이 존중받아야 할 자유와 권리가 있습니다. 그러나 저마다 자기의 자유와 권리만을 주장하면, 사회는 무질서와 혼란에 빠지게 될 것입니다. 무질서를 바로잡고 모든 사람이 평화롭게 살아가기 위해서는 누구든지 법과 규칙을 지켜야 합니다.[7]

위 문장은 대단히 추상적일 뿐 아니라 대단히 위험하기도 하다. 자유와 권리가 무엇인지에 대한 설명도 없이 대뜸 그것이 위험한 것이라고 하기 때문이다. 자유가 아닌 방종이라면 그렇게 설명될 수도 있겠으나 자유와 방종의 구별에 대한 설명도 없이 무조건 법과 규칙을 지켜야 한다고 요구하기 때문이다. 이는 이어 나오는 소크라테스의 설명이 애국심과 준법정신을 강조한 것과 연결된다. 소크라테스가 악법도 법이라고 말했다는 식의 설명은 없어졌지만 그 기본적 맥락은 여전히 존재한다.

마찬가지로 중학교 도덕 교과서에는 도덕을 유교와 공동체 질서 개념으로 설명하는 내용이 대부분이고 자유와 평등에 대한 관점도 가치 갈등의 하나로 보면서[8] 과거의 유교사회에서는 그런 갈등이 없었으나 현대사회는 '개인을 중시하는 사회'로서 갈등을 빚고 있다고 본다.[9] 특히 그런 맥락에서 루소에 대해 세 쪽에 걸쳐 장황하게 설명하고 다음과 같이 묻는다. "비록 훌륭한 업적을 이룩했다고 할지라도 도덕적 삶과 조화를 이루지 못한 삶을 가치 있는 삶이라고 할 수 있을까?" 이런 물음이 과연 정당한 것일까? 이어 동양의 '수신제가치국평천하(修身齊家治國平天下)'에 비추어 그런 삶을 평가해보자고 제안하지만 그러한 제안도 정당한 것일지 의문이다.[10]

또 위 교과서에선 1970년대에 주장된 '아시아적 가치', 즉 유교적 덕목들과 정부 주도의 개발 모델이 '21세기에 가장 적합한 가치관'이라는 호평을 받았다고 소개하고 있다.[11] 이를 통해 교과서의 자유론이 무엇인지 쉽게 알 수 있다. 그 하나의 예로 '기업의 가족화', 즉 "근로자와 기업주는 편협하고 자기만을 생각하는 이기주의를 버려야" 하고 "가정과 사회, 국가를 위해 진정한 노사 화합과 협력을 이룩해야 한다"[12]는 것이다. 이는 원론적으로 반드시 부당한 말은 아니지만 "다른 회사가 정리 해고 등으로 분규를 겪는 것"을 부정적으로 볼 우려가 있다.

고등학교 『도덕』 교과서도 마찬가지다. 그것은 자유를 서양 사회의 것으로 말하면서 "각자의 권리를 내세우는 것도 중요하지만, 자신의 의무를 다하는 것도 그에 못지않게 중요하다"[13]고 역설한다. 이어 롤스의 견해를 인용하면서[14] 새마을운동의 근면·자조·협동의 정신을 "우리나라뿐만 아니라 인류의 번영을 기약하는 공통의 덕목"[15]이라고 하고 이를 통해 '수신제가치국평천하'의 이상을 이룩할 수 있다고 한다.[16] 롤스와 새마을운동을 연결시키는 논리의 비약도 문제일 뿐만 아니라[17] 새마을운동에 대한 비판적 언급이 전혀 없어 문제다.

고등학교 『윤리와 사상』 교과서 비판

고등학교 『윤리와 사상』 교과서는 앞에서 말한 모든 도덕 교과서의 근거가 되는 책인 듯하다.[18] 그 골자는 "서양의 개인주의는 물질문명 속에서 인간을 소아(小我)로 만들면서 위기를 맞게 되었고, 자기를 상실한 현대인이 그 본래의 모습을 회복하기 위해서는 소아의 굴레에서 벗어나 대아(大我)를 지향하는 동양의 공동체성을 확립하는 것이 필요하다"는 주장에 있는 듯하다. 여기서 소아란 '나'를 위해서 사는 것이고 대아란 '우리'를 강조하는 '가족주의적 경향'을 말한다.[19]

그런데 고등학교 『윤리와 사상』 교과서는 자유주의를 개인주의적 사회사상으로 보는 반면, 집단주의적 사회사상을 민족주의와 사회주의로 분류하고[20] 동양 사상에 대해서는 그 어느 것도 아닌 공동체주의의 하나로 보는 듯하다. 그리고 자본주의나 민주주의도 개인주의로 다루는 듯하지만, 집단주의 가운데 사회주의를 철저히 비판하고 부정하는 대신 민족주의에 대해서는 비판적이면서도 긍정적으로 평가한다. 이런 식으로 위 책은 자유주의, 자본주의, 민주주의, 민족주의를 교묘하게 결합시켜 나름의 공동체주의로 귀결하고 있다.

이는 "모든 인간의 자유와 평등 및 존엄성이 존중되고, 경제적 분배 정의와 정치적 민주주의 그리고 다양성이 인정되는 다원주의 사회"[21]가 이상 사회라고 하면서도 민족주의 내지 국가주의를 강조하는 점으로도 알 수 있다. 상식적으로 그런 이상 사회란 자유주의나 자유민주주의 또는 '복지자본주의' 또는 '자유주의적 공동체주의'[22] 사회일 것이고 그런 사회가 민족주의 내지 국가주의와 결합한다는 것이 어렵게 생각되지만 이 책은 이를 교묘하게 결합한다.

나아가 위 책은 '현대사상의 주된 흐름'이 "개인주의와 공동체의식의 조화와 균형을 모색하는 것"[23]이라고 하고 그 방향을 복지주의, 개방주의, 생태주의 등의 복합으로 보아[24] 내용을 더욱 복잡하게 만든다. 이는 '현대사상의 주된 흐름'을 모두 결합시켜놓은 것처럼 보이기도 한다. 현대사상이란 이렇게 결합시킬 수 있는 것일까? 그렇다면 왜 현대사상 자체는 그렇게 결합되지 않을까? '현대사상의 주된 흐름'은 서로 대립하는 것임에도 교과서에서는 그것을 멋대로 결합시켜도 무방한 것일까? 게다가 이런 것의 한국의 전통 사상인 3교(유불선)의 융합이나 원효식의 원융회통(圓融會通)이라고 합리화해도 무방한 것일까? 서양의 좋은 것을 모두 가져다 결합시키면 가장 훌륭한 것이 되는 걸까? 위 책은 현대사상만이 아니라 서양 사상 전반을 설명하는데 그런 요점식 정리가 학생들에게 무슨 소용이 있는 것일까? 왜 학생들에게 사고거리와 토론거리를 주지 않고 복잡한 암기거리만 주는 것일까? 이는 프랑스의 고등학교 철학 교과서에 비해 너무나도 비철학적이다.

내용에도 문제가 많다. 민족주의를 설명하면서 그 예로 나치즘이나 파시즘을 들면서도[25] 그 속성을 "평등의 실현, 자유의 추구, 그리고 자율과 자치"[26]라고 하여 도대체 파시즘을 포함한 민족주의를 그렇게 보아도 좋은 것인지, 파시즘과 자유주의나 자유민주주의가 어떻게 다른지 알 수 없게 한다. 그러면서도 나치즘과 스탈린주의가 집단

주의적 전체주의로서 민주주의 발달을 가로막았다고 하지만 그 이유 설명이 분명하지 않다.[27]

또 위 책은 위에서 말한 서양의 개인주의의 '위기'에 대응한 '동양의 공동체성' 확립과 함께 자본주의의 이기주의에 대응한 '유교 윤리'의 '절제와 검약의 정신, 자손들을 위하여 자신을 바치는 희생정신'에 의한 자본주의의 발전[28]이 필요하다고 주장하여 공동체주의 내지 민족주의의 요소를 강조한다. 그러나 유교 윤리가 그렇게만 찬양되어도 좋은 것인가? 그러면서도 본래 사회성을 강조한 자유주의에 대한 올바른 이해를 주장하기도 하여 어지럽다.[29]

나아가 '인간 존엄성'을 동서양 윤리 사상의 기초로 보고 그 근거를 "인간은 자신을 스스로 대상화할 수 있는 존재"이고 "인간은 자신의 자유의지에 따라 스스로 옳다고 믿는 바를 행동으로 옮길 수 있는 도덕적 주체"라는 점에서 구한다.[30] 그러나 이러한 근거를 동서양 공통의 것으로 볼 수 있을지 의문이다. 적어도 자유의지라는 개념은 서양의 개념이다.

위 책은 앞에서 보았듯이 서양의 소아가 아닌 동양의 대아를 주장했다가 뒤에서는 '위대한 합리주의', 즉 서양의 "합리적 정신이 개인적 이익을 위해서 사용되지 않고 사회 전체를 위해서 발휘된다면, 서양의 합리주의는 동양적인 인, 예와도 쉽게 융합될 수 있을 것"[31]으로 본다. 그러나 이는 그 책이 서양의 합리주의에 근거한 자유주의는 본래 사회성을 갖는 것이므로 우리가 그 본래성을 이해하면 현재의 이기주의 문제를 극복할 수 있고 바람직한 윤리 사상을 확립하게 한다고 본 것[32]과 모순이 아닌가?

위 책은 그 동서양 조화의 가능성을 한국 전통의 유불교 3교의 조화성이나 원효의 화쟁 사상에서 찾는다. 그러나 그런 경우의 조화가 반드시 동서양 사상의 조화를 결과하리라고 낙관하기는 어려울 것이고 경우에 따라서는 억지 결합일 수도 있다. 여하튼 위 책이 지향하는 바람직한 국가 사회는 '민주적 도덕 공동체'[33]이고 이를 위해서는 구성원 모두 '열린 마음', 즉 "나를 공동체에 소속시키고 공동체를 내 속에 받아들여야"[34] 한다고 본다는 점에서 다시 공동체주의 내지 민족주의로 흐른다. 그런데 그 마음의 문은 좀처럼 열리지 않지만 인간은 진선미를 각각 추구하는 '이성' '의지' '감정'이라는 잠재력을 가지고 있으니 "충분히 열어줄 수 있다"[35]고 하여 다시금 칸트를 비롯한 서양 사상가들이 끝없이 주장한 것으로 돌아간다.

위 책이 결국 주장하는 것은 '질서 안에서의 자유'[36]이고 롤스의 차등성 원리에 따른 차별 속의 평등,[37] 즉 기회의 균등에 입각한 자유민주주의이다.[38] 그렇다면 동양 사상에 대한 복잡다단한 논의는 무슨 의미를 갖는 것일까? 나아가 위 책은 '한국의 진로와 민족적 과제'라는 결론에서 국가 정체성, 즉 '국가 소속 의식' '국가에 대한 헌신과 개인적 희생정신'[39]의 확립을 주장하는데 이러한 언급은 자유민주주의와 어떻게 조화되는 것일까? 그 정체성이란 "한 국가의 영토 안에 살고 있고 같은 국적을 지녔다는 점"에서 국민이라는 것에 근거할 수도 있지만 "그들 모두가 동일하게 국가를 사랑하여 믿고, 또 일체감을 느끼는 국민이라고 말할 수 없"으므로 국민이란 "개인의 심리적이고 내적인 조건"에 의한 것이라고 한다.[40] 그러한 내적인 조건의 하나가 그 책에서 강조되는 동양 사상 및 한국 사상이고 민족주의일지 모른다. 위 교과서는 '미래 한국을 위한 준비'로 시민의 민주적 참여 문화를 주장하며 통상의 제도적 참여와 함께 집단행동도 인정한다.[41]

그러나 이러한 결론은 앞에서 말한 공동체주의, 새마을운동, 가족 공동체, 국가주의 등과 어떻게 연결되는 것일까?

정의에 대한 특별한 강조가 없는 점도 눈에 띈다. 방대한 색인에도 그 말은 나오지 않는데 이 책에서 정의에 대한 언급은 '민주 사회의 덕목'의 하나로 공정성을 사회정의의 기초라고 하는 데에서 처음 나온다. 그런데 이를 "같은 고향 사람이기 때문에 잘못을 저질러도 두둔하는 것"이 "정의감에 상처를 주고 사회질서를 파괴하는 결과를 가져온다"고 설명한다.[42] 이어 플라톤이 "철학자가 통치하는 정의로운 국가를 제시"했고[43] 카뮈가 "이데올로기에 대한 광신적인 헌신보다는 정의"[44] 등을 강조했다고 한다. 그리고 이상 사회의 조건으로 분쟁 해결을 위한 정의로운 원칙이 필요하다고 한다.[45] 나아가 유교의 의(義)를 사회적 정의로 본다.[46]

이상의 정의에 대한 설명과 조금은 다른 설명이 경제적 차원의 정의에 대한 것인데 이는 '자본주의의 인간화'를 설명하면서 그것이 "개인주의와 함께" 공동체 의식 등을 필요로 하고 그것이 교육이나 시민 활동으로 전개되어 "높은 생산성과 공정한 분배가 동시에 추구될 수 있으며, 결국은 자본주의 사회의 정의가 실현될 수 있다"[47]고 하는 데에 처음 나온다. 이어 마지막에 '민주적 공동체의 구현'을 설명하면서 '정의와 복지'라는 항목에서 공정한 배분과 관련되어 그 대상으로 아리스토텔레스는 명예와 금전, 마르크스는 물질적 부, 롤스는 사회적 기본가치를 강조했다고 하며 롤스의 정의의 원리를 간단히 언급하면서 그의 사망 소식을 전한 신문 기사를 싣고[48] 이는 다시 반복된다.[49]

그러나 이 책의 결론인 '한국의 진로와 민족적 과제'의 하나로 '정의와 책임'을 언급하며 정의에는 객관적인 것과 주관적인 것이 있다고 하면서[50] 객관적 정의란 '서로 협력하고 갈등한다는 점을 고려한 것'이고 주관적 정의란 '타인과의 관계에서 취하는 삶의 태도'로서 '정치적 공동체가 불법적인 상태로 전락하는 것을 막아준다'고 하는데 왜 그런지 이해하기 어렵고 앞에서의 설명과 연결시키기도 쉽지 않다.

나는 이러한 자유주의, 자본주의, 민주주의, 민족주의, 집단주의, 공동체주의 등이 복잡다단하게 얽힌 독특한 위 책의 사상적 논의를 도저히 이해하기 어렵기 때문에 한국의 고등학생들이 과연 제대로 이해할지 의문이다. 그래서 내 나름으로 위 책의 내용을 좀더 보완하여 설명해보고자 한다.

정당 정강 비판

초중고 12년 동안 우리나라 학생 모두가 공동체 중심의 질서 개념을 도덕 윤리로 교육받고 그것이 가정, 군대, 직장을 통해 더욱 공고해져 우리 사회를 집단주의 내지 국가주의로 만든다는 점에 대해 나는 우려한다. 여기서 문제는 자유라는 개념이 소홀히 여겨지는 것만이 아니라 국민들에게 자유주의나 민주주의에 대한 개념을 부정적으로 인식시키고 그것을 제대로 숙지시키지 못해 결국은 엄청난 자유의 타락을 초래한다는 점이다.

이러한 경향은 현 집권당인 새누리당의 개정 이전 구(舊) 정강 전문에 "열린 민족주의를 진작하는 공동체 자유주의의 실천이 참된 방향

임을 천명한다"는 등 공동체 자유주의라는 말이 자주 나온다는 것과
도 관련된다. 여타의 정당 정강에도 그 보수성이나 진보성에 관계없
이 공동체라는 말은 자주 나오지만 특히 새누리당 정강의 경우 공동
체와 자유주의를 접목시켰다는 점에서 다른 정강과 달리 자유주의를
지향한다는 점이 다르다. 이는 위에서 본 고등학교 『윤리와 사상』 교
과서에서 '자유주의적 공동체주의'[51]라고 한 것과 유사한 것인데 같
은 사람이 단어의 순서만을 바꾸어 만든 것인지 아닌지는 알 수 없지
만[52] 교과서가 새누리당 정강과 유사하다는 것은 놀라운 일이다. 이
는 우연의 일치일까? 아니면 필연의 일치일까? 분명한 것은 둘 다 우
리나라의 보수를 대표한다는 점이다. 정당이야 보수든 진보든 자유롭
게 선택할 수 있는 것이지만 교과서가 보수를 대표한다는 것이 가능
한 일일까? 이것이 교과서를 특정 대학 학부가 독점하기 때문에 빚어
진 일이라면 이를 허용해도 좋은 것일까?

　더 큰 문제는 그 내용이다. 새누리당 정강은 공동체 자유주의를 다
음과 같이 규정한다.

　　우리는 자유민주주의와 시장경제의 틀을 굳건히 하면서, 자율과 책
　　임, 분권과 창의, 개방과 경쟁, 인간의 존엄성과 생태 환경 보전, 양성
　　평등, 열린 민족주의를 진작하는 공동체 자유주의의 실천이 선진화의
　　참된 방향임을 천명한다.

　위에서 보듯이 결국 공동체 자유주의란 자유민주주의와 시장경제
를 핵심으로 한 자유주의를 말하는 것으로 그 앞에 붙인 '공동체'의
의미는 무의미한 것이다. 이는 "큰 시장, 작은 정부의 기조에 입각한

활기찬 선진 경제"[53]라는 정강의 말로 요약되는데 이는 당시 같은 보수 정당이었던 자유선진당의 정강에서도 볼 수 있었다. "큰 시장, 작은 정부"라는 새누리당이나 자유선진당의 강령은 전경련이 1996년에 설립한 자유기업센터를 개편한 자유기업원이나 2004년에 설립된 자유주의연대의 강령에서도 볼 수 있다. 이는 하이에크류의 신자유주의에 따른 것이지만 그 어떤 신자유주의도 사실은 "큰 시장, 큰 정부"의 결합임을 우리는 알고 있다.

그런데 새누리당 정강 가운데 "가족을 사랑하고 아끼며 스승을 존경하는 우리 민족의 아름다운 관습과 상부상조 및 경로 효친의 미풍양속을 고취하기 위해 최선을 다한다"는 구절이 다른 정당의 정강에서는 볼 수 없어서 주목된다. 앞에서 본 교과서들의 내용과 반드시 합치된다고 볼 수는 없어도 이는 현재 한국의 어떤 다른 정당의 정강보다 교과서의 내용에 가깝다고 할 수 있다. 그러나 그것이 어떤 식으로 현 정권이나 여타의 정권에 의해 구현되었는가?

교과서에서 말하는 '현대사상의 주된 흐름'

앞에서 보았듯이 고등학교 『윤리와 사상』 교과서는 '현대사상의 주된 흐름'이 "개인주의와 공동체 의식의 조화와 균형을 모색하는 것"이라고 하며 롤스 등을 소개하지만 어쩌면 롤스보다는 시장의 자유를 확대하려는 신자유주의가 국가 충성심을 강조하는 보수주의와 결합한 미국의 '현대 사회사상'이나, 롤스에 반대하는 공동체주의 등의 미국 '현대 사회사상'을 반영한 것이 아닌지 모르겠다. 그러나 그 어느 것과도 반드시 일치하지 않는다. 왜냐하면 미국의 '현대 사회사상' 모두를 결합시키고 있기 때문이다. 따라서 위 교과서의 사상은 정체불명이고 국적 불명이다.

미국의 '현대 사회사상'이라는 것을 언제부터 어느 정도까지의 것으로 보아야 하는지는 문제이지만 1970년대 이후의 것으로 본다면, 이는 앞에서 설명한 벌린이 '적극적 자유'에 대응해 '소극적 자유,' 아렌트가 '사회적인 것'에 대응해 '정치적인 것,' 또는 푸코가 근대사회의 '생(生)권력' '규율권력'에 대응해 '자기에의 배려'를 주장하면서 목표로 삼은 것이 자유(자립)이고 다양성(복수성)이었던 이유가 사회적 연대나 통합의 과잉으로 해석된 전체주의에 대항한다는 의미를 갖는 것이었음에 반해, 1970년대 이후에는 자유와 다양성을 보장하면서도 격차 문제 등으로 인해 발생한 연대나 통합의 부족이 문제되어 생겨난 것이었다고 할 수 있다.

그러나 시장의 자유를 확대하려는 신자유주의가 국가 충성심을 강조하는 보수주의와 결합하였던 대처(Margaret Hilda Thatcher, 1925~2013)나 레이건류의 보수적 신자유주의는 종교적·민족적 분쟁을 격화시키고 이민을 배척한 결과 자유와 다양성의 요청에 응할 수 없었고, 동시에 빈부격차를 격화시켜 연대의 요청에도 응할 수 없었다는 점에서 파탄을 면치 못했다고 평가하지 않을 수 없다.

위 교과서의 태도가 레이건류와 다른지 의문이지만 만약 다르다고 하면 다음으로 유사한 '현대사상의 주된 흐름'이라고 볼 수 있는 것이 위 고등학교 『윤리와 사상』에서 '복지 자본주의' 또는 '자유주의적 공동체주의'[54] 사회라고 한 것이다. 위 교과서는 이를 "개인의 자유로운 경제활동과 시장 제도라는 자본주의 본래의 원칙을 지키는 바탕

• 1984년 대처의 광산 폐쇄 정책에 반대하며 행진하는 런던 시민들. ©Nick/Wikimedia Commons

위에서 국가가 시민들의 경제 활동에 선별적으로 개입하는 것"이라고 설명하므로 '복지자본주의'나 '자유주의적 공동체주의'란 복지국가나 자유주의 복지국가를 말하는 것으로 이해된다. 그러나 정치학적 개념으로서의 '자유주의적 공동체주의'란 테일러의 정치철학을 말하는데[55] 이는 위에서 말한 의미의 정치철학과는 다른 것이다.

위 교과서에서 말하는 '현대사상의 주된 흐름'이라고 볼 수 있는 것은 자유주의적 국가주의(liberal nationalism)일지 모른다. 위 교과서는 내셔널리즘(nationalism)을 민족주의라고 번역했으나 나는 여기서 국가주의로 번역하겠다. 자유주의적 국가주의란 국가적이라는 정체성의 재구축을 불가결하다고 보고 이를 통합과 연대의 기초로 삼자는 사상으로서 '피와 땅'을 연대의 근거로 삼은 파시즘 등과는 분명히 다르다. 그러나 위 교과서에서 말하는 민족주의란 '피와 땅'을 연대의 근거로 삼은 것이라고 볼 수도 있어서 자유주의적 국가주의와 같은 것으로 볼 수 있는지 의문이다.

그 주장자의 한 사람인 밀러(David Miller, 1946~)에 의하면 자유주의적 국가주의의 특징은 국민이란 허구가 아니라 정체성의 일부를 형성하는 실재이고, 국민이 동포에 대해 지는 의무는 인류 일반에 대해 지는 의무보다 농밀한 것이며, 국민 공동체는 정치적인 자기 결정권을 요구할 수 있다고 보는 것이다.[56] 나아가 이는 국가적인 다수파의 공적 문화와 사적 문화를 구별하고 다양한 민족 집단의 문화를 공적 문화의 일부인 사적 문화로 본다. 가령 세금을 거두는 것은 공적 문화로서 사적 문화가 거부할 수 없다고 한다. 따라서 롤스나 드워킨(Ronald Dworkin, 1931~2013)이 말하는 적극적 재분배도, 하버마스(Jürgen Habermas, 1929~)가 말하는 토의 윤리도 공적 문화에서만 가능하다고 한다. 즉 어느 경우에나 문화의 요소가 필요하다고 강조하는 것이다.[57]

그러나 이러한 자유주의적 국가주의는 소수파에 대해서는 억압적이고 배타적으로 기능하고, 국민을 외부에서 바라보지 못하게 하므로 타자의 시점에서 국민을 상대화할 수 없으며, 국민의 행동이 타자에 미치는 영향을 과소평가하여 서로 간의 갈등을 낳게 된다고 비판할 수 있다. 더 근본적인 문제는 국민 공동체가 공동체 연대의 기초가 된다고 보는 발상 자체의 시대착오성이다. 이러한 문제점은 다민족 사회인 미국에서보다 한국의 경우 심각하지 않고 도리어 민족주의적 관점에서 더욱 절실하다는 반론도 있을지 모르지만 적어도 윤리 사상으로서는 더이상 검토할 여지가 없다.

그렇다면 위 교과서의 주장은 하버마스가 말하는 헌법 애국주의[58]에 가까운 것인가? 하버마스는 시민이 자신을 법의 대상이나 수단이 아니라 참정권과 의사소통권을 가지고 법의 공동 기초자라고 인식하면 시민 사이에 연대의 감정이 생긴다고 주장한다. 그 점에서 이는 국가 귀속을 연대의 조건으로 보는 자유주의적 국가주의와 다르다. 또한 이는 모든 구성원에게 평등을 보장하는 점에서 다수파에게 특권을 부여하는 자유주의적 국가주의와도 다르다.

그러나 이는 모든 시민이 합의에 대한 희망을 가지고 참가해야 한다는 조건을 필요로 하는데 그러한 희망이 없는 경우 토의에 참가할 수 없다는 점에서 문제다. 하버마스는 헌법에의 충성이 그런 문제를 해결한다고 보지만 헌법 자체가 다수파의 것인 한 소수파는 그런 충성을 갖지 못할 수도 있다. 따라서 헌법 애국주의나 자유주의적 국가주의는 결국 한통속의 국가주의가 되고 만다.

여기서 우리가 생각할 필요가 있는 것은 인간이 보편적인 자유를 갖는다는 이념이 자본주의의 상품화 현상과 함께 나타났다고 하는 점이다. 전근대사회의 직업이 신분적으로 고정되었던 것과 달리 자본주의에 의해 직업 선택의 자유가 가능해졌다. 현대의 빈익빈부익부 격차 문제도 그런 자본주의 내지 자유주의 문제인 것이지 공동체 등의 문제가 아니다.

이러한 자본주의 내지 자유주의를 정당화해온 중요한 논거는 다음 셋이었다. 첫째, 하이에크처럼 자유주의는 무지한 인간의 지식을 그 자유 시장적 경쟁에 의해 성장시켜 문명을 발전시킨다는 주장이다. 그러나 구소련을 비롯하여 자유주의가 아닌 사회에서도 지식은 얼마든지 발달했다. 동서고금의 전제주의 사회에서도 지식은 발달했다. 그러나 더욱 중요한 문제는 대량파괴 무기나 유전공학에서 보듯이 지식의 성장 자체를 선으로 볼 수 없고 도리어 그런 첨단 지식은 악일 수도 있다는 점이다. 특히 16세기 이래 세계 침략에 악용된 각종 학문이나 예술을 우리는 어떤 이유에서도 찬양할 수 없다. 하이에크식 지식 중심 논의는 결국 서양식 엘리트주의로도 나아간다.

둘째, 롤스처럼 '무지의 베일'이라는 이상적인 원초 상태에서는 전원 일치의 보편적인 합의가 자유주의에 대해 내려지고 그것이 정의라고 하는 주장이다. 그러나 그런 원초 상태는 노예가 존재하는 고대 아테네의 시민에게만 가능하다. 즉 노동을 노예에게 맡기고 정치에만 전념하는 경우에나 가능하다. 그런 상태는 자신이 노예가 아닌 시민이라는 기득권을 유지하고자 하는 경우에만 가능하므로 그런 상태를 정의라고 본다는 것은 어불성설이다. 다시 말해 자신이 시민인지 노예인지 모르는 '무지의 베일' 상황에서는 누구도 시민과 노예가 차별되는 사회에 합의할 수 없다. 롤스가 말하는 '무지의 베일' 상황에서는 모든 개인에게 평등하게 중요한 자유가 주어지는 자유로운 사회에서만 전원 일치가 가능하다. 무엇보다도 중요한 점은 무지의 베일하에서는 합의 자체가 불가능하다는 점이다. 합의를 위해서는 어떤 이익이나 가치관이 특권화되고 전제되어야 하기 때문이다. 이는 롤스의 경우 자유주의 서양 사회를 말한다. 따라서 롤스의 주장은 자유주의 서양인이 자유주의에 합의한다는 식의 순환 논리에 불과하다.

셋째, 밀처럼 행복이 자유주의에서만 가능하다는 주장이다. 그러나 인간이 자유주의에서만 행복하다는 것은 그런 행복 관념을 전제하는 자가당착에 불과하다. 자유주의 사회에서는 각자는 나름으로 무엇에 대해서든 행복을 느끼는 것으로 충분한 것이지 자유주의에 대해서만 행복을 느낄 필요가 없다. 따라서 밀의 주장은 아리스토텔레스를 답습한 반자유주의 내지 엘리트주의적인 탁월주의의 순환논법에 불과한 자기모순이다.

결국 위 세 가지 주장은 서양이 지식 진화, 규범성, 행복에서 탁월한 사회라는 특권적 주장의 반복에 불과하다. 따라서 다문화주의가 나오게 되지만 이는 마르크스의 이데올로기 비판에서 이미 제기된 것이고 푸코도 일찍이 제기한 바다. 그러나 마르크스나 푸코 모두 부르주아 민주주의나 자유주의가 착취와 지배를 은폐한다고 다문화주의를 비판했을 때 이는 자유주의라는 형식 또는 자유라는 개념이 실질적인 내용의 보편적 효과를 낳는다는 점을 무시했다.

그러나 다문화주의가 과연 해답일 수 있을까? 다문화주의에서는 결국 자유란 서양식 개념이라는 주장에 의해 자유라는 개념이 비서양에서도 중요하다는 것을 설명할 수 없게 되는 것이 아닐까? 따라서 다문화주의를 넘는 보편성으로서 자유라는 것을 재조명할 필요가 있다.

자유주의의 원리인 개인은 그 생명과 신체와 재산의 소유자라는 로크식의 기본 명제를 검토해보자. 그런 주장에 의하면 재산을 처분하는 자유와 마찬가지로 자살이나 존엄사나 매춘이나 장기 매매도 개인의 자유가 되지만 이는 재산의 처분과는 달리 엄청난 반발을 초래하는 것이기도 하다. 그러나 그 부당성을 논증하기란 쉬운 일이 아니다.

재산의 거래와 달리 생명이나 신체의 거래는 왜 안 되는가? 아니 재산의 거래도 개인에게 완전한 자유로 맡겨질 수 없는 것이 아닌가?

즉 자유는 당연히 제한되어야 하는 것이 아닌가? 여기서 발상의 전환. 즉 신체나 생명은 물론 재산도 개인에게 완전히 속하는 것이 아니라고 보아야 하지 않을까? 즉 자유는 타자가 없다면 불가능한 것이 아닐까? 결국 자유는 타인과 함께 누릴 수 있는 것이 아닐까? 여기서 자유로운 개인의 연대가 가능해지는 것이 아닐까? 물론 개인적 자유의 경우 대부분 개인이 갖는 것이고 개인이 향유할 수 있으나 그 자유에 대한 가치 판단도 결국은 그 자유가 단순히 개인의 것이 아니라고 보아야 하지 않을까?

한국 사회 비판

방종과 권위의 사회

왜 자유인가? 나는 최근 내가 근무하는 직장에서, 지역사회에서, 나라에서, 세계에서 자유의 타락을 온몸으로 느끼기에 자유를 특히 강조하고자 한다. 가령 개강 첫날 학생들에게, 제발 버스나 지하철에서 교수를 비롯한 사람들에 대해 그가 누구든 욕설로 함부로 비난하지 말 것, 공공장소에서 함부로 떠들지 말 것, 특히 손전화를 함부로 사용하지 말 것, 공공장소에서 서서 또는 걸으며 먹거나 담배 피우지 말 것, 슈퍼의 시식 코너에서 음식을 집어먹지 말 것, 꽁초를 버리거나 껌과 침을 뱉지 말 것, 교실에서 모자를 쓰지 말 것 따위의 공중도덕이라는 것을 가르쳐야 한다. 또 리포트를 인터넷에서 베끼지 말 것, 한번 찔러나 보자는 식으로 무조건 출석이나 성적에 이의 신청을 하지 말 것 따위를 가르친다. 나는 이러한 행위가 학생들의 자유가 아니라 자유라는 미명하의 방종에 불과하다고 주장한다. 학생들은 그 둘을 구별하지 못한다. 대학생도 그렇다. 그 둘의 구별을 배운 적이 없기 때문이다. 스스로 그 둘을 구별하는 방법을 익힌 적이 없기 때문이다. 도덕이나 윤리 교육은 실패다. 그것은 어떤 도덕도 윤리도 아이들에게 가르치지 못했다. 동서양 철학사의 토막 상식을 암기라는 방식으로 익히길 요구했지만 시험만 끝나면 망각되었다.

내가 학생들에게 가르쳐야 하는 것은 그런 것들뿐만이 아니다. 가령 MT 따위에 따라가 선배라는 자들의 무모한 명령에 복종하지 말 것, 특히 선배라는 악당의 소위 '단체기합'이나 음주 강요로 죽음에까지 이르는 바보짓을 하지 말 것, 축제라는 미명의 술 퍼먹이기에 무조건 따라다니지 말 것, 학과라는 것이나 그 선후배라는 것이나 동창회 따위의 조직에 얽혀 자신을 잊지 말 것 따위도 가르친다. 요즘 대학의 게시판에는 동창회 소집 요구 외에 다른 것은 아무것도 없다. 학생들은 가족 이기주의에 사로잡혀 있고 학부모는 자녀의 시험이나 리포트나 성적에도 관여한다. 공적인 문제에 대한 관심은 거의 없고 오로지 직장 취업이나 성적이나 가정사만이 관심일 뿐이다.

물론 지금까지 말한 것은 몇 가지 보기에 불과하다. 더 중요한 것은 수업에서의 내용을 둘러싼 전쟁이다. 학생들에게 질문을 하면 소위 우파라는 신문들이나 TV의 입장을 스테레오로 반복하기 때문에 반드시 그렇게만 볼 수 없다는 것을 설득하기 위해 오랜 시간을 허비해야 한다. 객관식 문제의 사지선다형 답 중에서 정답을 고르는 훈련만을 쌓은 아이들에게 무엇보다도 먼저 자유롭게 생각하는 버릇부터 가르쳐야 한다. 법도 모르고 예술도 모르는 학생들에게, 시집이나 소설 한 권 제대로 읽어본 적이 없고, 음악 한 곡 그림 한 장 제대로 본 적이 없는 학생들에게 세계 예술에 나타난 법의 모습을 강의한다는 것은 불가능하고 무의미할 지경이니 전쟁을 방불케 하는 싸움을 벌이지 않을 수 없다.

그래서 3월 개강은 싸움이 다시 시작되었음을 뜻하고 한 학기 수업은 그 과정이며, 한 학기 마지막은 앞에서 말한 모든 것이 실패하는 것을 증명하니 결국 패배를 뜻한다. 여기서 싸움이란 잘못된 교육 정책을 실시하는 정부나 학교 당국과의 그것이 아니라 학생들과의 싸움이라는 점에서 내가 반(反)교육적이라고 할 사람이 있을 수도 있지만, 더욱 정확하게 말하면 학생들의 의식을 지배하고 있는 정부, 학교, 교사, 가정, 학부모, 선배와의 전쟁, 유교적이고 군사적이며 획일적인 권위주의적 집단주의와의 전쟁, 그리고 그것과 기묘하게 공존하는 천박한 경쟁주의, 권력주의, 계급주의, 자본주의, 우열주의, 출세주의, 학력주의, 기회주의, 이기주의 등과의 전쟁이라고 하는 것이 정확할지 모르겠다.

이 모든 것은 어디에서 비롯되는가? 나는 그것이 아이들로 하여금 태어나면서부터 스스로 생각하고 행동하는 자유를 몸에 익히지 못한 채 강력한 권위에 의한 기계적 지시의 학습에만 익숙하게 하며, 여타의 일상생활에서는 내 외아들 외딸 하며 귀엽다고 방종을 일삼도록 허용하는 최근 한국의 잘못된 교육법 탓이라고 본다. 즉 학습은 물론 여타의 생활도 주체적인 개인적 판단에 의해 이루어지거나 각자의 개성을 존중하는 식으로 이루어지지 않고, 대학 입시를 목표로 한 학습만이 강조되면서 그것을 위한 획일적 암기만을 기계적으로 강요하는 대신 여타의 행동은 철저한 이기적인 방종으로 무조건 허용하기 때문에 아이들은 성인이 되기까지 자유를 익힐 틈이 없다. 게다가 이는 성인이 되어 군대나 직장 생활을 하는 경우에도 그대로 이어진다. 따라서 그런 자유롭지 못한 인간들로 이루어지는 사회는 자유로울 수 없다. 방종과 권위가 공존하는 가운데 자유는 죽고 자유에서 나오는 개성적인 인간이 아니라 기계적인 무개성의 획일적 제품 같은 인간만이 예찬된다. 그렇게 우리의 아이들은 태어나 살다가 죽는다.

이러한 개인의 비자유는 인민의 비자유에서도 마찬가지였다. 개체 발생이 계통 발생을 되풀이하듯 말이다. 인류 역사에서 오래 지속된 농경사회에서는 자유나 개성이 생기기 어려웠다. 19세기에 서양의 침략을 받은 비서양 사회가 받아들인 서양 문화의 하나가 자유나 개성이었어도 그것을 부정적으로 생각한 것은 당연한 일이었고, 그것은 기껏 정치적으로 이용된 구호로 그쳤다. 그런 가운데 제국주의하에서 재산을 갖는 특수 계층에게만 허용된 자유는 방종일 수밖에 없었고 나머지 빈민 계층은 그런 방종조차 누리지 못했다. 수천 년 봉건제하에서, 기계적인 획일 사회에서 살았던 사람들이 하루아침에 자유를 몸에 익힐 수 없었다. 민주화 과정에서도 자유는 무시되었다.

그래서 나는 자유를 강조한다. 그래서 최근의 학생 인권에 대한 논의를 지지한다. 학생 인권의 보장만이 아니라 수업을 포함한 교육 전반이 자유롭게 바뀌어야 한다. 그래야 사회가, 나라가, 세계가 자유로워진다. 20세기를 대표하는 프랑스 사상가인 푸코는 학교, 병원, 감옥 등의 시설에서 규율 훈련 권력이 초래한 부자유를 벗어나야 한다고 말했다.

사유 독재국

왜 자유인가? 한국에서는 사유가 바로 자유이기 때문이다. 지금 한국을 자유국가니 자유주의라고 하듯이 자유란 말은 엄청나게 많이, 매우 자주, 너무나도 중요하게 사용되면서도 정작 그 의미는 철저히 오용되고 있다. 한국에서 자유란 내 마음대로 소유하고 소비하며 향유하는 등의 행위를 뜻한다고 해도 과언이 아니다. 그 밖에 몇 년 만에 한 번 투표할 자유나 평생 한두 번 결혼할 자유 등이 있겠지만 매일의 소유나 소비 행위에 비해서는 지극히 예외적인 것이다. 요컨대 소유 공화국이다. 아니 소유 독재국이다. 이를 상징하는 말이 특정 재벌의 이름을 붙인 공화국이라는 말이다. 그러나 여기에 공화국이라는 말을 사용해서는 안 된다. 독재국이기 때문이다.

그래서 한국인은 마치 소유나 소비를 자유롭게 한다는 것을 역사적 사명으로 하여 이 땅에 태어난 것 같다고 해도 과언이 아니다. 요컨대 돈을 갖고 쓰기 위해 살고 죽는다. 돈 때문에 죽고 산다. 그 밖에 중요한 것은 아무것도 없다. 루소는 몇 년 만에 하루, 선거하는 자유뿐이고 매일매일 선거로 뽑은 자에게 구속되어 산다고 했다지만 한국에서는 그것도 문제되지 않는다. 루소가 "사람은 날 때부터 자유롭지만 어디엘 가나 사슬에 묶여 있다"고 한 말도 한국에는 맞지 않다. 한국에서는 돈만 있으면 자유롭다. 돈에 사로잡혀 있다는 점에서 전혀 돈으로부터 자유롭지 못하지만 이를 자유의 문제라고 생각하는 사람은 아무도 없고, 내 돈을 내가 자유롭게 쓰는 자유만이 유일한 자유다.

그래서 한국인이 자유롭다고 하고 한국은 자유사회, 자유국가, 자유세계라고 하는 경우의 자유란, 내가 가진 것을 내 마음대로 사용하고 남과 절대로 나누지 않는 나만의 것으로 영원히 누리는 것을 뜻한다. 가령 내 땅, 내 집을 갖는 것이 자유의 기본이고, 그것을 내가 어떻게 이용해 돈을 버는 것도 적극적 자유이며, 그것에 세금을, 그것도 부자일수록 많은 세금을 부과하는 짓을 못하게 하는 것이 소극적 자유라고 하는 식이다. 적극적 자유와 소극적 자유라는 자유의 구분은 자유론의 기본이지만 방금 말한 그런 뜻의 적극적 자유와 소극적 자유는 대한민국 특유의 것이다. 이처럼 한국에서 자유란 무엇보다도 사유의 자유다. 사유를 극단적으로 추구하고 그것을 방해하는 것을 저지하는 것이 자유라는 것이다. 따라서 지금 한국은 사유 개인, 사유 사회, 사유 국가다.

그러나 그 소유나 사유의 자유는 극소수의 사람들만이 누리는 것이 아닌가? 그리고 그 결과는 형언할 수 없이 비참한 양극화가 아닌가? 이는 우리나라만이 아니라 범세계적인 현상이기는 하지만 특히 한국에서 더욱 심각한 문제가 아닌가? 그래서 계층 이동의 가능성도 사라지고 대다수는 자신이 타고난 삶의 조건을 전혀 개선할 수 없다는 절망에 사로잡혀 있지 않은가? 그 결과 이웃에 대한 불신도 더욱 커지고 있는 것이 아닌가?

왜 이렇게 됐는가? 이는 역사적 이유에서다. 한국에서 자유란 말은 일제강점기부터 사용됐으나 그때는 크게 의미가 없었다. 일제는 자유를 상징한 영미를 '귀축(鬼畜)', 즉 아귀(餓鬼)와 축생(畜生)이라고 하며 아시아의 자유를 위해 영미와 싸워야 한다고 주장했고, 자유를 부르주아적인 것이라고 배격한 소련도 마찬가지로 배척했다. 아귀란 불교에서 말하는 흉악한 지옥의 귀신으로 몸이 앙상하게 마르고 목구멍이 바늘구멍 같아서 음식을 먹을 수 없어 늘 굶주리고 있다. 축생도 불교에서 말하는 지옥의 짐승을 말한다. 당시의 영미란 적어도 그렇게 굶주린 나라는 아니었음에도 사람들은 모두 그렇게 믿었다. 굶주림이 최대의 문제였던 시대에 적을 묘사하는 데 굶주림 이상으로 효과적인 것이 없었기 때문이다.

그러나 해방 후 미군은 귀축이 아니라 초콜릿 천사로 완전 변신해 남한에 왕림했다. 마찬가지로 소련은 북한에 해방군으로 진주했다. 그러나 그 둘은 곧 극단적인 원수로 대립했다. 일제가 극단적으로 미워한 미국과 소련이 일제로부터 해방된 한반도에서 서로 원수가 되어 남북한을 각각 점령했다. 그러면서 자유라는 말은 소련의 '괴뢰(傀儡)' 공산당의 공산국가와 구별되는 자유당과 미국이라는 자유세계의 자유라는 의미로 본격적으로 사용되었다. 그리고 그때 뿌리박은 자유라는 개념은 지금까지도 근본적으로 변한 바가 없다. 자유에 반하는 공산당은 국유다. 옛날 왕조시대처럼 국유다. 반면 자유당은 사유다. 여기서 자유는 사유가 됐다. 그후 자유당보다 더 극심한 독재가 있었고 이에 저항한 민주화의 역사도 있었지만 자유의 핵심을 사유로 보는 태도는 변하지 않았고 민주화 이후 도리어 더욱 극심해졌다.

지금 우리는 IT 시대에 살고 있고 특히 한국이 그 선구라고 한다. 반면 매스미디어의 영향력은 현저히 감소하고 있다. 매스미디어 시대에는 그것들을 통한 정보의 공유 체험이 토의형 민주주의의 기초를 어느 정도 형성했다. 그러나 IT 시대에 와서는 공유할 정보의 양이 현저히 감소했다. 인터넷이 정보의 다양성을 형성한다고 하지만 실제로는 특정한 정보에만 치중하여 사유화되고 있다. 사람들의 의견은 계층, 직종, 연령, 성격 등의 차이에 의해 더욱 분단되어 타인의 의견에 귀를 기울이면서 자신의 의견을 형성한다는 민주주의의 기본적 과정이 없어지고 있다. 그 결과 의견은 극좌와 극우로 더욱 극심하게 갈라졌다. 우리 사회의 분단에 IT가 끼치는 역할도 크다. 인터넷을 민주주의화하기 위해서는 여러 가지 노력이 필요하다. 가령 정부는 여러 홈페이지에 공공광고를 게재하여 여론 형성을 위한 사이트에 접근하도록 유인할 수 있다. 또 각 홈페이지는 반대 의견을 갖는 웹사이트에 연결되도록 하는 것을 장려하거나 의무화할 수도 있다.

연고 물질 사회

나는 『젊은 날의 깨달음』[1]이란 책에서 젊은이들에게 어른들처럼 패거리로 놀며 세상에 순응하지 말고, 혼자 살며 세상에 저항하라고 했다. 선을 보지 말고, 대학에서 얼짱, 몸짱 짝을 찾지도 말며, 학력이나 직업과 관계없이, 소위 말하는 여러 가지 조건과 관계없이 홀로 세상에서 참된 사람을 짝으로 찾아보라고 했다.

개인으로서의 독립 없이 자유는 없다. 나는 요즘 학생들이 과거보다 더욱더 소위 '마마 인간'인 게 여간 걱정스럽지 않다. 게다가 그걸 전통적인 효도로 아는 아이들이 안타깝다. 효도란 무조건 하는 것이 아니다. 우리 세대는 효도란 무조건 하는 것이라고 배웠지만 사실은 그렇지 않다. 부모의 말이 틀렸으면 틀렸다고 말하고 부모로부터 독립하는 것이 참된 도리이다. 그리고 그것을 부모가 받아들이지 않는 경우 부모와 헤어짐이 옳다. 그게 자유다.

우리나라는 연고와 물질의 사회이다. 족보라고 하는 사실상 대부분 거짓인 고문서에 근거한 씨족사회를 밑바탕으로 하여 가족, 지역,

학교, 군대, 직장, 종교 등등 온갖 연고로 얽히고설킨 인간관계 속에서 일하고 놀며 웃고 울며 살다 죽는다. 정치, 경제, 사회, 문화도 다 그런 관계 속에서 물질의 추구로 이루어진다. 따라서 그 속에는 이념도, 사상도, 토론도, 주의 주장도, 아무것도 없다. 있다면 연고 집단의 권력 및 재산의 극대화를 추구하고 그 속에서 안일을 누리는 것뿐이다. 오직 "부자 되세요" "끼리끼리 잘 먹고 잘사세요"가 우리의 모토이다.

해방 직후 그런 연고 물질 사회를 극복할 수 있는 유일한 기회였던 사상 투쟁이 잠깐 벌어졌지만, 그것도 미국과 소련이라는 외세를 배경으로 한 탓인지 끔찍한 내전으로 끝났고, 그 내전의 결과 현대의 모든 나라가 경험한 이념 투쟁은 우리나라에서 철저히 봉쇄되었다. 그 후 몇 차례 시도를 거쳐 1980년대 학생운동과 노동운동 등으로 그런 이념 투쟁이 다시 생겨난 것처럼 보였지만, 그것이 진정한 의미에서 연고와 물질을 넘어선 이념 투쟁이었는지 의심스럽고, 설령 그런 이념 투쟁이었다고 해도 그것이 연고 물질 사회를 깨트릴 정도의 변화까지 초래하지 못한 것은 분명하다. 교수들도 총학장 선거를 위해 출신 고등학교나 대학 출신별로 몰려다닐 뿐 학과나 학문의 이름으로 몰려다니지 않는다. 아마 이런 대학은 세상에 대한민국밖에 없으리라.

연고 물질 사회에서 개인의 정신적 자유란 있을 수 있는가? 연고로 숨막힐 듯이 철저히 짜이고, 오로지 물질 추구를 향한, 역시 숨막힐 듯이 치열한 경쟁 사회에서 개인의 자유, 그것도 의견의 자유, 사상의 자유, 양심의 자유, 표현의 자유 같은 것이 문제될 여지나 있는가? 그런 개인의 정신적 자유가 우리에게 무슨 의미가 있단 말인가? 우리에게 중요한 자유란 재산의 자유나 기업의 자유가 아닌가? 그게 우리가 언제나 말하는 자유주의, 자유민주주의의 자유 아닌가? 내 재산, 내 회사, 내 학교를 내 멋대로 할 수 있는 자유, 그 밖에 우리에게 자유란 무엇인가? 정당? 그것은 한 개인을 중심으로 한 사적 족벌당이지 정강이나 정책의 조직이 아니다. 따라서 언제나 이합집산하기 마련이다.

그런 사회에서 가장 혐오되는 것은 개성이고 다양성이다. 따라서 정신적 자유의 기본인 개성과 다양성이란, 우리 사회에서 가장 혐오되는 것이고, 오로지 인간성의 획일화, 평준화, 기계화만이 존재한다. 아니다. 물질의 경우는 다르다. 적어도 지위와 재산과 학력의 우열화가 있다. 어쩌면 용모도 다르다. 얼짱과 몸짱의 우열화가 있다. 억대 스타와 몇십만 원대 엑스트라의 우열화가 있다. 사회 전반의 양극화가 있다. 그러나 그 속에 사는 사람은 누구나 정신적으로는 유사하다. 모두 연고와 물질의 노예라는 점에서 다르지 않다.

내가 어려서부터 평생 들어온 어른들의 말이란 부모에게 복종하고 조상과 집안을 생각해라, 모난 사람이 되지 말고 둥글둥글 살아라, 남들이 생각하고 사는 대로 따라가라, 남들과 잘 어울리고 절대 혼자서 유별한 생각이나 행동을 하지 마라, 열심히 돈을 벌고 결혼을 해서 아이를 낳아 잘 키워서 집안을 빛내야 한다 등이었다. 이를 누구는 협조와 화합과 상생의 공동체 사상이라고 한다. 그리고 그 역사적 전제로 단군 이래의 단일 인민이라는 동질 인간, 동질 사회의 신화가 있다. 우리는 그 신화를 당연한 것이라고 믿는 야만 또는 미신의 시대에 살고 있다. 그러나 4000년을 살아온 수많은 사람들, 그리고 지금 살고 있는 4000만 명 이상의 사람들은 결코 동질의 하나가 아니다. 그런데도 우리는 동질 사회라는 신화 속에서 동질이 아닌 사람이 스스로를 이질이라고 주장하면 그를 철저히 배제한다. 이질자를 정말 이질자로 인정하면 동질 사회가 유지될 수 없다고 생각하기 때문이다. 이러한 거짓 동질 사회에서는, 개성과 다양성이 존중되지 않고, 참된 의미에서 자유와 권리, 특히 정신적 자유는 존재하지 않는다.

연고 물질 사회에 자유와 권리란 없다. 연고로 얽히고설키는 자연 공동체에는 자유와 권리가 없다. 그 연고에 의한 가족이나 계급, 신분에 따라 살아야 하고, 그렇게 살지 않으면 안 되기 때문이다. 그런 사회가 싫으면 산에 들어가 산적이 되거나 절에 들어가 중이 되어야 한다. 그러나 그런 산적 사회나 절과 같은 인위적 공동체에도 연고나 계급이나 신분이 없는 것은 아니다.

연고나 계급이나 신분이 일체 없는 인위적 공동체야말로 유토피아이고 현실 세상에서는 있을 수 없는 것인지도 모른다. 붓다는 일찍이 그런 공동체를 꿈꾸었다. 예수는 붓다만큼 속세와 인연을 끊는다는 점에서 철저하지는 않았지만 그 역시 그런 공동체를 꿈꾸었다. 그래서 초기 불교도나 기독교도는 상호 간에 어떤 차별도 없이 평등하고 자유로운 인공 공동체를 만들어 소박하게 살았다. 그러나 언제부터인가 그 집단은 그 자체 거대한 권력 기구가 되고 국가권력과 결부되거나 심지어 거대 자본과 손잡았고, 그 내부도 복잡한 계급 구조를 갖게 되었다. 그래서 한차례 종교개혁이 있었지만 지금도 아마 그런 종교개혁이 다시 필요할지 모를 정도로 기성 종교에는 문제가 많다. 16~17세기 종교개혁이 종래의 권력화되고 집단화되고 자본화된 종교를 타파하고 독립된 개인이 홀로 신을 만나는 것을 목표로 삼았듯 지금도 다시 그런 종교개혁이 필요하다는 것이다.

이러한 종교개혁이 생긴 서양 근대사회는 농업 중심의 자연 공동체가 상공업 중심의 인공 공동체로 변하는 과정에 있었다. 여기서 중요한 것은 개인이 자연 공동체의 연고를 벗어나 인공 공동체의 일원으로서 독립된 존재가 되어 그 자유와 권리를 주장하게 되었고, 단순히 물질주의의 추구에 그치지 않고 자신의 독립성을 지키기 위한 정신적 자유의 근본인 종교의 자유를 주장했다고 하는 점이다.

물론 이러한 일반화적 설명에는 문제가 많다. 나라나 시대, 또는 지역이나 개인별로도 편차가 크기 때문이다. 가령 15세기에 이미 현대인보다 독립적인 개인이 있었는가 하면 21세기에도 15세기 사람들보다 더 비독립적인 개인, 특히 공동체에서만 살 수 있다고 생각하는 개인이 있다. 아마도 대부분의 한국인은 그런 개인이 아닐까.

한국 사회에서 농업 중심의 자연 공동체가 상공업 중심의 인공 공동체로 본격적으로 변하는 과정은 20세기 후반에서야 볼 수 있다. 일제가 일본 상공업의 시장으로 식민지를 경영했으나, 조선 자체는 상공업 중심의 인공 공동체 사회로 전혀 변하지 못했다. 특히 조선은 봉건적 씨족사회의 강인한 뿌리를 가지고 있었고, 그것이 일제에 대한 인민주의적 반발과 함께 폐기되기는커녕 도리어 엄수되어야 할 고유의 전통 가치인 양 여겨졌다. 그러한 경향은 지금까지도 남아 있다.

그러나 21세기에 접어든 지금도 비록 농업은 거의 없어지고 상공업 중심으로 급변했지만 종래의 전통적인 자연 공동체가 인공 공동체로 변했는지에 대해서는 의문이 있다. 군대와 기업은 인공 공동체의 대표적인 존재이지만, 그 조직의 내부적 성격이 철저히 계급적이고 물질적이라는 점에서 집단적이고 무개성적인 자연 공동체와 유사하여 한국인에게는 새로운 자연 공동체의 하나로 변했을 뿐 독립된 개인의 개성이 존중되는 풍토는 전혀 형성되지 못했다.

기업 정신의 지배

왜 이렇게 자유는 타락했는가? 이는 기업 권력과 기업 정신이 우리를 지배하기 때문이다. 즉 대기업이 정치인을 매수하거나 스스로 정치인이 되거나 미디어를 지배하여 정치, 경제, 사회, 문화를 모두 지배하여 인민은 그것을 알 수도 없고, 그것에 저항하지도 못하면서 수동적으로 살아가기 때문이다. 인민이 거의 유일하게 정치적 자유를 행사하는 선거마저도 정치자금부터 표적 유권자 동원에 이르는 마케팅과 경영의 놀음에 농락당하고 있기 때문이다. CEO형 대통령과 관료들이 국가를 기업처럼 운영하여 자유와 평등을 비용 대 수익의 비율에 따른 능률성이나 효율성의 문제로 타락시키기 때문이다. 그리고 자유와 평등의 가치를 비대의적 기구인 법원이 정치적으로 결정하여 그 실질적 가치를 함부로 훼손하기 때문이다. 더 큰 문제는 세계화라고 하는 이름의 새로운 제국주의 전략에 포섭되어 민주국가의 정통성마저 의심하게 되었기 때문이다. 이는 20~21세기의 범세계적인 문제이지만 특히 한국에서 심각하다.

나는 자유와 평등은 하나라고 했다. 그러나 그 내용은 역사적으로 달랐다. 근대 이전에는 평등이 앞섰으나 근대 이후에는 자유가 앞섰다. 그러나 그 자유란 1인 1표에 의해 대표를 뽑는 자유와 삶의 기회를 평등하게 보장받는 자유라는 지극히 형식적인 내용에 그쳤다. 그리고 학자들은 능숙한 솜씨로 이를 정당화했다. 가령 홉스는 자유를 갖는 개인이 저자로서 배우인 대표를 뽑는다고 설명했다. 그를 이어 로크, 칸트, 루소, 밀 등은 인간은 자유로운 주체로서 대표를 자유롭게 뽑는 것이 자기 통치라고 보아 국가의 통치에 이의를 제기할 수 없게 만들었다. 게다가 그 자유-주체라는 논리는 백인, 남성, 식민지 통치자로서 근대사회의 계급 질서, 배제, 타자를 예속하기 위한 폭력을 정당화했다. 따라서 자유의 토대를 찾기 위해서는 권력과 자본을 철저히 해부하고 그것들에 맞서야 한다. 그러나 지금 우리는 그러한 분석과 저항을 스스로 포기하고 있는 것은 아닐까?

이를 잘 보여주는 것이 언론에 자주 오르내리는 세계 각국의 자유도(自由度)에 대한 통계인 경제자유지수와 언론자유지수다. 미국의 〈월스트리트저널〉과 헤리티지재단이 세계 179개국을 대상으로 조사한 2011년 경제자유지수에 따르면 한국은 35위이었으나 같은 해 '국경 없는 기자회'가 발표한 한국의 언론자유도는 69위였다. 경제자유도는 계속 상승했으나 언론자유지수는 계속 하락했다. 이는 2008년 이후 한국의 자유가 경제적으로 좋아졌으나 비경제적으로는 나빠졌음을 상징적으로 보여준다.

그러나 경제적으로 '좋아졌다'는 것에 대한 평가는 엇갈린다. 정부나 재벌은 정말 '좋아졌다'고 보지만 그에 반대하는 입장에서는 반대로 본다. 언론자유지수에 대해서도 마찬가지로 상반되는 평가가 있다. 정부나 재벌은 도리어 '좋아졌다'고 볼지도 모른다. 우리 정부는 오랫동안 신자유주의를 채택해왔다. 이는 고전적인 자유주의가 주장한 '작은 정부'를 지향하는 것이 아니라 그 반대로 '큰 정부'를 지향하는 것이다. '작은 정부'를 지향하는 사상을 자유지상주의라고 하는데 우리나라 정부나 기업은 그것을 숭상하지 않고 도리어 이를 견제하려는 신자유주의자인 하이에크를 숭상한다고 볼 수 있다. 그래서인지 하이에크나 그 비슷한 사람들에 대한 책이 참으로 많다. 그러나 하이에크의 자유론에는 문제가 많다. 하이에크를 신주 모시듯 하는 자들이 제대로 연구하고 실천하고 있다기보다는 한국에서 유행하는 외국 사상이 모두 그렇듯이 정치적으로 이용되고 있을 뿐이다.

우익 이데올로기로 오용되는 자유

왜 자유인가? 자유라는 말처럼 특별히 우익적인 이데올로기의 의미를 갖는 공격적인 단어들이 한국어에 많기 때문이다. 가령 동무나 인민, 계급이나 자본, 부르주아나 프롤레타리아, 독재나 평등이라는 말을 사용하면 그를 사회주의자나 공산주의자라고 볼 수도 있게 되고 특별한 정치 사회적인 의미 부여와 함께 경우에 따라서는 자유를 박탈하는 처벌을 법이라는 이름으로 가하게도 된다. 반면에 그렇게 공격하는 사람들을 부르거나 그들이 즐겨 사용하는 특별한 말도 있다. 가령 반공이나 자유, 애국이나 조국, 국가, 친미라는 말이다. 그들이 자유라는 이름 아래 옹호해온 것을 그들은 애국이니 발전이라고 하지만 지난 반세기, 자유라는 이름은 사실 독재나 독점과 다름없었다. 사실은 자유와 철저히 반대되는 독재나 독점을 그들은 자유라고 했다. 말이 이렇게 오용된 사례가 또 있을까? 다시 강조한다. 권력과 무관하고 권력에 반대하는 것이 아닌 한 자유라고 할 수 없다. 따라서 우익이 독재나 독점을 자유라고 함은 그야말로 언어도단이다.

자유라는 말이 이렇게 특별하게 오용되는 나라는 이 세상에 그리 많지 않다. 우리와 가장 비슷한 나라가 미국일 듯하지만, 미국에서는 적어도 국내 차원에서 자유나 자유주의라는 말이 우리와는 반대로 보수가 아니라 진보라는 의미로 사용되기도 한다. 그래서 우리가 흔히 자유주의라고 번역하는 'liberalism'은 우리가 말하는 자유주의와 같기는커녕 도리어 반대되는 것이므로 차라리 리버럴리즘이라고 원어 발음 그대로 표기하는 것이 나을 수도 있다. 마찬가지로 자유로 번역되는 liberty나 freedom도 원어 발음 그대로 표기함이 나을지도 모른다. 이런 식으로 따지면 한국어는 모조리 외래어가 될지도 모르는데 그런 것이 반드시 옳다고는 생각되지 않는다. 우리나라의 자유주의에 해당되는 말이 영어에서는 보수주의 정도이지만 대단히 개인주의적인 미국의 보수주의와 우리의 획일적인 자유주의는 역시 다르다.

이 책에서 우익이 애용하는 독재와 독점의 자유를 말하는 것이 아니라 도리어 그것과 반대되는 반권력의 자유를 말하고자 함을 다시 한번 밝힌다. 그렇다고 좌익처럼 자유를 부정적으로 보지도 않는다. 도리어 좌익은 우익 이상으로 권력적이다. 반면 나는 반권력적이다. 개인주의자이고 분권주의자다. 우리의 우익은 물론 좌익도 개인주의를 싫어하고 집권주의라는 점에서는 일치하지만 나는 개인주의자이고 분권주의자임을 분명히 강조한다. 물론 개인만을 긍정하고 집단은 부정하는 이기주의를 말하는 것이 아니라, 집단 없이 개인이 있을 수 없음을 인정하면서도 개인을 부정하고 집단만을 긍정하는 전체주의에 반대하는 개인주의다.

한국에서 사상을 다루는 태도에는 이상한 순수주의나 원리주의, 미화주의나 과장주의, 독단주의와 주관주의 같은 전통이 있다. 가령 유교를 받아들이는데 그야말로 제자백가 중 공자와 맹자, 그 학파 중에서도 주자학만을 받아들이고 나머지는 모두 사문난적(斯文亂賊)으로 철저히 배제했다. 주자학은 왕이 일반 백성의 모든 가치와 관습을 지배하게 했고 마침내 조선이 진짜 중화이고 공자는 조선에서 태어났다는 식의 전설도 꾸미게 했다. 그래서 21세기에도 유교나 공자가 죽어야 된다, 살아야 된다는 무익한 논쟁이 이어진다. 일본이 있니 없니 하는 논쟁도 마찬가지다. 인간이 있니 없니 하는 논쟁도 있었는지 모른다. 조선시대의 그런 격렬한 논쟁은 학문이 권력투쟁과 결부되었기 때문이었다. 그전의 불교도 마찬가지였다. 지금의 기독교나 서양학문도 마찬가지다. 남한의 자유나 북한의 공산도 마찬가지다. 이를 부정하는 최근의 포스트모더니즘이란 것도 마찬가지다.

그러나 분명한 사실은 공자나 붓다나 예수나 2000년도 더 전의 사람들이라는 점이다. 2000년이라는 시간적 거리는 물론이고 엄청난 공간적 거리에 의해 도저히 지금 우리의 것일 수 없는 것을 우리는 바로 우리의 것인 양 순수하게 원리로 받아들여 우리의 유일한 길로 미화하고 과장하는 독단과 주관에 치우쳐 있다. 자유나 공산도 마찬가지다. 모두가 우리 것이 아니다. 이제 우리는 그것을 철저히 비판적으로, 객관적으로, 회의적으로 볼 필요가 있다. 그러기 위해서는 무엇보다도 권력적인 요소를 벗어나야 한다. 학문이나 사상이 권력투쟁에 이용되는 한 올바를 수 없다. 따라서 학문이나 사상을 논하는 자들은 철저히 권력과 무관해야 하고 권력에 의한 그 오용을 비판적으로 경계해야 한다. 땅이 좁고 인구가 많아 온갖 연줄로 엮인 한국에서는 특히 주의해야 한다. 당파적 편견 없이 언행의 불일치 없이 진실을 추구하기란 정말 어렵다. 충성이니 효도니 의리니 애국이니 하는, 결코 진실과 직결될 수 없고 변태적일 수도 있는 온갖 허위 개념이 권력으로 판치는 나라에서 살기란 정말 어렵다.

북한의 공산은 완전히 실패했고 남한의 자유도 반 정도 성공한 것에 불과하며 사유의 자유로 인한 문제는 여전히 많이 남아 있다. 그래서 나는 사유의 자유나 자본주의를 일정한 한도에서만 인정하는 점에서도, 이를 완전히 인정하는 우익과는 물론 다르고 이를 완전히 부정하는 좌익과도 다르다. 그러나 내가 좌우익과 더욱 다른 점은 사상의 자유를 비롯한 기본적 자유를 절대적으로 인정해야 하고 이를 위해 사상은 권력과 무관해야 한다고 보는 점이다. 우익과 좌익이 서로 죽이지 않고 함께 사는 기본적 자유를 가지고 함께 살아가야 한다. 그래서 다시는 6·25 같은 내전은 물론 보수와 진보의 격렬한 투쟁도 없어져야 한다. 그것이 이 책을 쓰는 이유다.

아울러 자유는 흔히 '자유의 천국'이니 '자유세계'의 으뜸이라고 말하는 미국의 자유만을 뜻하는 것이 아니라 인류의 자유를 뜻한다는 점을 이 책에서는 특히 강조한다. 미국 내의 자유 문제도 내가 생각하는 자유와는 다른 것이지만, 미국이 주도한다는 세계의 자유는 백인의 자유, 즉 비백인의 비자유, 노예 상태를 뜻했다. 자유로운 현대 유럽은 제국주의의 유럽이 지배한 비유럽 식민지 인민들의 비자유를 착취한 토대 위에서 세워진 것이었다. 이는 지금까지 미국이 자유롭지 못한 독재국가들을 지원해왔다는 의미에서만이 아니라 정치, 경제, 사회, 문화 전반에서 실질적으로 제국주의를 형성하여 여러 인민과 국가의 자유를 침탈하고 있다는 것으로 이어지고 있다. 인류가 참으로 자유롭기 위해서는 그 모든 제국주의적 질곡에서 벗어나야 한다. 그것이 이 책을 쓰는 또하나의 이유다.

다원론과 선택의 자유

우리 사회에는 자유에 대한 이견이 많다. 가령 2008년의 촛불집회에 대해 소위 진보측은 그것이 우리 헌법에 보장된 양심의 자유, 사상의 자유, 언론의 자유, 집회 결사의 자유 등에 입각한 정당한 행위라고 주장했다. 반면 소위 보수측은 그것이 그러한 자유의 범위를 넘어서는 방종으로 국가나 사회에 해가 되는 것으로서 국민이 절대다수로 뽑은 대통령의 정책을 부정하는 반민주적인 것이자 법률에도 위반되는 것이라고 주장했다. 이러한 사례는 우리 사회의 여러 가지 일을 둘러싸고 자유에 대한 끊임없는 논쟁을 낳고 있다. 그러나 나는 집회를 할 자유는 자유 중에서도 기본적 자유로서 그 누구도 침해할 수 없는 자유라고 본다.

나아가 국제적으로도 이러한 논쟁은 소위 서양적 자유와 아시아적 자유라는 차원에서 논쟁이 되고 있다. 그 단적인 사례가 2010년 노벨 평화상 수상자인 중국인 류샤오보에 대한 중국 정부의 반발과 이에 대한 세계 여론의 재반발이었다. 중국 정부는 류샤오보가 중국의 법률을 위반하였기에 수감된 것이지 자유를 침해당한 것이 아니며 외국의 간섭은 중국 주권의 침해라고 주장했다. 독립을 주장하는 티베트 등에 대해서도 그렇게 주장했다.

여기서 우리는 무엇보다도 먼저 가치에 대한 일원론은 맞지 않고 다원론이 타당하다는 것을 수긍해야 할 필요가 있다. 자유가 서양에서 주장된 것이고 동양에서는 그러한 자유가 없었으며 지금도 맞지 않다는 주장은 서양의 것만을 옳다고 주장하는 일원론이 아니라 그 어느 것도 옳다는 다원론의 차원에서는 옳을 수도 있다. 그러나 어떠

한 다원론이라고 해도 인간의 도덕적 삶에 자유가 근원적이고 기본적인 것이라고 하는 점까지 부정하는 것일 수는 없다. 왜냐하면 자유가 없다면 우리는 도덕적 삶의 여러 가지 선을 선택할 수조차 없기 때문이다.

따라서 선택의 자유는 어떤 선보다 우선하는 근본적 가치다. 그러므로 무엇보다도 선택을 부정하는 억압적 권위로부터의 자유가 필요하다. 이는 바로 다원론을 인정하는 것이다. 다원론이란 여러 인민의 존재와 함께 여러 개인의 존재를 인정하는 것이다. 그 인민이나 개인의 생각을 비롯한 모든 삶의 모습이 다양하다는 것을 인정하는 것이다. 따라서 개인은 물론 인민도 침략의 대상일 수 없다.

다원론의 핵심은 최소한의 기본적 자유로 다원적 선택의 자유를 인정하는 것이다. 즉 다원론은 최소한의 공통된 도덕적 기반인 자유를 인정하는 것이다. 따라서 특정한 체제가 그러한 다원성이라고 하는 도덕 정당화의 범위를 벗어나면 비인간적이고 반도덕적이라고 판단해야 한다. 나치나 공산주의를 비롯한 전체주의나 독재국가는 그러한 최소한의 자유인 다원성에 입각한 선택의 자유를 부정했기에 우리는 인간적인 사회로 인정할 수 없다. 마찬가지로 제국주의는 개별 인민의 다원성을 부정하는 것이기에 정당화될 수 없다.

여기서 우리는 자유란 어떤 수단이 아니라 그 자체가 하나의 기본적 가치이고, 그것이 없으면 인간은 그 무엇도 선택할 수가 없는 것이라는 점을 주의해야 한다. 인간이 자신을 위해 선택할 수 없으면 생각할 수도, 살 수도 없다. 따라서 자유는 인간적인 삶에 본질적인 요소이다. 자유가 선인 것은 그것이 여러 목적을 추구하는 수단이기 때문이 아니라, 자유라는 것이 단순하고 본래적으로 선이기 때문이다. 인간은 그 밖에 행복이나 지식이나 선한 삶을 확보할 때에도 자유를 포기할 수 없다. 이는 무엇보다도 선택의 자유와 개인의 존엄성에 대한 비도구주의적 존중과 직결된다.

이러한 자유에 대한 가치의 부여야말로 참된 자유의 파악이라고 할 수 있다. 이에 반하는 권위주의적인 자유론은 자유를 그 자체가 선한 것이 아니라 수단이나 도구에 불과한, 즉 개인이 거대한 집단이나 동향과 일체화되고 고차의 이상에 헌신하는 것을 통해, 특히 국가의 법률을 통해 자기를 실현하는 것으로 본다. 아래에서 보듯이 자유는 그러한 집단의 자유로 출발했다는 역사적 경험을 무시할 수 없고, 오늘날에도 국제인권규약에서 보듯이 인민의 자유가 모든 자유의 출발점으로 인정되며, 인민의 자유를 침해당하는 경우 개인의 자유도 있을 수 없으나, 인민이나 민중, 인류나 전체의 자유라는 이름 아래 개인의 자유가 부당하게 침해당하는 경우도 많음을 주의해야 한다.

남북한의 획일주의

우리나라는 전통적으로 획일주의적이었고 이는 일제강점기 이래 지금까지의 반공주의에 의해 더욱 강화되었다. 특히 우리는 사회적으로, 현실적으로 생각하는 것을 금지당했다. 심지어 정부를 비판하는 것을 금지당했다. 불온한 생각을 하면 간첩으로 엄중하게 처벌되었다. 나는 지금 사회주의라고 하는 것이 갈릴레이의 지동설처럼 진리인데도 금지되었다고 말하는 것이 아니다. 나는 그런 것을 진리라고 생각하지 않고 세상을 보는 하나의 사고방식이라고 볼 뿐이다. 나에게는 그 무엇도 절대적인 진리가 아니다.

　인간이면, 생각하는 존재인 인간이라면 누구나 다양한 사고방식을 가질 수 있다. 따라서 사회주의적으로 생각하는 것은 인간의 여러 가지 사고방식 중 하나일 뿐이므로 그것을 법으로 금지한다는 것 자체가 있을 수 없는 난센스다. 이는 인간의 사고라는 것을 이해하지 못하는 지극히 독재주의적이고 권위주의적이며 획일주의적인 인간들이 만든 법이다. 아니 법이라고도 상식이라고도 할 수 없는 것이다. 그냥 계급적인 폭력이 만든 억지나 강요에 불과하다. 따라서 국가보안법은 법이 아니라 폭력이다. 그러므로 나는 그것에 반대한다.

　마찬가지로 사회주의가 유일한 진리이고 해결책이라고 하면서 그 밖의 모든 다양한 사고의 가능성을 부인하는 것도 국가보안법 이상으로 지극히 독재주의적이고 권위주의적인 인간들이 만든 허위에 불과하다. 이처럼 남북한 모두 자유가 완전하게 인정되지 못하고 있다. 남북한 어디에도 완전한 자유는 없다. 다양성이 없다. 획일성밖에 없다.

　이런 비자유의 획일적 사회가 뭐 나쁘냐, 자유분방한 사회가 뭐 좋으냐라고 하는 사람도 있다. 그러나 남북한 모두 서양과 같은 정도로 자유분방한 사회라기보다는 비자유의 획일적 사회임은 분명하다. 중국이나 일본을 비롯한 비서양은 확실히 서양에 비해서 상대적으로 자유롭지 못하다. 그러나 나는 사상의 자유만큼은 완전히 허용되어야 할 기본적 자유라고 본다. 그 점에서 중국은 우리가 모델로 삼을 사회가 아니다. 그러나 중국에서도 결국 사상의 자유가 인정되리라고 본다.

　'우리의 소원'이라는 통일은 1948년의 분단처럼 언젠가 별안간 이루어질지 모른다. 그러나 남북한 모두 자유롭지 못한 상태에서 통일이 되면 어떤 문제가 발생할지 걱정이다. 어느 한쪽이 다른 쪽을 완전히 흡수하는 방식이 아니라면 큰 혼란이 생길 수 있고, 흡수한다고 해도 혼란은 없을 수 없다. 그러나 무엇보다도 중요한 것은 사상의 대결로 인한 6·25 당시와 같은 살육전 내지 지금까지의 내전 같은 상태가 계속 생겨나지 않도록 하는 것이다. 지금 우리는 그런 내전을 다시 일으키지 않을 정도로 성숙된 수준의 자유, 즉 획일성이 아닌 다양성을 존중하고 있는가?

남북한 어느 것도 아닌 어떤 완전한 제3의 국가 형태를 꿈꾸는 경우 그 내용이 어떤 것이든 가장 중요한 것은 최소한의 인간적 존엄성을 지키도록 기본적인 자유를 존중하여 다양성을 갖는 나라를 만드는 것이다. 그래서 사상 대립으로 인해 더이상의 희생을 하지 않도록 하는 것이다. 우리는 사상이 다르다는 이유만으로 서로를 배척하거나 희생시키지 않는 다양성의 사회를 많이 알고 있다. 따라서 우리에게도 불가능한 것이 아니다. 인간적인 사회를 만드는 첫걸음일 뿐이다. 우리도 그런 사회로 나아가야 한다. 단세포의 폭력적인 증오의 세계가 아니라 다세포적인 비폭력의 사랑과 관용의 세계로 나아가 모두의 평화로운 공존을 인정해야 한다.

한국의 고립주의적 자유

오늘의 한국 사회는 상관주의보다는 고립주의에 기울어진 물질주의적인 사회다. 상관주의에 근거한 인간화나 민주화에 대한 노력이 상당히 있었음에도 불구하고 그렇다. 특히 IMF 사태 이후 가족 이기주의적 경향과 함께 비인간화와 비민주화의 경향이 심화되어왔다. 그 하나의 예가 언론의 자유다. 언론의 자유는 여러 가지 자유 중에서도 상관성이 강한 것이다. 즉 타인과의 상관을 위해 언론은 존재한다. 따라서 언론의 자유가 제한되는 사회는 상관성이 약한 사회라고 할 수 있다.

미국의 인권 단체인 프리덤하우스는 '2011년 세계 언론자유도' 조사에서 한국이 '언론 자유국'에서 '부분 자유국'으로 '상당히 후퇴해' 전 세계 196개국 중 70위였다고 했다. 그러나 '부분적 자유'인데 70위라면 대자본 언론 외에는 언론이 없는 것과 진배없다는 것이 아닌가? 물론 세계 최하인 북한의 언론 자유와는 구별되어야 하겠다. 아마 일반적인 자유지수도 그럴 것이다. 그렇다고 북한의 경우, 그곳 사람들이 대부분 굶어죽는다고 해도 모두 같이 그러하니 평등지수가 세계 최고라고 할 수 있을까? 남한은 물론 평등하지 않다. 아마도 평등지수라는 것이 있다면 언론자유지수보다 더 못할 것이다.[2]

지금 한반도에는 그런 지역이 두 곳이나 있다. 한민족은 평등과 마찬가지로 자유를 제대로 누리지 못하고 있다. 특히 지금 한국은 그 어떤 자유보다도 '언론의 자유'를 정강에 명시하여 강조한 정당의 정부임에도 그렇다.[3] 그 정당원이나 그 정당 출신의 대통령 등은 무슨 생각을 하고 있을까?

언론의 자유를 위시한 '국가로부터의 자유'를 흔히 소극적 자유라고 하고 이를 중심으로 한 정치 이념을 자유주의라고 한다. 즉 '작은 국가, 큰 시장'을 지향하는 것이다. 그러나 말은 그렇게 하면서도 '더 큰 국가, 큰 시장'을 지향함을 최근 7년간의 우파 정권, 아니 그전 10년간의 좌파 정권, 아니 그전 우파 정권부터 오랫동안 보아왔다. 언론의 자유를 국가가 짓누른 것도 과거보다 '더 큰 국가'이기 때문이다.

따라서 지금 한국은 자유를 존중하는 자유주의가 아니라 자유보다 국가와 시장이 더 큰 권력주의와 국가주의, 시장주의와 자본주의, 사유주의나 소유주의, 이기주의와 방종주의, 집단주의와 공동체주의[4] 따위가 지배하는 나라다. 이런 것이 시장(특히 재벌)이나 권력(특히 국가)이 말하는 자유주의의 자유라면 나는 그것을 기꺼이 버리겠다.

프리덤하우스의 발표 직후인 2011년 5월 14일, 풍자적인 쥐 그림을 그린 두 사람에 대해 각각 200만원, 100만원 벌금이 선고되었다. 표현의 자유는 공중도덕을 침해하는 경우까지 인정될 수 없고 쥐 그림은 자유가 아니라 방종이니 처벌해야 한다는 것이다. 이는 자유가 아니라 그 방종을 비판하는 공동체주의가 옳다는 것이다. 물론 징역 10개월을 구형한 검찰보다는 판사의 공동체주의가 덜 심했다고 보아야 하는지도 모른다. 이를 철학자들이나 새누리당이 말하는 공동체 자유주의[5]라고 해야 할까? 그러나 새누리당이 국회에서 날치기를 한 뒤 그것을 정의라고 한 것을 보면 그 정의가 공동체 자유주의와 어떻게 연결되는지는 도저히 알 수 없다.

이집트와 달리 우리는 더이상 독재에 대한 저항을 필요로 하지 않는다고 생각할지 모르지만 과연 그러할까? 설사 그렇다고 해도 적어도 우리의 반쪽인 북한은 다르지 않을까? 북한이 독재국가가 아니라고 보는 사람도 있겠지만 나는 그렇게 보지 않는다. 북한도 언젠가 과거의 우리나 이집트처럼 자유를 찾아 변하리라고 생각한다. 그러나 북한도 이집트도 지금 한국과 같아서는 안 된다. 한반도는 변해야 한다. 통일 이전에 남한부터 하루속히 참된 자유의 나라가 되어야 한다. 그러나 그것은 흔히 말하는 '더 큰 국가, 큰 시장'의 자유주의 나라를 뜻하는 것이 아니다. 그런 자유주의의 나라여서는 안 된다. 참된 상관 자유의 나라여야 한다.

자유의 타락

앞에서 여러 나라의 국가나 국기에서 보았듯이 자유는 모든 나라 사람들, 인류의 최고 목표다. 이는 자유가 소중하다는 선언임과 동시에 자유가 제대로 주어지지 못하고 심지어 많은 나라 사람들이 자유의 반대인 노예 상태인 예속의 야만에서 살았음을 보여준다. 특히 강대국의 자유는 약소국의 야만적 예속을 의미했음을 웅변한다. 이처럼 자유는 관계의 차원, 상대적인 차원, 투쟁적인 차원에 있다. 그러나 그런 점을 이유로 하여 자유의 가치 자체를 부정해서는 안 되고[6] 도리어 그러한 관계적이고 상대적이며 투쟁적인 성격을 자유의 본질로 이해해야 한다.

타자를 노예로 삼는 것을 자유라고 본 서양인의 '자유'의 역사는 실제로는 사기고 위선이며, 허위고 폭력이며 강제고 억압인 '비자유'의 야만적이고도 비인간적인 역사였다. 그런 반문명과 반교양 역사의 주역인 서양인은 그 희생자인 비서양 비백인의 자유를 철저히 유린했다. 비백인이 야만이 아니라 그들을 야만이라고 멋대로 간주하고 침략한 백인이 야만이었다.

그러한 '반자유'의 야만적 인류 역사가 '자유'의 역사로 바뀐 것은 겨우 반세기 남짓 되었을 뿐이다. 길게 보면 100만 년, 짧게 보아도 1만 년에 이르는 인류사 가운데 겨우 50년 남짓이다. 그러고 보면 자유의 역사란 얼마나 험난한 것인가? 독일의 철학자 아도르노(Theodor

Adorno, 1903~1969)는 다음과 같이 말했다.

자유의 관념은 너무나도 극심하게 조작되어 결국 강한 자와 부유한 자가 약한 자와 가난한 자의 모든 것을 빼앗는 권리로 타락했다.[7]

위 글은 아도르노가 서양의 자유 관념을 비판한 것이다. 그러나 아도르노도 자유의 타락이 제국주의의 그것임을 비판하지는 않았다. 따라서 내가 특히 강조하고 싶은 것은 서양인이 고대 그리스 시대부터 자유를 창조했고 그후 3000년의 서양 역사를 자유의 역사라고 말하는 것이 사기라는 점이다. 게다가 서양이 비서양은 자유를 무시하고 억압한다고 보고 그 점에서 서양과 반대된다고 강조한 것은 서양이 비서양을 침략하기 위한 궤변에 불과했고 이는 더욱더 심한 사기라는 점이다.

나는 다른 인류를 노예로 삼고 누리는 특권을 자유라고 한 서양인에게 스스로 자유를 판단하고 행동하는 능력이 있는지 의심스럽다. 서양의 수많은 자유에 대한 논의들, 특히 홉스나 로크, 스피노자나 칸트, 피히테나 헤겔 등이 보여주는 그 복잡다단한 이론들을 볼 때 서양인에게는 그런 능력이 극단적으로 존재한다고 볼 수도 있을지 모르지만 내가 보기에 그 이론들은 그냥 복잡다단할 뿐이고 제국주의를 찬양한 점에서는 다름이 없다. 그런 기기묘묘한 이론이 아니라 그 정부에게 식민지 침략을 당장 그만두어 타 인민의 자유를 보장하고, 부자 등 특권자의 착취를 당장 그만두어 모든 사람의 자유를 인정하라고 요구하며 투쟁하는 것만이 자신들이 말한 이성에 맞는 합리적이며 계몽적인 것이었음에도 그렇게 한 사람은 아무도 없다. 실제로 그렇게 행동한 사람들은 일반 민중이고 노동자며 시인이고 사회운동가였다.

그러니 우리는 그 기기묘묘한 이론을 상세히 들여다보면서 머리를 썩일 필요가 조금도 없다. 자유가 절실히 요구되면 이를 얻기 위해 당장 투쟁하는 것으로 충분하다. 자유는 요구하지 않는 자에게, 투쟁하지 않는 자에게 절대로 그냥 주어지지 않는다. 그리고 투쟁에서 승리하는 것만으로 완전한 자유가 주어지는 법도 없다. 자유는 생존을 향한 미래의 창조다. 그것은 미래를 향한 생존의 교양이고 창조다.

마찬가지로 이집트의 자유는 무바라크 독재의 전복만으로 완성되지는 않는다. 도리어 그것은 이제 막 시작하는 것인지도 모른다. 이집트인들이 외친 '자유'는 독재로부터의 자유만이 아니라 빈곤으로부터의 자유이기도 했기 때문이다. 사실 그들은 빈곤에 지쳐 자유를 외친 것이었다. 그런 점에서 그 자유의 뉴스는 뼈아픈 고통이었다. 멀리서 온 그 외침의 외신과 함께 우리의 사랑하는 젊은 시나리오 작가가 굶어죽었다는 내 주변 소식은 더욱 뼈아팠다.[8] 이는 극단적인 경우이지만 빈곤으로 인해 자유롭지 못한 사람들은 너무나 많아지고 있다. 그들에게 자유란 그야말로 허황된 구호일 수 있다.

자유란 최소한의 인간다운 생활이 보장되지 않는 한 그림의 떡에 불과하다. 헌법이 보장하는 직업 선택의 자유도, 재산의 자유도 그런 직업이나 재산이 없는 한 무의미하다. 이를 누릴 수 있는 소수의 특권층 사람들에게만 의미가 있을 뿐이다. 이제 모든 사람들이 그런 자유를 누리도록 이집트는 변해야 한다. 앞에서 본 여러 나라 국기가 자유와 함께 평등과 박애를 주장하듯이 평등과 박애도 자유와 함께 추구되고 확보되어야 한다. 그러나 그렇다고 해서 굶주린 사람에게는 자유가 필요 없다고 하며 그 자유를 박탈하거나 무시해서는 안 된다. 자유는 그들에게 굶주림 이상의 인간적 존엄성, 즉 최소한의 자존심을 뜻하는 것이기 때문이다.

5부
상관 자유론

자유란 자신의 독립된 판단과 능력으로 행하는 주체(개인, 집단, 인민 모두를 포함한다)가 타자의 강제 없이 타자의 자유와 상관하여 타자와 함께 만드는 것이다. 즉 타자의 강제 없이 타자의 자유와 상관하며 자신의 판단과 능력으로 타자와 함께 만드는 것이 자유다. 이것이 내가 한마디로 상관 자유라고 하는 것이다. 상관 자유란 주체가 서로 평등한 조건과 능력으로 서로 상관하여 창조하는 자유를 뜻하므로 상호 자유, 공관 자유, 공생 자유라고도 할 수 있다.

상관 자유란 무엇인가

왜 상관 자유인가?

앞에서 나는 자유의 본질을 상관(相關)이라고 했다. 이를 너무 간단히 말했기 때문에 좀더 설명할 필요가 있다.[1] 사실 이 책은 그것을 설명하는 책이므로 더욱 그러하다. 자유가 개인의 것만이 아니라 우리 모두 함께 창조하는 것이라고 하는 나의 생각을 주장하고 그런 생각에 반하는 여러 견해를 비판하는 것이 이 책의 목적이기 때문이다. 그러나 나는 자유에 대한 동서고금의 수많은 이론을 비판하고 이에 맞서는 새로운 거대 주의(主義), 이론 같은 것을 세우고 싶은 생각은 추호도 없다. 그런 주의들 때문에 망했고 분단까지 된 나라가 아닌가?

대신 나는 우리의 근본법인 헌법에 명시된 자유만이라도 지켜지기 바란다. 헌법에는 여러 자유와 함께 평등과 권리 그리고 의무가 규정되어 있다.[2] 즉 여러 자유는 상관되는 것이고 그 자유는 평등과 여러 권리 및 의무와 상관되는 것이다. 그러니 자유를 상관이라고 봄은 지극히 당연한 것이다.[3] 또한 헌법에는 자유를 포함한 기본권과 함께 정부 구조나 경제 등도 규정되어 있다. 따라서 자유는 그러한 민주주의 원리와도 상관된다. 그런 의미로 나는 자유민주주의라는 말을 이해한다. 그런 의미에서 우리 헌법을 자유민주주의 헌법, 우리나라를 자유민주주의의 나라로 이해한다.

그러나 현실은 반드시 그렇지 않다. 가령 좌파는 자유를 무시하고 평등을 중시하는 반면 우파는 자유를 중시하고 평등을 무시하는 분단 현상을 보여준다. 나는 우파의 평등 없는 자유를 가짜 자유라고 비판하고, 마찬가지로 좌파의 자유 없는 평등도 가짜 평등이라고 비판한다. 좌파든 우파든 자유와 평등이 상관된 것임을 알아야 한다. 자유와 평등 중 어느 쪽을 더욱 강조하는가에 의해 좌우파가 구분되는 것은 세계 보편의 현상이기도 하지만 그 어느 하나만을 극단적으로 주장하는 것은 남북 분단 이상으로 황당한 사상의 분단 현상이다. 이러한 분단이나 독단, 장벽이나 단절, 분리나 괴리가 아니라 상관을 중시하는 것이 상관 자유론이다.

특히 좌우에 상관없는 종래의 일반적 견해처럼 자유를 오로지 개인적인 것이라고 보면 개인의 타고난 탁월성이나 탁월한 교육 외에 자유를 신장시키는 것에 특별한 방법이 있을 수 없다. 공자나 맹자, 플라톤이나 아리스토텔레스를 비롯하여 수많은 동서고금의 학자들이 주장했던 것처럼 말이다. 그들은 좋은 사회를 만들려면 그런 탁월한 개인에 의해 전체를 다스리게 하되 대부분의 탁월하지 못한 개인에게는 자유를 주지 말아야 한다고 보았다. 탁월하지 못한 인민에게 자유를 주면 그들이 '멋대로'의 방종에 빠진다고 생각했기 때문이었다.

이러한 학자들의 엘리트주의적인 독단 자유론은 인류 역사상 탁월성을 과시한 수많은 왕들이나 독재자, 정치가, 학자 등이 세상을 오랫동안 지배한 것으로 증명되었다고 볼 수 있을지 모른다. 게다가 플라톤이나 아리스토텔레스부터 밀이나 요즘 유행하는 샌델까지 입을 모아 말한 탁월한 사회나 개인은 어디까지나 그리스를 비롯한 서양의 경우만을 뜻했다. 그런 것을 수입해 우리 것으로 삼아 우리 모두 '서양화'하자는 해외 사상 수입상들의 노력은 가상하지만 꼭 그럴 필요는 없다. 그런 유사 제품 엘리트주의는 수천 년 동양 사상이나 한반도 사상에도 만원사례이기 때문이다.

나는 그런 소수 엘리트의 특권을 자유라고 생각하지 않는다. 실제의 역사도 그런 것만은 아니었다. 그런 탁월한 자들로부터 노예라고 억압받은 자들이 인민이나 집단으로 저항한 역사도 주류가 아니라 비주류, 대세가 아니라 예외로서나마 분명히 존재했고 이는 역사 속에서 조금씩 확대되어왔다. 소수의 엘리트가 독점한 특권으로서의 자유는 차차 다수의 집단과 인민에게 확대되어왔다. 특히 오랫동안 서양의 제국에 의해 식민지로 지배되었던 인민들이 그러했다. 그것이 인류의 역사다. 자유 확대의 역사다. 물론 언제나 확대라는 방향으로만 나아간 것은 아니다. 시행착오에 의한 진퇴도 있었다.

개인의 차원에서도 마찬가지다. 지금 우리 사회를 지배하는 이념은 엘리트주의다. 엄청난 교육열에 의해 개성을 상실한 기계적 암기의 천재를 각종 시험에 의해 선발하여 그 소수 엘리트가 사회를 지배하는 자유를 홀로 만끽하게 하는 것이다. 그러나 세계는 이미 그런 시대를 지났다. 이제는 자유-저항-창조, 자유-평등-박애, 자유-자치-자연, 자유-의무-공공의 상관을 중시하는 시대다.

물론 우리나라는 아직까지 그러한 새로운 세상에 대한 추구가 일반적이지 못하다. 그러나 나는 조만간 우리 사회는 물론 세계가 그러한 방향으로 바뀌리라고 확신하고 바뀌어야 한다고 굳게 믿는다. 그런 시대는 이미 과거에도 있었다. 그 보기의 하나로 이탈리아 르네상스를 들 수 있다. 인민과 집단과 개인의 상관, 자유와 자치와 자연의 상관, 다양한 사고와 표현의 상관, 우발적 사고와 사물의 상관, 이질적인 타자들에 대한 관용으로서의 상관 등등 여러 차원의 상관이 어우러져 이루어낸 교양 사회가 르네상스를 창조하게 했다. 그것은 흔히 말하는 몇 천재의 개인적 독창이 아니라 개인과 인민과 집단의 상관적 자치가 만들어낸 사회적 창조였다.

그런 사회적 창조는 그것을 가능하게 한 자유를 인민이나 집단을 이루는 개인들의 상관적 자유라고 보지 않으면 제대로 설명할 수 없다. 몇몇 천재의 창조라는 것이 분명 역사에 있었고 그것이 중요하지 않다고 할 수는 없어도 역사상 가장 위대한 창조는 대부분 인민과 집단 속 개인들의 상관적 자유가 이루어낸 것이었다. 이는 우리가 앞으로도 새로운 창조를 성취하고자 한다면, 이 부자유 세상을 더욱 자유로운 세상으로 만들려면 그런 개인들의 상관적 자유에 대한 관심이 가장 중요함을 우리에게 시사해준다. 따라서 자유를 상관으로 보는 것은 현실적인 관심에서 나오는 것이다.

상관 자유란 무엇인가?

상관이란 흔히 "서로 관련을 가지는 것, 또는 그 관계"나 "남의 일에 간섭하는 것" 등을 뜻한다고 하지만 자유란 기본적으로 "남의 일에 간섭하지 않는 것"이기 때문에 상관과는 상관없다고들 한다. 그러나 나는 자유는 순수하게 사적인 경우[4]를 제외하고는 남과 상관되는 경우가 대부분이어서 서로 간섭하는 것, 즉 상관하는 것이 자유라고 본다. 이에 대해서는 뒤에서 다시 보도록 하고 여기서는 일단 상관을 "서로 관련을 가지는 것"으로 이해하자.

그래서 나는 자유를 상관적인 것, 즉 상관적 자유(freedom with: correlative freedom)라고 본다. 이를 상관 자유론이라고 할 수 있다. 그러나 이는 철학이나 사회학이나 심리학에서 말하는 그 유사한 것과는 다르다. 철학의 인식론에서 말하는 상관론 또는 상관설이란 주관과 객관은 서로 분리할 수 없는 존재라는 이론, 곧, 정신과 물질은 절대적으로 대립하는 것이 아니라 사물의 안팎처럼 밀접한 상관성을 가진 상대적인 개념이라고 보는 학설이다. 또 사회학, 특히 지멜(Georg Simmel, 1858~1918)이 말하는 상관주의란 사고나 의식을 고찰할 때 그것이 속한 집단의 역사적·사회적 전체 구조와 상관적으로 포착하여야 한다는 지식사회학의 입장을 말한다.

나는 그러한 철학이나 사회학의 상관주의에 기본적으로 찬성하지만 내가 말하는 상관 자유론은 그것들과는 다르다. 이는 먼저 자유를 흔히 개인적인 것, 개인의 것, 개별의 것으로만 보는 것에 반대하는 것이다. 개인의 측면에서만 보면 앞에서 말한 이집트 인민의 자유를 설명하기 어렵다. 물론 이집트 인민이 갖는 각 개인의 자유를 총합한 것이 이집트 인민이 말한 자유라고 말할 수 있을지 모르지만 이런 설명에는 문제가 있다. 개인의 자유와 인민의 자유는 그 주체도 내용도 다르기 때문이다.

자유란 자신의 독립된 판단과 능력[5]으로 행하는 주체(개인, 집단, 인민 모두를 포함한다)가 타자의 강제 없이 타자의 자유와 상관하여 타자와 함께 만드는 것이다. 즉 타자의 강제 없이 타자의 자유와 상관하며 자신의 판단과 능력으로 타자와 함께 만드는 것이 자유다. 이것이 내가 한마디로 상관 자유라고 하는 것이다. 상관 자유란 주체가 서로 평등한 조건과 능력으로 서로 상관하여 창조하는 자유를 뜻하므로 상호 자유, 공존 자유, 공생 자유라고도 할 수 있다.

이는 자유를 '타자로부터의' '소극적 자유'나 '타자에 대한' '적극적 자유'로 구분하는 종래의 전통적 구분의 자유론이 아닌 '타자와 함께하는' '상관 자유'로 보는 것을 뜻한다. '소극적 자유'에서 타자는 대항하여 투쟁해야 할 적대적 존재이고 '적극적 자유'에서 타자는 흡수하여 동화해야 할 존재이지만 '상관 자유'에서 타자는 그러한 대항이나 흡수, 투쟁이나 동화의 관계가 아니라 타자의 존재를 인정하면서 더불어 누리는 자유를 함께 창조하는 공존의 동반자로 인정하는 것이다. 따라서 자유는 그것이 벗어나고자 한 과거의 타자에 의한 억압-개체의 복종이라는 관계를 거꾸로 만들어 타자를 억압하고 복종하게 하는 것이 아니라 모두가 함께 자유로울 수 있는 새로운 상관 사회를 창조하는 것이다.

이러한 상관 자유를 그 주체의 측면에서 보면 자유에는 개인의 자유만이 아니라 집단이나 인민의 자유가 있다. 즉 상관 자유론은 인민의 자유, 집단의 자유, 개인의 자유의 상관을 인정하고 그 셋이 떨어질 수 없다고 본다. 여기서 인민이란 주로 민족을 말하고 집단이란 노예, 노동자, 여성, 미성년자, 장애인, 성적 소수자, 양심적 병역거부자 등등의 여러 특이한 상황에서 상관된 집단을 말한다. 개인은 물론 인간 개개인을 말한다. 그러나 개개인의 인간도 모두 상관된 존재로서의 개인이다.

종래의 자유론이 개인의 자유에 치중한 결과 개인의 신체나 정신이나 재산을 비롯한 소극적 자유를 중시했으나, 상관 자유론은 인민과 집단과 개인의 정치적, 경제적, 사회적, 문화적 자유를 상관된 것으로 중시한다. 인민의 자유는 민족의 정치적 자유인 민족자결권, 경제적 자유인 경제적 독립성, 문화적 자유인 문화적 자주성 등을 강조하고, 집단의 자유는 그 특별한 집단으로서의 존중과 보호와 충족을 뜻한다. 개인의 참정권, 재산권, 노동권, 정신권도 모두 상관된 것이다.

또한 상관 자유론은 자유를 하나의 생명체처럼 탄생하고 변화하며 사망하는 유기적인 존재로 본다. 길게는 고대 그리스 시대에 자유가 탄생해 1970년대에 죽었다고 2500년의 역사를 볼 수도 있다. 짧게는 한 나라의 건국과 멸망을 들 수 있다. 그 시작의 계기는 여러 가지일 수 있으나 역사적으로는 타 민족의 침략을 받아 자유를 상실하고 노예가 되거나 타 민족을 침략해서 그들의 자유를 박탈해 노예로 삼는 경우에 주로 나타났다. 그런 경우 침략을 당한 민족이 자유를 회복하면 새로운 자유의 탄생이 된다. 이보다 더욱 짧은 것으로는 한 집단의 형성과 소멸이나 한 개인의 탄생과 사망을 들 수 있을 것이다.

이처럼 상관 자유론은 그 주체를 인민-집단-개인의 상관, 그 내용을 정치-경제-사회-문화적 자유의 상관, 그리고 그 본질을 자유-저항-창조, 자유-의무-공공의 상관으로 볼 수 있는 것과 마찬가지로,

외부적으로는 평등과 박애, 민주와 평화, 그리고 자치와 자연과 각각 상관된다. 즉 자유-평등-박애의 상관, 자유-민주-평화의 상관, 자유-자치-자연, 자유-의무-공공의 상관이다. 이를 보다 상세히 설명하기 전에 나에게 이를 재확인하게 한 이집트 혁명에 대해 좀더 살펴보자.

2011년 이집트에서

2011년 벽두, 자유의 이름으로 이집트에서 혁명이 터지기 며칠 전까지 나는 북아프리카를 여행하면서 그곳 사람들 대부분의 가난하고 무기력한 삶과 너무나도 대조적인, 과거 우리처럼 어디에나 걸려 있는 독재자의 사진과 독재자의 거대한 궁궐들 그리고 재벌 대저택들의 삼엄한 경비와 거리마다 흘러넘치는 코카콜라 간판에 충격을 받은 터라 그 혁명은 더욱 감동적이었다. 인도처럼 코카콜라가 작은 마을에서 매일 35만 리터의 물을 끌어올려 먼 마을의 샘물까지 모두 말라버리게 하고, 많은 나라에서 물 사용권을 산 민간 기업이 비싼 생수를 만들어 판 인도의 경우처럼 북아프리카는 사막은 물론 도시마저 더욱 황량해 보였다. 그야말로 자유도, 자치도, 자연도 파괴되어 있었다. 자유도 평등도 박애도, 자유도 민주도 평화도 없었다. 그 모든 것이 분단되고 파편화되어 있었다.

그 건조한 사막의 잡초처럼 외롭고 쓸쓸한 사람들이 화려한 궁궐의 무장 철벽을 뚫고 나라와 자신들의 자유를 위해 일어나리라고 상상하기도 어려울 정도로 그곳은 너무나도 조용했다. 아니 모든 것이 장벽 속에서 죽어버린 듯했다. 누구도, 그 어떤 신문 방송도, 어느 학자도, 나 자신도 그곳에서 내일 당장 혁명이 터지리라고는 예상하지 못했다.

미국의 자유주의자인 자카리아(Fareed Zakaria, 1964~)는 몇 년 전 우리나라에서도 번역된 『자유의 미래』에서 이집트를 "개혁을 가장 충실하게 시행하고 있는 국가"로서 "아랍 세계에서 지성의 혼"이라고 찬양했다.[6] 그러니 그를 비롯한 미국인들은 이집트 혁명을 참으로 믿기 어려웠을 것이다. 아마도 멀리 사라진 마르크스의 망령이 사주한 것이라고 여겼을지도 모른다. 1989년에 영원히 죽은 줄 알았던 그 망령이 다시 찾아온 듯해 놀랐을지도 모른다.

혁명은 정말 전혀 불가능해 보이는 곳에서 기적처럼 터졌다. 그리고 그것은 자카리아 같은 소위 지구화 예찬론자가 말한 코카콜라 미국의 자유를 거부한 새로운 자유였다. 나는 그러한 허위의 세계화, 미국 중심의 제국화를 거부하는 인민의 자유 주장이 참된 '자유의 미래'라고 본다. 자카리아를 비롯한 미국인들은 자기들이 자유를 독점한다고 생각하기에 자유의 미래를 도저히 알 수 없었다. 자유는 함께 만드는 것으로 언제나 미래를 향한다는 것을 몰랐다. 그들에게 자유란 반공일 뿐이었다.

우리도 마찬가지였다. 1948년부터 한국을 지배한 이승만의 독재당인 자유당 이래, 아니 그전부터 지금까지 자유란 반공일 뿐이었다. 자유란 오명의 악몽이었다. 이렇게 더럽혀진 낱말은 다시없었다. 그래서 1960년 자유당이라는 이름의 반자유당, 독재당, 반공당을 무너뜨리면서 우리는 더이상 자유를 말하지 않았고 그 혁명을 자유화 혁명이라고도 하지 않았다. 대신 민주화 혁명이라고 했다.

그뒤 자유라는 말은 민주나 평등이라는 말과 더욱더 반대되는 말인 것처럼 사용되었다. 자유는 자본이나 소유와 같고 민주나 평등은 공산과 같은 것으로, 그래서 결국 각각 남북한의 전용어나 보수 진보의 전용어처럼 오해되었다. 그 결과 우리는 한 번도 제대로 된 자유도, 평등도, 민주도 경험한 적이 없는지 모른다. 이 책을 쓰기 시작한 2011년 봄에도 표현의 자유, 양심의 자유, 사상의 자유가 문제된 사건들이 많이 생겨났으나 이를 자유의 이름으로 항의하는 목소리는 거의 들리지 않는다.

한국의 2011년 언론자유지수가 세계 196개국 중 70위였다는 통계가 있음을 앞에서도 소개했다. 이는 우리가 심심하면 세계 10위권의 경제 대국이라고 자랑하며 우리보다 못산다고 무시했던 한때 공산국이었던 체코, 폴란드나 헝가리, 남미의 우루과이나 칠레, 심지어 아프리카의 가나보다 낮은 수준이었다. 우리나라 언론 자유의 수준은 지난해 G20 포스터에 쥐를 그려넣었다고 해서 대학 강사가 기소되어 징역 10개월을 구형받은 사례로 알 수 있다. 이런 풍자에 대해 징역 10개월을 구형하는 우리 검찰의 야만적 수준은 이미 그 앞의 수많은 야만적 사례로 증명되었다. 법원이 그런 야만에 대해 경종을 울렸음에도 검경찰의 야만은 끊이지 않고 있다. 그러나 법원 역시 노동 사건 등의 재판에서는 업무방해죄로 판결을 내리는 등 여전히 문제가 있다.

나는 일제강점기 이후 거의 변하지 않은 이런 검경찰과 법원 그리고 그 위에 있는 보수 세력들에게서 자유나 인권의 침해 이전에 인간의 존엄성부터 부정하는 야만을 본다. 그런 검경찰과 법원이 법과대학을 나와 사법시험을 비롯한 각종 어려운 시험들을 통과한 수재들이라는 점, 그리고 나 자신이 그들을 가르치고 그들이 읽는 법학 분야의 교수라는 점에 혐오를 느껴 나는 결국 법과대학 교수를 그만두었다.

타락한 자유

문명화의 이면

제국주의는 언제나 자신을 정당화했다. 과거에는 '열등 야만'에 대한 '문명화의 사명'이라는 것을 내세웠다. 20세기 후반 식민지가 대부분 독립한 뒤에는 그 나라들이 핵을 비롯한 대량 파괴 무기를 가졌다느니 자유와 인권과 민주주의를 전파하기 위한 인도주의적 개입이라는 등의 정당화가 행해지고 있다. 가령 퍼거슨(Niall Ferguson, 1964~)은 영미를 자유주의적 제국이라고 하며 19세기 대영제국의 세계 침략을 영국세계화(Anglobalization)라는 정의라고 주장했다. 영국의 인도 지배는 필요했고 마찬가지로 미국이 베트남전쟁을 비롯해 세계를 침략하는 것이 정당하다고 주장한다.[1]

이는 서양 자유주의의 전통이었다. 20세기 전반까지 스미스, 흄,

버크, 칼라일, 벤담, 액턴, 테니슨, 러스킨, 디킨스, 킹즐리, 키플링, 밀 같은 서양인은 서양의 자유와 인권을 주장하면서도 비서양의 자유와 인권을 억압하는 서양 제국을 문명이란 미명으로 지지했다. 20세기 후반에는 소수 좌파가 신생국에 개입하는 것을 반대했지만 다수 우파는 그 개입을 지지했다. 20세기 말에도 이러한 주장은 이어졌지만[2] 그 소수 좌파 중에서도 개입을 지지하는 사람들이 다시 나타났다. 히친스(Christopher Hitchens, 1949~2011)[3]나 이그나티에프(Michael Ignatieff, 1947~)[4] 같은 사람들이었다. 최근 우리나라에 번역된 『세계인권사상사*The History of Human Rights: From Ancient Times to the Globalization Era*』에서도 이샤이(Micheline Ishay)는 인권 신현실주의라는 입장에서 인도적 개입에 대해 소위 중도적인 입장을 주장한다.[5] 이샤이는 지구화에 대해서도 같은 입장이다. 그러나 나는 사이드(Edward W. Said, 1935~2003)나 촘스키(Noam Chomsky, 1928~) 같은 반대파처럼 인도주의적 개입을 자유에 대한 위선적 이중 기준이라고 비판하고 지구화에 대해서도 비판한다. 즉 인도주의적 개입이나 지구화나 인민의 자유에 대한 중요한 침해다. 이는 자유가 개인의 자유일 뿐만이 아니라 동시에 인민의 자유임을 부정하는 것이다.

나는 그 하나의 사례로 최근의 빈 라덴 처형을 들고 싶다. 그날 아침 나는 "아침에 뉴스를 듣는 것은 고통스럽다. 개가 짖는 소리를 듣는 것도 고통스럽다"던 아랍 시인 카바니(Nizar Qabbani, 1923~1998)의 노래를 생각했다. 그러나 나는 개 짖는 소리가 좋다. 아니 새벽이면 언제나 개 짖는 소리, 닭 우는 소리에 일어나야 하니 좋고 싫고가 없다. 그러나 뉴스는 싫다. 다행히도 시골에 사니 신문도 아침 늦게 오고 비라도 오면 다음날 오니 얼마나 좋은지 모른다. 그러니 TV나 컴

퓨터로 굳이 뉴스를 볼 필요도 없다.

뉴스가 고통인 이유는 사람을 죽이는 이야기를 비롯하여 온갖 괴로운 소식이 실려 있기 때문이기도 하다. 할리우드제 전쟁, 첩보, 갱, 서부 영화의 복사판 같은 뉴스는 주인공 스타의 초인적 만능 액션과 함께 '정의의 승리' '정의의 실현' 등으로 영웅을 조작하지만 그 살인이 왜 정의인지를 말해주지 않는다. 미국이 빈라덴을 죽인 이유는 2001년 9·11 사태를 그가 지시하고 조종했기 때문이라는데 그 증거는 없다. 즉 증거도 없이 죽였다. 2011년 5월의 일이다.

재판 전에는 누구라도 무죄로 추정된다는 원칙을 상대도 아닌 법대를 나왔다는 미국 대통령이 모를 리 없건만 그냥 죽이고는 정의라한다. 유대인 600만 명을 비롯해 수천만 명을 죽인 히틀러나 무솔리니 같은 살인마 군부까지도 재판했던 미국이 왜 아랍인은 지난 500년 동안의 인디언들처럼 재판도 없이 마구잡이로 학살하는가? 게다가 빈라덴을 죽일 때 그는 비무장이었고 그와 함께 있던 사람들 중에 무장한 자는 한 사람밖에 없었다. 그러니 그렇게 특별한 훈련을 받고 초능력까지 갖춘 수십 명이라면 충분히 그를 생포해 재판에 넘길 수 있었는데도, 아니 그렇게 하는 게 정의인데도 왜 그를 즉살하고 바다에 수장했는가? 미국은 언제나 자국이 정의의 나라, 증거 재판의 나라라고 자부하지 않았는가? 아무리 흉악한 범죄자라고 해도 재판 없이 즉각 처형해 물속에 던지는 짓은 개도 안 하는 야만이 아닌가?

게다가 그 처형지는 남의 나라였다. 남의 나라 주권을 무시하고 멋대로 침입해 그런 야만의 처형을 한 것이었다. 이런 주권 침해는 오줌으로 영역을 밝히는 개도 하지 않는 짓이다. 미국 아닌 다른 나라가 쫓는 피의자가 미국에 거주하는 경우, 그 나라 사람들이 멋대로 미국에 들어가 그를 죽인다면 미국은 과연 용납할 것인가? 아마도 전쟁 불사 등 엄청난 보복을 할 것이다. 세계 최대의 강자이자 부자인 미국이 약자이자 빈자인 나라들을 억압하며 정의 운운하는 것은 참으로 어처구니가 없다. 한때 부려먹은 빈라덴 같은 똘마니 깡패가 배신했다고 해서 멋대로 죽이고 정의 운운하는 경우도 마찬가지다. 그 깡패의 10년 전 소행에 대해 그 동족은 대부분 동의하지도 않았고 도리어 그 깡패가 본래는 두목의 졸개였음을 사람들은 잘 알고 있다. 마찬가지로 부려먹은 독재 깡패들을 그 동족이 몰아내자 놀라 10년 전 깡패라도 야만적으로 처형해 본때를 보이고자 한 것이 아니라면 무엇 때문에 이런 야만적 행위를 저지른 것인가?

문제는 그뿐만이 아니다. 9·11 직후에 만든 342쪽에 이르는 방대한 '테러대책법(애국법)'은 수사에 필요한 '상당한 이유'가 없어도, 테러 등과 관련해 '진행중인 범죄 수사와 관련된 정보가 있다'는 애매한 근거만으로도 영장을 발부할 수 있게 해, 수많은 사람들이 무고하게 재판도 변호사도 없이 무기한 수감되고 고문을 당했다. FBI가 혐의자의 이메일 수사를 요구하면 '스파이 법원'은 일방적으로 인가하고 관련 변호사는 반론권을 부정당했다. 이슬람교도에 대한 편견과 차별은 더욱 악화되어 이슬람교당인 모스크에 대한 투석 등의 침해 사건은 수천 건으로 늘어났고 최근에는 『코란』을 태우는 목사까지 등장했다.

지금의 미국 여론은 정부가 국민의 자유를 억압해서라도, 특히 고문을 해서라도 테러 방지를 위해 모든 수단을 강구해야 한다는 것이다. 그러나 이런 야만적인 테러로 테러를 방지할 수 있을까? 결국은 테러의 악순환일 뿐이지 않은가? 야만은 야만을 낳을 뿐이지 않은가? 미국과 빈라덴의 전쟁은 테러라는 이름의 근본주의 야만 전쟁이다. 개들의 싸움보다 못한 살육전이다. 양쪽 모두 신을 들먹이며 '성전(聖戰)'이니 '정전(正戰)'이니 하지만 개들도 웃을 노릇이다. 그 누구도 문명이나 인간의 이름으로 미화될 수 없는 야만과 악마의 저주받은 싸움이다. 그러니 정말 "아침에 뉴스를 듣는 것은 고통스럽다". 차라리 개 짖는 소리가 아름답다. 개들 노는 꼴이 더 정의롭다.

자유란 미명 아래

자유란 역사상 모든 나라의 인민이 건국을 비롯한 중요한 변화를 이룩할 때 외친 처절하고도 당당한 구호다. 1부에서 보았듯이 모든 나라의 국가(國歌)나 국기를 비롯한 상징과 그 실체인 역사에는 자유라는 말이 그렇게도 많이 나온다. 미국이 영국에서 독립할 때 외친 "자유가 아니면 죽음을 달라"는 구호는 프랑스혁명에서도, 프라하의 봄에서도, 톈안먼 광장에서도 끊임없이 반복된 인민의 자유에 대한 절규였다. 그러니 인민의 자유만큼 고귀하고 간절한 것이 또 있겠는가? 생명을 바칠 만한 고귀한 가치가 있는 것이 또 있겠는가? 자유의 기적 같은 역사는 수많은 사람들의 희생 위에 이루어졌고 아마 앞으로도 그럴 것이다.

인민의 자유만이 아니다. 집단의 자유, 개인의 자유도 마찬가지다. 그래서 모든 자유는 영원히 미완성의 창조이다. 끝나지 않는 싸움, 끝없는 투쟁, 쉬지 않는 창조이다. 그야말로 영구 혁명이다. 영원한 변화다.

그 어느 나라에도 자유를 위한 오랜 투쟁과 창조의 치열한 역사가 있었다. 자유는 인류의 가장 오랜 꿈이자 사건이자 역사로 이어져왔다. 자유는 언제나 역사와 함께했다. 자유는 언제나 인류와 함께했다. 그야말로 참으로 '오래된 미래'다. 또한 모든 자유는 각각 그 나름으로 개성적이고 다양하다. 어느 자유도 같지 않고 획일적이지 않다. 그러면서도 언제나 오로지 자유라고 불릴 수 있는 하나의 동일, 동질의 사건이다. 그 자유는 모두 인간이 함께 만든 새로운 창조이다. 나의 것이자 우리의 것, 개인의 것이자 다수의 창조이다. 흔히들 자유를 '나'의 자유라고 생각하지만 이는 동시에 '우리'의 것이다. 자유는 언제나 사람들이 함께 만드는 것이다. 그렇지 않다면 그것은 이기적 욕망이나 자의적 방종에 불과하다. 이는 가장 추악한 본능인 소유나 사유의 자유가 아니다. 그것만을 자유라고 함은 재벌이나 독재의 거짓 선전에 불과하다.

이처럼 자유란 말은 언제나 좋은 것, 참된 것, 아름다운 것만을 뜻하지는 않았다. 자유는 모든 말이 그렇듯이 다의적이고 반어적이며 정치적이고 수사적인 동시에 기만적이고 위장적이다. 이집트 30년 독재 정부, 재벌도 자국을 '자유'의 나라라고 선전하고 반대로 인민이 정당하게 요구한 자유를 언제나 '방종'이라고 비난하며 자신들과 같은 특별한 소수의 자유만을 자유라고 강변했다. 이집트 정부는 '자유' 미국의 보호를 받는 자국 정부야말로 국제적으로 인정받은 '자유' 정부라고 자랑하며 소수의 이집트인들이 미국인들처럼 30년 동안 마신 코카콜라가 '자유'의 상징이라고 강조했다.

미국을 비롯한 제국주의자들은 수천 년 전부터 자신들의 자유만이 문명이라고 주장하며 나머지 세계를 부자유의 식민지로 지배했고, 노예 무역상들은 자유 상업이라는 이름으로 노예무역을 했다. 고대 그리스 로마로부터 대영 제국(大英帝國), 대불 제국(大佛帝國), 대미 제국(大美帝國)을 거쳐 히틀러 나치 제국(大獨帝國, 대불·대미·대독 제국이니 하는 말들은 내가 지어낸 말이지만 찬양의 의미는 물론 없다)까지 그러했다. 『나의 투쟁』에서 아메리카를 정복한 영국인처럼 세계를 정복하겠다고 한 히틀러의 나치 수용소 입구에는 수용된 사람 각자의 힘겨운 "노동이 자유롭게 한다"는 구호가 적혀 있었다.

그런 점에서 서양은 자유주의든 전체주의든 공산주의든 모두 제국주의라고 할 수 있다. 이 점을 무시하고 서양의 자유주의는 우리가 가야 할 유일한 길이고 이는 전체주의나 공산주의와는 근본적으로 다르다는 식의 인식은 너무나도 안이하다. 우리 자신도 자유주의라는 이름 아래 군사독재라는 전체주의를 경험하지 않았던가? 그럼에도 지금 다시 그것이 '진짜' 자유주의가 아니었다고 말하며 밀이나 벌린이나 하이에크나 롤스를 들먹여서 어쩌자는 것인가? 또는 유교에 '진짜' 자유가 있었다고 부르짖으며 공자의 혼령을 불러내 어쩌자는 것인가? 그 어느 것도 기껏해야 권력이나 소유의 자유를 강조하는 국가주의와 자본주의 찬양이 아닌가? 서양의 공동체주의가 공자님 말씀과 비슷하다고 하여 열심히 함께 제사 지내는 것도 기껏 권력과 소유의 자유를 찬양하는 것이 아닌가? 니체나 하이데거, 데리다나 푸코, 토크빌이나 아렌트를 받들어 시도 때도 없이 제사 지내는 것도 마찬가지 아닌가?

소유의 자유만을 인정한 일제는 마침내 아시아의 자유를 지킨답시고 침략 전쟁을 벌여 수백만 명을 징용하여 보국대(報國隊)란 이름으로 노예처럼 강제 노동을 시키고 정신대(挺身隊)란 이름으로 성노예를 삼았으며 이를 많은 조선인들과 일본인들의 자유의지에 의한 것이라고 정당화했다. 일제강점기부터 한반도의 자유란 소유나 사유를 뜻했고 이를 독점한 우익은 걸핏하면 자유를 반공이나 경제로 우겨왔다. 빈부 갈등도 자유고 독재 독점도 자유이며, 나 혼자 잘 먹고 잘사는 것도 자유고 네가 굶어죽는 것도 자유라고들 해왔다. '자유'를 '사유'로 착각하고 '자유' 만세가 아니라 '사유' 만세를 부르는 사람들이 이 나라에 왜 이렇게 많은 것이며 득세까지 하여 나라를 이끈다고 야단법석인가?

참으로 자유는 더럽고 욕심 많으며 추악하기도 하다. 특히 21세기에 와서 우리의 자유는 그렇게 타락했다. 너무나 천박한 이기적 사유의 방종으로 타락했다. 그러나 언제나 '자유의 나라'라고 주장하는 미국의 자유는 이미 죽었으니 그것을 다시 모방할 필요는 없다. 남의 나라를 침략하여 그 나라의 자유를 죽이면서 자유를 위한 것이라고 거짓말할 때 말고는 자유라는 말을 사용할 이유도 없어졌다.

자유의 모순과 타락

자유의 모순 중에 특히, 서양 문명이 자유를 그 특권으로 강변하면서 야만이라고 여긴 비서양을 침략하여 부자유로 억압하고 지배할 때만큼 자유가 극도로 모순되고 타락한 경우는 다시없다. 플라톤이나 아리스토텔레스부터 헌팅턴(Samuel Huntington, 1927~2008)이나 후쿠야마에 이르기까지 그러한 타락이 서양 자유론과 자유주의의 핵심이었다면 그 이름은 이제 억압론이나 반(反)자유론, 억압주의나 반(反)자유주의로 바꾸어야 한다. 자유주의란 사치스러운 허영의 거짓말이다.

심지어 흑인 노예가 해방된 뒤에도 아시아 이주민은 미국이나 유럽에서 차별을 받아야 했다.

마찬가지로 능력이나 행운을 자유라고 강변하면서 무능력한 사람에게 부자유를 강변하는 것도 허위이고 사기이므로 그 자유라는 이름도 복권 당첨 따위로 바꾸어야 한다. 고대 그리스 이래 지금까지 우리는 그런 제국주의 시대, 능력주의 시대에 살고 있다. 여기서는 자유가 있을 수 없다. 있다면 그것은 부자유를 본질로 하는 명목상의 자유일 뿐이다. 그래서 2006년 차베스는 말했다.

이백 년에 가까운 시간이 지난 지금 우리는, 미국이, 자유라는 미명 아래, 전 세계를 가난으로 채우려 기획하고 있다고 말할 수 있습니다. 미 제국은 오늘날 세계에 존재하는 가장 큰 위협입니다……[6]

2008년 버거는 다음과 같이 말했다.

사실을 말해줄까? 단어들이 괴롭힘을 당한 나머지 정반대되는 의미를 가지게 되었다. 민주주의, 자유, 진보 같은 단어들은 그들만의 독방으로 돌아가면 알 수 없는 것이 되어버린다. 다른 단어들도 있다. 받아들여지지 않던 제국주의, 자본주의, 노예제 같은 단어들이, 거의 모든 경계면에서 다시 등장하고 있고, 이전 그것들이 있던 자리에는 세계화, 자유시장, 자연법칙 같은 사기꾼들이 활개를 친다.

해결책: 가난한 자들의 저녁 대화. 거기에서라면 일말의 진실이 말해지고 지켜질 수 있다.[7]

그렇다, 이제는 가난한 자들도 다 안다. 자유 없이 평등 없음을. 좌익은 가난한 자들을 대변한다고 하지만 공산당 독재하의 자유 없는 평등은 참된 평등이 아니다. 사실 공산당 독재라는 것 자체가 엘리트주의의 우열 논리라는 점에서 불평등을 그 본질로 삼은 것이니 공산당이 평등을 주장하는 것 자체가 모순이었다. 마찬가지로 모두의 평등을 거부하고 우월한 개인의 자유만을 주장하는 자유주의도 옳지 않다. 그 어느 것이나 일면적이다. 이집트 사람들은 분명히 자유와 함께 빵도 요구했다.

이처럼 자유는 상관된 것이다. 자유는 죽음과 바꿀 수도 있는 숭고한 가치이고 피와 눈물과 땀이 밴 실천이지, 권력 한 자락이나 돈 몇 푼을 얻으려고 하는 정치꾼과 장사꾼이 던지는 유혹의 가짜미끼도 아니고, 이를 합리화하는 창백한 학자들의 교묘한 말장난도 아니다. 철저히 이기적이고 물욕적인 정치꾼과 장사꾼의 천박한 자유, 즉 사유를 자유로 착각하고 여타의 모든 자유를 부정하는 무지하고 야만적인 사고와 행태에 대해서 솔직히 나는 아무 할말이 없다. 그런 자들과 함께 산다는 것 자체가 부끄러울 뿐이다. 그런 자들이 세계와 한반도를 지배하고 대부분 사람들이 그런 자들을 추종하는 이 천박한 현실이 창피할 뿐이다.

자유를 인민의 목이 쉬어터진 함성으로 듣지 못하고 특정인, 특히 정치적 학자들의 콧노래 궤변으로 듣는 것만큼 웃기는 짓이 또 있는가! 공자나 맹자, 플라톤이나 아리스토텔레스, 루터나 칼뱅, 홉스나 헤겔, 니체나 하이데거, 하이에크나 벌린까지, 이들이 자유를 조롱한 동서고금의 각종 황제나 천황, 레닌이나 히틀러, 박정희나 김일성, 대처나 레이건과 무엇이 얼마나 달랐던가? 그들에게 자유는 소수 특권층의 특권일 뿐이었다. 그 밖의 대부분 서양 사람들도 기껏 제국과 소유의 자유를 인정하고 비서양의 자유는 철저히 부정했다. 그러니 그런 자들이나 그런 자들을 숭배하는 반동적이고 사대적인 학자들의 논의야 쓰레기통에 집어던지는 것이 차라리 옳다. 게다가 우리 것도 아닌 남의 것을 창부처럼 교태를 떨며 떠벌리는 학문적 매춘은 독재를 숨기기 위한 이데올로기적 매음이나 독점을 미화하기 위한 경제적 매판보다도 못하다. 학문이 타락한 정치나 경제마냥 그런 매춘이나 매음이나 매판에 불과하고 자유로운 비판 정신에 근거한 개성적이며 창조적인 발상이 없다면 감히 학문을 말하지 마라. 남의 것을 베껴서 사는 주제라면 더이상 책을 쓰지도 말고 팔아먹지도 마라. 그런 것은 정치나 경제의 경우에도 사기지만 학문이나 예술의 경우 특히 해서는 안 되는 정신 살해의 사기다. 특히 온갖 서양의 화려한 자유론을 베껴 학문을 한답시고 폼을 잡고서는 기껏 그 본질인 사유의 자유를 외치는 짓은 그만두어야 한다.

반면 우리의 선조, 선배들은 인민의 자유를 누구보다도 절실하게 느꼈다. 바로 신채호(申采浩, 1880~1936)와 한용운(韓龍雲, 1879~1944)이다. 불행히도 나는 학자들 중에는 그만한 사람을 모른다. 가령 박종홍 같은 철학자들은 자유와 얼마나 먼 사람들인가? 그는 박정희를 위해 국민교육헌장이라는 철학적 걸작을 남겼다. 또는 전두환을 위해 봉사한 이규호 같은 철학자? 기타 각종 봉사자인 김형효니 김용옥이니 하는 철학자? 적어도 그들은 내가 이 책에서 말하는 자유의 사상가들은 아니다.

내가 자유를 참된 자유와 타락한 자유로 나누는 것은 신채호가 역사를 '아(我)와 비아(非我)의 투쟁'이라고 한 것에 각각 해당되는 것이다. 그가 말한 '아'의 본질은 자유다. '아'는 무한으로 자유자재하며 행하고자 함에 이루어지지 않는 일이 없으므로 유아독존적이고 신성한 것으로, 그것이 바로 독립 자유 정신이며 전통 고유 사상이고 국권 회복의 목적과 희망이며 저항적 인민주의의 것인 반면, '비아'는 제국주의, 강권주의, 식민주의, 물질주의, 유교주의 따위를 말한다. 나는 신채호의 역사학 자체에 반드시 찬성하지 않지만 그가 말한 '아'와 '비아'의 개념 구분을 자유와 비자유의 측면에서 본 자유 사관(나는 신채호의 역사학을 자유 사관이라고 부른다)에는 공감한다. 그리고 자신이 추구한 자유의 정점에서 아나키즘을 추구한 것에 동의한다.

또한 같은 취지의 한용운의 자유론에 찬성한다. 3·1운동으로 구속되어 검찰의 취조를 받았을 때 한용운은 '한일 합방'에 반대한 이유로 "조선인에게 자유가 주어지지 않았기 때문"이라고 하였다. 즉 "조선인에게는 정부를 조직할 자유가 주어지지 않았고 법률을 제정할 자유가 없다. 따라서 인민 전체에 자유가 없다"라고 구체적으로 명시하여 다른 사람들의 추상적인 논의와 달리했고 그뒤 더욱 구체적으로 불교 사회주의를 추구했으며 불교의 개혁, 특히 권력 불교로부터의 탈피를 위해 노력했다. 함석헌도 같은 노력을 했다. 신채호와 한용운과 함석헌처럼 나도 자유가 타락하고 사멸한 21세기 지금, 우리가 그리고 세계가 다시 자유롭게 되지 못하면, 자유를 부활시키지 못하면 인류에게는 미래가 없다고 생각한다.

자유는 상관된 것이다

자유의 단계—자존·저항·창조

많은 사람들이 이집트를 비롯한 아랍의 변화를 자유화나 민주화라고 한다. 독재자를 몰아내고 민주 정부를 세운 것이라고 한다. 맞는 말이다. 그러나 나에게는 잡초처럼 외롭고 쓸쓸한 사람들이 참고 참다가 마지막에 어쩔 수 없이 내지른 "우리도 인간이다"라는 인간 선언, 존엄성 선언, 자존심 선언, 최저한의 인간적 품위 선언, 인간으로서의 승인 요구 선언으로 보였다. 1960년이나 1980년이나 1987년이나 2008년의 우리도 그러했고 지금도 그러하리라.

자유가 중요한 이유는 그것이 각자에게 인간으로서의 최소한의 기본적인 가치인 '자존(自尊)'을 부여하기 때문이다. 자유의 제1단계인 자존은 남에게 굽히지 않고 스스로의 품위를 지키는 것을 말한다. 자유의 기본적 가치는 자존이다. 이를 우리 헌법은 제10조에서 '인간으로서의 존엄과 가치'라고 한다. 그러나 이는 어디까지나 기본적 가치다. 자존이나 자존심은 가장 기본적인 것으로서 그것에만 그쳐서는 큰 의미가 없고 더 훌륭한 가치로 발전되어야 한다.

우리는 자존심이라는 말을 쉽게 사용하지만 그 핵심은 인격적 독립이다. 즉 자존심이란 그냥 자기를 잘난 존재로 내세우는 것이 아니라 하나의 인격적 독립이라는 마음가짐을 말한다. 이는 자신의 인격은 물론 다른 인격에 대한 정서적 복종이 아니라 비인격적이고 초인격적인 어떤 원리적 가치, 가령 정의나 정의로운 법의 지배에 따라 이루어진다. 이에 따라 내면의 자유를 확보하게 된다. 이는 자유를 제한하고 이단자를 배제하는 농경사회가 보여주는 인격적 의존 관계의 공동사회로부터 벗어나 규모가 훨씬 큰 인위적 사회로 들어가는 것을 뜻한다. 정의로운 법의 지배가 자유를 실현하기 위해서는 그 지배권이 충분히 넓어야 한다. 즉 지배권이 넓으면 넓을수록 지배자는 더욱 작은 부분밖에 지배할 수 없고, 그 지배하지 못하는 부분에서 개인은 자신의 개성을 자유롭게 발전시킬 수 있다.

그러나 법의 지배만으로는 실질적인 자유를 확보하기 어렵다. 구성원 스스로 자유를 추구하고 자유를 침해당한 사람을 지원해야 한다. 그 결과 모두의 자존심이 존중되는 사회를 품위 있는 사회라고 할 수 있다. 품위란 사람이 갖추어야 할 위엄이나 기품을 뜻한다. 이를 정의로운 사회까지 이른 것은 아니고 비인간적인 고문을 당하거나 모독을 당하지 않는 정도의 기본 윤리를 지키는 인간적인 사회라고 보는 견해도 있지만 고대 그리스인들이 말한 덕성(아레테)의 사회라고도 볼 수 있다. 자유의 차원에서 말하자면 소극적 자유로부터 적극적 자유에 이르는 모든 자유가 실현되는 것이라고 할 수도 있다. 즉 모든 자유의 기본에는 자존이 있다.

자존에 이어 자유의 제2단계는 자존을 실현하기 위한 '저항'이다. 그러나 이는 인간관계를 고정시키지 않으면서도 그 관계의 단절이나 무관심으로부터 구출하고자 하는 것이므로 상관적 저항이다. 인간관계가 단절되고 무관심한 사회에서는 개인의 변화도 없고 사회도 존속할 수 없게 된다. 자유란 인간관계 속에서 끝없이 변화하는 가치다. 자유는 선천적으로 갖고 태어나는 자질도 아니고, 후천적으로 획득되는 재산도 아니다. 자유는 인간관계 속에서 생성되는 과정이다. 그런 과정을 통해 인간은 끝없는 정신적 자기해방을 이룩할 수 있다.

이는 특히 기성의 가치관이나 권력의 작동이 초래한 모순에 저항하여 새로운 가치관과 권력의 작동을 초래하는 것을 통해 이루어진다. 따라서 이는 항상 불안할 수 있으므로 민주적인 제도 장치가 필요하다. 특히 평화적 정권 교체를 위해 지배 시기를 한정하고 지배와 복종의 관계를 유동적으로 운영할 필요가 있으며 무엇보다도 언론 자유를 확보해야 한다. 여기서 사유재산권에 근거한 자유 시장을 비롯한 경제적 자유는 반드시 필요하지 않고 도리어 그것을 제약할 필요가 있다. 그러나 이러한 정도의 원칙 외에 구체적인 자유의 발견은 미리 정하지 않고 미래의 자생에 따르는 원리에 맡겨두어야 한다.

자유는 저항으로만 끝나서는 안 된다. 그 제3의 최종 단계인 '창조'로 나아가야 한다. 이집트 혁명의 경우 그것은 어떤 정해진 민주화, 가령 선거제의 확보 같은 것에 한정된 것만이 아니다. 도리어 그것은 더 큰 자치를 향한 자활, 자생의 자치를 미래에 창조할지도 모른다. 어쩌면 그들은 그 혁명을 위해 지난 30년을 독재하에서 살아왔고 앞으로도 그런 질곡의 삶을 살아갈지 모른다. 사실 너무나 멀리 떨어져 있는 우리는 아무것도 모른다. 편파적인 외신을 통해 제대로 알 수 없다. 그러나 나는 그들의 자유를 비롯하여 모든 자유의 원리를 자존, 저항, 창조라고 본다. 예술이나 문화만이 자유로운 창조인 것이 아니다. 역사적 변화와 사회적 운동도 창조다. 예술과 문화는 개인의 창조이지만 변화와 운동은 인민과 집단의 창조다.

흔히 예술이나 학문의 창조에는 자유가 필요하고 그 창조 자체도 자유에서 나온다고 한다. 자유롭지 못한 사회에서는 예술이나 학문이 꽃필 수 없고 자유롭지 못한 정신의 소유자는 예술이나 학문을 창조할 수도 없다. 그러나 그 경우 자유의 구체적인 내용은 무엇인가? 이에 대해 미국의 예술평론가 손태그(Susan Sontag, 1933~2004)는 '문학은 자유다'라는 제목의 2003년 강연 마지막에서 다음과 같이 말했다.

> 문학, 세계문학을 접할 수 있는 것은, 국가적 허영, 속물주의, 강압적 지역주의, 알맹이 없는 교육, 결함 있는 운명과 불운의 감옥에서 탈출하는 길이었습니다. 문학은 더 큰 삶, 다시 말해 자유의 영역에 들어가게 해주는 여권이었습니다.
>
> 문학은 자유였습니다. 독서와 내성(內省)의 가치가 끈질기게 위협받는 요즈음, 더더욱 문학은 자유입니다.[1]

강연의 앞에서 손태그는 미국을 비판한다. 미국은 "미국의 현재 정치적·군사적 팽창을 지지하면" "바람직한 무리에 속하는 것"으로 본다는 것이다.[2] 손태그는 유럽을 두고 말한 것이지만 나는 전 세계가 마찬가지라고 생각한다. 앞에서 본 이집트를 포함한 아랍의 경우에서처럼 말이다. 손태그는 이어 미국을 종교적인 나라라고 하면서 그 종교를 "현대적이고 상대적으로 내용이 없는" 것이자 "소비주의적 선택이라는 생각에 따라 구성된 것이며, 미국의 순응주의, 독선, 도덕주의의 근간을 이"루는 것으로, "개인행동의 교화, 성공을 중요시하는 것, 공동체적 협력, 다른 사람의 선택에 대한 관용(그 밖에 소비자본주의가 원활하게 돌아가고 발전하게 하는 모든 가치)을 공통으로 갖는 것"이라고 한다.[3]

손태그는 미국과 유럽의 "극명한 대립 개념에서 벗어나는 길을 계속 모색해야 한다"고 하면서 "삶이라는 게 결국 오래된 것과 새로운 것 사이의 지속적인 타협"이고 자신은 "다원적이고 세속적인 것을 선호하고 어느 한 나라가 지배하지 않는 다변적인 세계"에 살고 싶다고 한다.[4] 손태그는 문학이 그런 다원적 세계를 추구하므로 자유라고 말한다. 나는 이를 상관적 세계, 상관적 자유라고 본다. 나는 이를 이집트에서 보았다.

정말 '기적'처럼 이집트 사람들은 자존을 위해 자생적으로 분연히 일어나 생사를 걸고 '이집트'와 '자유', 두 글자를 외치며 자유를 위해 저항했다. 그러나 그 어느 것도 사람이 만들 수 없는 '기적'이 아니었다. '기적' 같은 사건이기는 해도 '기적'은 아니었다. '기적'이 아니라 '창조'였다. 함께 만든 자유의 '창조'였다. '이집트'는 그들에게 주어진 나라의 이름에 불과하고 그 기적 같은 사건의 본질은 억압으로부터의 보편 세계적인 '자유'의 창조였다. 그래서 나에게도 기적 같은 감동이었다. 그래서 세계 인류 모두에게 충격적인 감동이었다. 자유란 이런 책이나 쓰는 나 같은 서생의 창백한 연구 대상이 아니라 생사를 건 뜨거운 실존의 문제이고 그것은 끝없이 되풀이되는 저항 투쟁의 실천적 창조라는 역사적 진실을 새삼스레 일깨워주었다. 역사는 자유를 향한 저항 투쟁의 창조사다. 그것이 새로운 정치, 경제, 사회, 문화의 창조다. 그것이 종교, 학문, 예술을 비롯한 모든 창조와 교양의 본질이다. 그 모두가 자유를 향한 자존과 저항이자 창조다.

평등·박애와의 상관

자유의 상관성을 이해하기 위해 자유가 평등 및 박애와 함께 보장된 프랑스의 인권선언을 통해 자유와 평등 및 박애와의 상관을 생각해보자. 앞에서 말했듯이 우리나라에는 자유는 우파나 부자, 평등은 좌파나 빈민의 것이라는 기이한 이분법이 있기 때문이다.

2011년 아랍인들이 절규한 자유에는 평등이 당연히 포함된 것이지만 그들은 분명히 평등이 아니라 독재로부터의 자유를 주장했다. 19세기 러시아의 도스토옙스키가 말한 것처럼 인간은 흔히 "자유가 아니라 빵을" 원한다고 하는 것은 옳지 못함을 아랍인들은 다시 보여주었다. 인간은 노예나 동물, 기계가 아니기 때문이다. 이제는 없어진 소련 치하에서도 사람들은 외쳤다. "빵만으로는 살 수 없다." 그렇다. 빵 앞에 자유가 있다. 자유 없이는 빵도 먹을 수 없다. 엠마 골드만(Emma Goldman, 1869~1940)은 말했다. "춤을 출 수 없는 혁명은 진짜 혁명이 아니다." 혁명도 자유에 의해서만 가능하다. 이를 배부른 자의 헛소리라고 욕할 소위 혁명 투사가 있을지 모르지만 그들은 같은 이유로 자유를 억압한 독재자와 전혀 다르지 않았다.

물론 자유에는 빵을 먹는 자유도 당연히 포함되어야 한다. 나 혼자만이 아니라 모두 함께 즐겁게 빵을 먹는 자유가 있어야 한다. 그래야 참된 자유다. 홀로 지닌 자유는 특권이지 참된 자유가 아니다. 그렇다. 자유는 평등 없이 있을 수 없다. 옘마 골드만처럼 가난하고 못생긴 여성 노동자 제인 에어는 사랑에 고통받았으면서도 자신이 평등한 자유인이고 그렇기에 사랑할 수 있다고 확신하면서 자신의 사랑을 어렵게 추구했다. 그 평등은 인간이라는 존재로서의 평등을 의미하면서도 동시에 힘의 평등을 뜻했다.[5] 자유라는 점에서 그 누구와도 평등한 것임을 뜻했다. 19세기 초 노예선 아미스타드 호에서 반란을 일으킨 흑인 노예들이 자유를 주장했을 때도 그들은 자신들이 물건처럼 거래되는 주인의 종이 아니라 주인과 평등한 인간임을 믿었다. 한용운이 3·1운동을 일으킨 이유를 두고 자유가 없기 때문에 자유를 갖기 위해서라고 했을 때도 조선이 일본과 평등하다는 전제에서였다. 그리고 흑인이나 백인이나, 조선인이나 일본인이나 모두가 박애라는 사랑으로 평화롭게 살기를 바랐다.

누구에게나 빵과 자유가 함께 필요하다. 자유와 평등은 언제 어디서나 함께이다. 우리 헌법을 비롯한 모든 헌법에서 그렇게 규정해서가 아니다. 자유는 본래 평등과 함께하는 것이다. 이집트를 비롯하여 모든 나라와 시대에서 보듯이 자유는 모두 함께 추구하는 것이므로 당연히 평등한 것이고 따라서 자유롭고 평등한 사람들의 박애 공동체인 인민의 자유이며 결국은 나라의 자유로 나아간다. 그러니 자유, 평등, 박애(사랑)만큼 소중한 것, 귀중한 하나가 또 있겠는가?

물론 그 믿음만으로는 자유도 평등도 평화도 불가능하다. 여성과 노동자, 흑인과 아시아인은 여전히 자유롭지도 평등하지도 평화롭지도 못하다. 고대로부터 자유는 전쟁, 투쟁, 경쟁, 정치에서 시작되었고 지금도 여전히 그렇다. 그래서 자유의 역사는 피와 눈물과 땀의 역사다. 자유는 꿈이 아니라 현실이다. 상상이 아니라 역사다. 자유는 철학이나 과학이 아닌 생존이고 정치다. 정치 없는 정치철학만큼 우스운 것도 없다. 지금 주목받는 샌델이나 그 논적(論敵)인 롤스는 그래서 우습기는 마찬가지다. 그들은 자유, 평등, 박애를 하나씩 붙잡고 있다. 그러나 그 셋은 현실 역사에서 하나다. 분리될 수 없는 하나다. 분리되면 각각은 왜곡된다. 자유만의 자유주의나 자본주의, 평등만의 사회주의나 공산주의, 박애만의 공동체주의나 민족주의는 모두 왜곡이다. 그 셋을 합친 민주주의만이 인류의 참된 정의 사회다. 민주주의란 말 그대로 민, 즉 인민이 주인인 정치다. 자유롭고 평등한 인민이 (of the people) 민주적으로 자치하여(by the people) 박애의 평화를 이루는 (for the people) 정치다. 모두가 자유롭고 평등해야 민주주의가 가능하다. 반면 소크라테스, 플라톤부터 밀까지 인류 모두가 자유롭고 평등하다고 보지 않아 민주주의에 반대하고 철인정치 따위의 전제주의나 소수 지배의 자유주의나 자본주의를 찬양했다. 그래서 나는 그들에게 반대한다. 그들이 주장한 전제주의, 소수 지배의 자유주의나 자본주의에 반대한다.

특히 오늘날 세계는 그야말로 자유주의, 자본주의가 폭주하는 세계다. 특히 신자유주의의 '새로운' 자유라는 이름 아래 자유의 기본 조건인 생활의 기반을 박탈당한 빈곤 속에서 대부분의 사람들은 장래의 설계를 할 수 없다. 신자유주의의 '새로운' 자유란 사실 '오랜' 자유주의의 본질인 이기적 소유주의의 변태일 뿐이다. 자유의 상관성에서 나오는 공공적인 평등과 박애는 이미 상실된 지 오래다.

자유주의는 개인의 자유를 강조하지만 그러한 개인의 자유는 그것을 누릴 수 있는 조건을 갖지 못하는 사람에게는 그야말로 그림의 떡이다. 그러한 개인의 자유가 없었던 과거의 반자유주의적인 공동체 사회에서 도리어 사람들은 어느 정도의 경제적 조건을 가졌다. 그러한 전통적 공동체가 와해되면서 개인의 자유가 주어졌지만 실상 그것은 경제적 조건을 갖는 소수의 특권에 불과했다. 서양 근대의 자유주의 국가나 자유주의 사상이란 그러한 특권의 자유를 인정한 것에 불과했다.

이는 근대의 평등이나 박애의 원리는 물론 그 주체인 국민의 행복에 반하는 것이었다. 즉 '우리들 국민(National We)'이라는 근대 국민국가의 원리에 반하는 것이었다. 물론 근대 국가는 참정권의 확대와 함께 교육 기회의 확대와 생활 보장의 확충이라는 방향으로 개선되어왔지만 아직까지도 자유를 가능하게 하는 제도적 장치는 충분하지 못하다. 그러나 문제는 그러한 제도적 확충이 가능하다고 해도 그것만으로 과연 자유, 평등, 박애가 어느 정도 충분하게 이루어질 수 있는가 하는 의문이다. 여기서 문화적 전통이나 민족적 아이덴티티의 공유라고 하는 공동체주의와 같은 발상이 나오게 되는 것이 당연하지만 그것은 근대에서(특히 프랑스나 독일)도 추구된 것이었고 그 결과는 자유, 평등, 박애의 확충이 아니라 나치즘이나 파시즘이나 공산주의의 반자유, 반평등, 반박애였다.

자연과의 상관

지구환경의 파괴가 심각한 지금, 나는 평등을 포함한 자유, 박애를 포함한 자치와 함께 자연의 가치가 더욱 중요해졌고 이것이 새로운 민주주의 가치라고 믿고 있다. 따라서 민주주의는 자유, 자치, 자연의 세 가지를 골격으로 한다고 생각한다. 그러므로 적어도 민주주의에 인민의 자유와 평등, 자치와 민주, 자연과 평화가 빠질 수는 없다. 이와 반대로 인민이 아닌 독재자나 내외 자본을 비롯한 여타의 권력이 인민을 불평등하고 부자유하며 반(反)자치적 독재와 피비린내 나는 골육상쟁으로 지배하며 자본의 요구로 자연을 파괴하는 것은 민주주의가 아니다. 그러나 그런 지배는 곧잘 선거에 의한 다수 인민의 지지를 이유로 민주주의임을 자처한다. 특히 인민을 무지한 집단으로 보고 인민을 이끈다는 '지도자'임을 강변하는 독재자는 물론, 스스로 '문명'임을 내세우며 외국을 '야만'이라고 하며 침략하여 그 인민을 억압하는 제국주의 그리고 그것이 내세우는 독재 매판의 괴뢰정권이야말로 민주주의의 가장 큰 적이다. 그것이 선거에 의한 다수 인민의 지지를 받는 것이라고 해도 그렇다.

인류의 역사는 대부분 민주주의가 아니라 그 적대 세력의 역사라는 점에서 비극이다. 한반도 인민의 역사도 마찬가지로 한용운이 아니라 그 적들의 역사여서 비극이다. 윤치호를 비롯하여 3·1운동을 비웃으며 '미개국' 조선은 자유로울 자격이 없다고 한 그 적들은 '문명국' 일본과의 불평등, 즉 일본에 대한 종속을 정당화하며 친일을 하면서 그것을 자신만의 자유라고 주장했는데 그들은 나라의 경우와 마찬가지로 개인도 능력에 따라 불평등하다고 주장했다. 즉 자기와 같은 '문명인' 엘리트는 우월하지만 나머지 대부분 '미개인' 백성은 어리석으니 백성은 엘리트에게 지배당하는 것이 옳고 지배당해야 옳다고 했다. 그러나 그런 평등 없는 자유는 결국은 친일을 배경으로 한 지배라는 힘의 논리에 불과했다. 자유는 그런 실력주의자, 능력주의자, 우열주의자, 불평등주의자가 말하는 권력적 특권을 말하는 것이 아니다. 그들은 자신보다 우월한 서양인과 일본인에게 자유를 배우면서 서양이나 일본보다 못난 조선은 그들의 식민지가 되어 지배를 받고 자유를 상실하는 것이 당연하다고 생각했다.

이러한 엘리트의 특권을 자유라고 주장하는 자유주의는 평등을 거부하는데 나는 이런 불평등한 특권을 자유라고 보지 않고 자유의 타락인 방종에 불과하다고 본다. 즉 이 책에서 말하는 자유가 아니다. 내가 플라톤이나 아리스토텔레스로부터 계몽주의자들, 칸트나 마르크스, 스미스와 벤담, 제퍼슨과 밀, 롤스나 샌델까지 대부분 서양철학의 자유를 거짓 자유라고 비판함은 그것이 평등을 거부하는 자유이고 그들이 특권을 자유라고 주장하기 때문이다. 남보다 뛰어나서 남을 지배할 수 있다고 주장하는 자들이 자유를 말할 때 그 자유는 지배의 특권일 뿐이지 자유가 아니다. 우열에 의한 지배를 본질로 하는 특권자의 자유란 있을 수 없다. 지배와 자유는 본질적으로 공존할 수 없다. 따라서 지배자는 자유를 말할 수 없고 지배자가 자유를 말할 때는 언제나 자유와 반대인 억압일 뿐이다. 자유는 지배 없음이다. 자유는 권력 없음이다. 자유는 권위 없음이다. 반(反)권력, 반(反)권위, 반(反)지배다. 그래서 모든 권력, 권위, 지배에 나는 반대한다.

그렇다고 해서 나는 자유의 주체인 인민과 집단과 개인, 자치의 영역인 국가와 사회와 개인, 자연의 가치인 세계 평화와 사회 조화와 개인 절제라는 것을 부정하지는 않는다. 그러한 개별 단위는 반드시 존재해야 한다. 그러나 그 어느 것도 권력, 권위, 지배여서는 안 된다. 특권, 억압, 침략이어서는 안 된다.

특히 집단의 자치는 비창조적이고 획일적인 중앙집권 지배에 대한 저항에서 생겨나 지배적 권한을 가능한 한 분산하여 그 지배 대상이 스스로 창조적으로 통치하게 하는 것이다. 그러나 이는 단순한 지방 자치를 말하는 것이 아니다. 이는 다수파에 의한 전제를 거부하고 소수파를 존중한다는 의미에서 분권적인 것이다. 군정이나 군주정의 독재정치만이 아니라 독점 대기업이나 독점 대언론으로부터의 탈피를 뜻한다. 따라서 타자를 환대하고 다양성을 존중하며 복수 집단에 소속하는 것이 더 큰 자유를 위해 필요하다.

특히 개인의 잠재능력을 발휘하는 것이 자유의 기본이고 그 잠재능력을 활성화할 수 있는 제도는 국가의 차원이 아니라 자치가 가능한 지역사회에서 만들어지고 지역 차원의 단체에서 자치적으로 이루어지는 것이 바람직하다. 가령 지역 서비스의 차원에서 기본 교육이나 생애 교육, 직업훈련이나 직업 소개, 보육 서비스나 카운슬링 등이 국가 차원의 획일적인 제도보다 더욱 바람직하고, 지역 차원의 노동조합이나 생산조합 및 소비조합을 비롯한 각종 직업 단체도 관료제의 폐해나 직업 이익을 위한 폐쇄적 구조에서 벗어나 개방된 회원제와 민주적 절차로 운영되고 그 가입과 탈퇴의 자유를 보장할 필요가 있다.

이러한 자유와 자치가 자연과의 조화에 의해야 함은 두말할 필요가 없다. 환경으로서의 자연보호는 물론이고 모든 직업 생활이나 사회생활도 철저히 자연보호적인 차원에서 자연과 상관되어 이루어져야 한다.

자치와의 상관

공화주의는 시민의 자유가 정치에 참여하는 것에 의존한다고 보고 적극적 시민의 이상이라는 개념을 제시했다. 그러나 중앙집권적 국가 권력, 시민의 취약성, 정치제도의 취약성이 있는 경우 정치적 참여의 보장에 대해 충분히 고려하지 못했다. 특히 도시국가의 붕괴에 의해 문제는 더욱 심각해졌다. 한편 자유주의는 민주국가, 다양한 권력 중심, 개방성·논쟁·다원성으로 특징되는 세계를 창출하고자 했으나 이는 '자유 시장'의 현실로 인해 훼손되었다. 자유주의는 시장을 '권력 없는' 조정 메커니즘으로 간주해 경제권력이 민주주의에 가하는 왜곡을 간과했다. 이에 대해 마르크스주의가 비판했으나 마르크스주의는 정치권력을 경제권력으로 환원하여 중앙집권적 정치권력의 위험성과 정치적 책임의 문제를 간과했다.

이러한 문제점은 '정치적인 것'을 협소하게 규정한 데에서 비롯된다. 공화주의나 자유주의는 '정치적인 것'을 통치자의 일이나 정부 영역과 동일시하고 경제 영역을 제외했다. 반면 마르크스주의는 '정치적인 것'과 '경제적인 것' 사이에 직접적 관련성이 있다고 보았으나 이는 통치권의 본질로부터 조직 내 권력의 이동과 같은 문제를 간과했다. 그 결과 자치의 핵심, 가령 경제에 대한 통제, 여성의 정치 참여를 위한 가정과 육아 조직의 변화 등의 '정치적인 것'을 무시했다.

정치란 공적 생활과 사적 생활을 가로지르는 모든 집단과 제도 및 사회 안에서 그리고 그들 사이에서 나타나는 현상으로서 이는 자원의 이용을 둘러싼 모든 협력과 협상 및 투쟁의 활동 속에서 나타난다. 따라서 자치란 시민들이 자신에게 영향을 미칠 중요한 결정에 참여하는

데 필요한 조건과 관련된다. 가령 출산, 육아, 의료, 교육 등과 연계된 광범위한 사회적 권리만이 아니라 민주적 자치를 위한 적절한 경제적 자원을 보증하는 경제적 권리를 수반해야 한다. 튼튼한 사회적·경제적 권리를 갖지 못한다면 국가와 관련된 권리를 완전하게 향유할 수 없다. 나아가 권력, 부, 신분 등 새로운 형태의 불평등으로 인해 사회적·경제적 자유의 실현이 체계적으로 방해받는다.

이러한 새로운 자유는 시민 상호 간의 의무만이 아니라 시민 집단에 대한 국가의 책임도 규정한다. 따라서 국가의 권위는 제한되고 국가가 자유롭게 행동할 수 있는 여지도 제한된다. 가령 여성의 출산 자유에 대한 권리는, 정치 공동체로 하여금 임신을 예방하거나 지원하는 데 필요한 의료·사회 시설을 책임지도록 하고 아이를 갖는 것이 자유로운 선택이 될 수 있도록 도와주는 물질적 조건의 제공을 책임지도록 한다. 그러한 제공 중에는 기본소득의 보장도 포함될 수 있다.

여성들이 자유롭고 평등한 조건을 누리게 되려면 출산과 육아 환경의 개혁만이 아니라 직업·소득·문화 활동에 대한 접근에서 남성들의 전통적인 특권이 타파되어야 한다. 그러나 이는 남녀는 물론 모든 인간이 동일한 노동을 한다는 것을 의미하지는 않는다. 특권층의 기득권이 타인의 참여 가능성을 제약하거나 민주적 참여 능력을 부정한다면 이는 제한되어야 한다. 그러나 그것이 '차이'에 대한 공격일 수는 없다. 재화와 용역의 분배 문제는 자치의 원칙에 따라 시민 스스로가 결정할 문제다.

경제와 자유의 관계는 복잡하다. 여기서 먼저 개인적 소비용으로 소유되는 소비 자산과 생산과 금융에 관련되는 자본 자산은 구별해야 한다. 기업이 종업원이나 고객을 자유롭고 평등한 존재로 대우해야 한다는 원칙은 소비 자산이 아니라 자본 자산과 관련된다.

소극적 자유나 적극적 자유는 모두 자유란 개인의 자유를 국가로부터 보호하기 위한 것이라고 개인의 입장에서 바라본다. 그러나 사회주의는 개인이란 타인과의 상관에서만 존재한다고 보고 인간의 본질은 사회적·역사적 산물로서만 파악할 수 있다고 본다. 그리고 인간 사이의 관계를 이해하는 열쇠를 계급으로 본다. 마르크스는 보통선거권과 정치적 평등을 해방의 한 단계로 인정하지만 이는 계급 불평등에 의해, 또한 정치·경제·사회·문화에서 많은 사람의 선택 범위에 계급 불평등이 부과하는 제약으로 인해 심하게 훼손되고 약화되었다고 비판한다.

나아가 사적인 것과 공적인 것, 시민사회와 정치 영역이 구분된다는 자유주의의 명제에도 반대한다. 현대 권력의 원천인 사적 소유권은 비정치적인 것으로 보이지만 국가는 사적 소유를 보호하기 때문에 사회경제적 관계 속에 깊숙이 박혀 있고 특수 이익과 상관되고, 이는 대의적 '대표'나 참정권과는 무관하게 지속된다.

공공과의 상관

민주주의는 개인이 자유나 권리를 향유하면서도 개인으로서의 의무를 인정한다는 점을 전제로 한다. '대표 없는 곳에 과세 없다'라는 미국독립혁명 당시의 구호가 보여주듯 자유 없는 의무는 있을 수 없다. 동시에 의무 없는 자유도 용납될 수 없는 특권이다. 자유와 의무는 모든 사람에게 인정되는 것이 원칙이지만, 사회권과 같은 권리는 일부에게만 인정되며, 의무도 가령 납세의 경우 누진세와 같이 시민의 능력과 공평성 등의 공공 원칙에 따라 차등적으로 인정되기도 한다. 즉 자유와 의무는 공공과 상관된다.

그러나 공공이라는 개념과 관련해 주의할 점이 있다. 자유와 직결된 공사(公私)라는 말만큼 우리 사회에서 제대로 이해되지 않는 말이 없다. 자유를 둘러싼 우리의 상황은 한마디로 '멸사봉공(滅私奉公)'과 '멸공봉사(滅公奉私)'의 공존이라고 할 수 있다. 이 둘은 반대되는 것이지만 공이냐 사냐만을 선택하게 하는 것이라는 점에서 같고, 그 둘이 항상 공존하거나 서로 쉽게 변한다는 점에서도 사실 동질적인 것이라고 할 수 있다. 우리는 그 보기를 동아시아 전통에서도 볼 수 있고 전체주의 성립 전후의 역사에서도 볼 수 있다. 특히 정치적 자유의 주장에 대해 '멸사봉공'이라는 권력의 요구가 강력했고 경제적 자유에 대해서는 '멸공봉사'로 정당화되었다. 개인적 생활의 차원에서도 집단주의에 의한 '멸사봉공'이 지배했고 반면 극단적인 이기적 생활은 '멸공봉사'를 결과했다. 그러나 이 두 가지는 언제나 쉽게 호환될 수 있었다. '멸공봉사'라는 말은 사용되지 않지만 21세기 한국인의 이기주의를 단적으로 보여주는 말이라고 생각된다.

국어사전은 '공(公)'이란 "여러 사람을 위하거나 여러 사람에 관계되는 국가나 사회의 일"이라고 풀이한다. 이와 유사한 말인 '공공'은 "국가나 사회의 구성원에게 공동으로 딸리거나 관계되는 것"이라고 풀이한다. 여기서 국가와 사회는 무엇인가? 국어사전에서는 국가를 "일정한 영토를 독점적인 지배의 범위로 하는, 최고 권력에 의하여 결합된 통치 단체"라고 풀이하고, 사회를 "공동생활을 영위하고 있는 집단"으로 풀이하는데 상류사회니 지역사회, 또는 원시사회니 봉건사회, 근대사회니 현대사회니 하듯이 사회를 국가와 별도의 집단으로 인정하고 말하는 경우도 있지만 한국 사회니 미국 사회니 하여 국가와 같이 말하는 경우도 있다. 따라서 사회라는 말은 대단히 그 폭이 넓지만 국가를 포함한 집단으로 보아도 무방할 것이다.

그런데 최근 공공권(公共圈)이니 공공성이니 공공철학[6]이니 하는 말이 자주 사용된다. 이 말은 논자에 따라 다양한 의미로 사용되지만 위에서 본 국어사전의 풀이만으로는 공과 공공이 어떻게 구별되는지 불명하다. 그래서 가령 공공경제와 공경제, 공공기업체와 공기업체는 같은 말이다. 그러나 '공공단체'라고 하면 "국가로부터 그 존립의 목적이 주어진 법인"인 지방자치단체·공공조합·영조물 법인을 말하여 국가에 의해 만들어진 것이되 국가나 사회와 구별되는 것이다. 또 '공공방송'이라고 하면 국영방송이나 민영방송이 아니라 "공공복지를 위하여 하는 방송"이라고 하여 그때의 '공공'이란 국가나 개인과 구별된다. 여기서 공공복지란 "사회 구성원 전체에 공통되는 복지"를 말한다. 즉 국민 전체의 복지라고 할 수 있다. 그렇다면 여기서 '공공'이란 '국민'을 뜻하는 것일 수도 있다.

한편 국어사전에서 공심(公心)은 사심(私心)과, 공공심은 이기심과 반대라고 하지만 사심이나 이기심과 달리 공심이나 공공심이란 말은 거의 사용되지 않는다. '사'와 구별되는 것은 '공'이지 '공공'이 아니다. 여기서 '사'란 "개인에게 관계되는 사사로운 것"이다. 따라서 '공'은 개인적이지 않은 것이고 '사'는 개인적인 것이다. 이러한 구별을 단적으로 보여주는 말이 '멸사봉공'이다. 이는 중국 고전에 나오는 말로 현대에서도 전체주의나 집단주의의 구호가 되었다. 자신과 가족을 희생하면서까지 회사에 충성을 다하는 것도 그 보기라고 할 수 있다.

한편 '공동(共同)'이란 "여러 사람이 일을 같이 함" "여러 사람이 같은 자격으로 결합하는 일"을 뜻하여 사에 대립하는 공의 의미가 아니다. 내가 말하는 상관 자유의 상관이란 공과 사의 어느 하나만을 뜻하지 않으나, 공이 전체주의화되는 것을 부정하되 민주주의적 차원에서의 공을 인정하고, 이기적인 사가 아닌 공동적인 사가 공과 상관된다는 뜻을 포함하는 것이다. 따라서 가령 소유의 자유도 순수하게 사적인 것으로 보지 않고 타인들과 상관된 사회적인 것이자 국가와도 상관된 공적인 것으로 본다.

이러한 상관 자유가 고대 그리스에서 등장한 최초의 자유였다.[7] 또한 17세기에 와서 상관 자유가 점차 사적인 자유로 점차 축소되어가는 것도 우리는 뒤에서 보겠지만, 이를 나는 부정적으로 평가하고 상관 자유, 즉 자유의 상관성을 회복할 필요가 있다고 주장한다.

그러나 여기서 내가 공동체주의와는 아무 상관이 없고 도리어 공동체주의에 내가 찬성하지 않는다는 점을 분명히 밝혀야 하겠다. 나는 자유를 희생하는 사회주의와 평등을 희생하는 자유방임주의 모두에 비판적이다. 공동체주의가 자유를 비롯한 인권을 부정하지는 않지만 전체주의로 흐를 가능성이 있기 때문에 나는 그것에 반대한다.

자유와 창조의 상관

지금까지 나는 자유-저항-창조의 상관, 자유-평등-박애의 상관, 자유-자치-자연의 상관, 자유-의무-공공의 상관에 대해 말했다. 이네 가지 차원의 상관은 한마디로 자유와 창조의 상관이라고 볼 수 있다. 즉 자유의 출발점인 자존에서 나오는 저항이 부자유와 불평등의 사회, 반자치적이고 반자연적인 사회에 대한 저항으로서 자유-평등-박애와 자유-자치-자연과 자유-의무-공공이 상관되는 사회를 창조하는 것이기 때문이다.

이는 지금까지의 범세계적인 이상 사회가 이기적 자유를 토대로 한 소비 사회였으나 이제는 상관 자유를 기본으로 하는 창조 사회를 지향하기 때문이다. 이를 상징적으로 보여주는 말이 창조 계급(Creative Class)이다. 이는 창조적인 일에 종사하는 사람들을 뜻하는 말로 구체적으로는 과학기술, 건축, 디자인, 교육, 예술, 공연 등의 종사자를 말한다. 미국의 경우 2000년대 초에 고용 인구의 약 30퍼센트에 해당하는 3800만 명이 이에 속하고[8] 그들이 생산하는 부의 총액이 전체의 47퍼센트인 2조 달러에 이른다고 한다.[9] 이러한 비율은 미국만이 아니라 범세계적인 것이기도 하다. 그들은 이질적인 타자를 관용으로 받아들이고 타인과 상관되는 풍토를 형성한 대도시에 주로 살고 있다.

이들을 '보보스(bobos)'라고도 한다. 보보스란 부르주아 보헤미안(Bourgeois Bohemians)을 합친 말로 창조적인 아이디어와 감정을 상품화하여 성공하는 새로운 지식계급을 말한다.[10] 여기서 보헤미안이란 1960년대 미국의 청년 세대를 뜻한다. 그들은 부모 세대의 세속적 성공에 대한 욕망과 물질주의를 부정하고 권위와 질서를 파괴하며 정신과 지성을 찬양했다. 그들이 1980년대에 와서 그 저항 정신을 기업가 정신으로 전환시켜 새롭게 형성한 것이 부르주아 보헤미안이다. 그들은 자기의 잠재능력 개발과 자기 교육을 중시하고 과시적 소비가 아니라 유기농산물 구입을 비롯한 실용적 소비를 하며 주류 문화가 아니라 비주류 문화를 선호하고 자연 친화적인 개인 생활과 자치적 사회생활을 좋아한다. 즉 자유-자치-자연을 창조하는 것을 최대의 목표로 삼는다. 이러한 새로운 계층의 등장에 의해 사회도 변했다. 창조계급은 대부분 프리랜서이거나 임시직이거나 소사업가여서 종래 기업의 노사관계를 변화시켰다. 미국에서 이러한 변화가 가능했던 이유는 고용시장의 여유가 어느 정도 주어졌기 때문이었다(물론 최근에는 반드시 그렇지도 못하지만).

그러나 우리나라는 아직도 그런 수준에 이르지 못하고 있다. 특히 비정규직을 비롯하여 88만원 세대라고 불리는 격차 사회의 희생자가 많다. 물론 이러한 소득의 격차는 자본주의 사회인 한 언제 어디서나 존재했으나 그것이 특히 최근에 문제된 것은 그러한 희생자가 대량 집단화되었기 때문이다. 그런데 정규직이라고 해도 대부분 자신의 직장 생활에 만족하고 있는 것은 아니다. 과거에는 안정된 직장에서 급여와 직위의 상승을 기대할 수 있었으나 지금은 그것이 불가능하다.

이러한 문제는 경제구조와도 상관된다. 즉 한국의 노동생산성은 국제적으로 낮은 반면 노동시간은 세계 최장에 육박할 정도다. 여기에는 여러 가지 요인이 있고 그 대책도 복잡할 수밖에 없지만 나는 자유로운 창조적 노동과 생활로의 전환이야말로 긴급한 과제이고 특히 노동의 창조성과 소득을 연결시켜서는 안 된다고 본다. 이를 위해 누구나 창조적 노동을 할 수 있도록 기본소득을 보장할 필요가 있다. 그래야만 자신과 타인의 잠재능력을 개발하는 데 범사회적인 의견의 일치가 가능하고 계층 간 이동이 유동화될 수 있다.

여기서 강조하고자 하는 점은 경제적 차원의 창조계급이나 보보스에 해당하는 정치적 차원의 개념으로 다중[11]이라는 말이 사용되는 등 새로운 사회계층에 대한 논의가 있으나 그것이 어떤 새로운 개념으로 나타나든 간에 궁극적으로는 노동계급이라는 집단의 성격적 전환, 즉 자유-평등-박애, 자유-자치-자연을 중시하는 새로운 노동계급의 창조라고 하는 점이다.

여기서 나는 미국에서의 창조 계급이나 보보스에 대한 논의를 답습한다거나 모방하려는 것은 아니다. 그러나 그러한 논의가 창조와 경제에 대한 새로운 성격을 부여하고자 한 시도에 대해서는 찬성한다. 즉 "인간의 창조성이 경제성장의 근본 원천"이고 "모든 개개인은 어느 정도 창조적이며, 그 창조성을 충분히 활용하기 위해서 우리는 반드시 관용적이고 다양성을 지니고 포용적이어야 한다"[12]는 것이다. 그리고 "창조성은 위대한 평등 기제이다. 그것은 상속될 수 없으며, 전통적인 의미에서도 소유될 수 없다".[13]

나아가 "문화의 역할은 더욱더 광범위하며, 인간은 무한한 잠재력을 가지고 있으며, 경제성장의 핵심은 그러한 잠재력을 가능하게 만들고 해방시키는 것"으로서 이는 "개방적인 문화, 즉 차별하지 않으며 사람들을 정해진 틀에 끼워맞추지 않고 우리가 우리 자신이 될 수 있도록 하며 다양한 형태의 가족과 인간의 정체성을 인정하는 문화를 필요로 한다".[14] 그러나 이는 공동체주의와는 상이한 것임을 주의할 필요가 있다. 공동체주의는 현대사회의 신뢰와 공공심이 약화된 것을 지적하고 그 회복이 필수적이라고 주장한다. 그러나 창조 계급은 도리어 그러한 공동체적 환경에서 벗어나 익명적이 되려는 전통을 가지고 있다. 즉 배타성과 친밀함을 강조한 공동체는 자유를 제약하고 간섭한다.[15] 특히 "새로운 참여자를 막고 진입 장벽을 세우며 혁신을 지체시킬 수도 있다". 따라서 "약한 연대를 지니면서 보다 포괄적인 공동체"가 필요하다.[16] 이러한 공동체는 새롭게 만들어지는 것이지 과거 공동체로 회귀하거나 과거의 공동체적 가치를 회복하는 것은 아니다. 그리고 그러한 공동체는 자유롭고 평등한 개인에 의해 이룩될 수 있는 것이지 과거의 도덕적 또는 종교적 가치의 부활에 의해 가능한 것도 아니다. 따라서 오늘날 주장되는 공동체주의와는 다르다.

자유의 주체

인민의 자유와 개인의 자유

지금까지 말한 자유와 창조의 상관을 자유의 주체인 인민, 집단, 개인의 자유의 상관으로 설명해보자. 여기서 먼저 강조할 점은 인민과 집단의 자유를 강조하는 것이 인민주의나 국가주의, 전체주의나 집단주의와는 무관하다는 점이다.

가령 우리나라에서 국기에 대한 경례와 애국가 제창을 싫어한다고 하면 당장 '반(反)국가적인 나쁜 놈'이라는 비난이 나올지 모르지만, 나는 물건에 경례를 하도록 강요당하거나, 전혀 부르고 싶지 않은 노래를 부르도록 강요당해 묘한 집단 소속감에 빠트리는 그 의도나 분위기를 싫어한다. 그래서 의례에는 물론 노래방 회식에도 가지 않는다. 나는 강제로 어떤 상징물도 숭배하지 않고 집단에도 속하지 않으

• 국기에 대한 경례를 하고 있는 아이들.

며 모든 획일성을 거부하는 것을 자유의 시작이라고 생각한다. 즉 강
제 없음이 자유의 근본이다. 스스로 행함, 스스로 알아서 살아감이 자
유의 기본이다. 내가 말하는 자유란 그런 것만을 말하는 것은 아니지
만 무엇보다도 자유의 기본은 강제 없음이다. 하기 싫은 일을 하지 않
는 것이다.

그런데 애국가 제창이나 국기에 대한 경례를 강요당하기 싫어하는

내가 모든 애국가와 태극기가 상징하는 인민(민족)의 자유를 누구보다도 사랑하고 희망한다는 것은 전혀 모순이 아니다. 그 자유는 나라와 인민의 자유만이 아니라 당연히 그것을 전제로 한 내 개인의 자유까지 포함하는 것이기 때문이다. 인민의 독립은 자유가 아니라 자유의 전제 조건일 뿐이고 자유는 개인의 자유일 뿐이라는 말도 있지만 어떤 가치와 그 전제 조건을 구별하기란 결코 쉬운 일이 아니다. 인간이 어떤 구체적인 자유를 행사하기 위한 전제 조건일 뿐이라고 한다면 인간의 자유라는 말도 성립하기 어렵다. 그러나 우리는 '인간의 자유'라거나 '자유로운 인간'이라거나 '자유인'이라는 말을 하지 않는가? 특히 '자유인'이란 말을 부정하기는 어렵지 않은가? 마찬가지로 '인민의 자유'라는 말이 구체적인 자유가 아니라고 할 수 없지 않은가? '자유의 나라'라는 비원(悲願)을 누가 부정하겠는가? 우리가 자유인이 되고 싶듯이 내 나라를 자유의 나라로, 우리 인민을 자유의 인민으로 만드는 희망을 누가 거부하겠는가?

기독교를 믿는 사람들 중에는 자신이 믿는 신이 그 어떤 우상도 받들지 말라고 했다는 이유에서 국기에 대한 경례를 거부하는 사람들이 있다. 나는 그런 기독교 신자는 아니지만 어떤 물건도 우상으로 받들 수 없다고 하는 것에서 국기에 대한 경례를 거부할 수 있는 자유를 본다. 우리는 신앙과 양심과 표현의 자유를 절대적인 차원에서 갖기 때문이다.

그러나 나는 보통 국가를 부르거나 국기에 대해 경례하기를 거부하지 않는다. 이를 두고 자유 의식이 철저하지 못하다고 비난해도 무방하지만 그 밖에도 사람이나 물건에 대해 존중을 표할 일은 얼마든지 있어서 그런 비난을 도저히 부정할 수 없을 정도다. 가령 제사를 지내거나 세배를 할 때 나는 큰절하기를 싫어한다. 제사상을 보고 절하기는 정말 싫지만 어쩔 수 없어서 그냥 한다. 사람에게 큰절을 하는 것도, 받는 것도 싫어한다. 그래서 누가 나에게 세배를 하려고 하면 그냥 악수나 하자고 하며 만류한다. 그러나 그것을 바라는 남에게는 별 저항 없이 그냥 그렇게 한다.

그러나 분명히 나는 숭배하는 것이 아무것도 없다. 나는 국가가 우리의 삶을 보장하는 전제임을 인정하여 그 무엇보다도 중요하다고 생각하지만 그렇다고 해서 국가를 숭배하지는 않는다. 국가를 하나의 생명체나 유기체로 보는 학설도 있고 그렇게 믿는 사람들도 있어 애국가를 부르거나 국기를 볼 때 그렇게 생각하는지도 모르지만 나는 국가라는 개념을 하나의 독립된 영토나 주민이라는 구체적인 개념으로 이해할 뿐이다. 마찬가지로 나는 조상이나 부모 형제를 존중하지만 숭배하지는 않는다. 이 세상 사람 누구나 존중하지만 숭배하지는 않는다. 공자도 노장도 붓다도 예수도 나에게는 내가 존중하는 이웃과 마찬가지다. 하물며 인간도 아닌 국가라는 것을 숭배할 이유는 없다.

따라서 '반(反)국가'라는 말은 그러한 하나의 독립된 영토나 주민에 반하는 것을 뜻할 뿐이지 다른 어떤 것도 뜻할 수 없다. 영토를 빼앗거나 주민에 대한 침해를 가하는 것을 예로 들 수 있다. 북한이 남한을 침략하려고 한다면 북한은 반국가 단체다. 이는 다른 나라의 경우에도 마찬가지다. 일본도 우리나라를 침략한 적이 있다. 그러나 애국가를 부르지 않거나 국기에 대한 경례를 거부한다고 해서 반국가라고 할 수는 없다. 이는 자기의 양심과 신앙에 따른 것이고 국가를 침해하는 것이 아니기 때문이다.

우리는 자유라고 하면 먼저 개인의 자유를 생각한다. 아니 개인의 자유만을 생각한다. 그러나 이론적으로든 역사적으로든 법적으로든 자유는 개인의 자유가 아니라 인민의 자유에서 시작되었다. 생각해보라. 우리 인민의 자유가 없이 나의 자유가 있을 수 있겠는가? 일제하에서 개인의 자유가 있었다고 할 수 있는가?

이론적으로 당연히 그렇지만 이는 역사적으로도 그렇다. 어떤 나라에서나 자유는 인민의 자유로 시작되었다. 더욱 엄밀하게 말하자면 자기가 출생하거나 속한 집단의 자유에서 시작되었다. 이는 역사적으로 그럴 뿐 아니라 법적으로도 그렇다. 자유를 구체적으로 규정하고 있는 헌법은 자유를 국민에게만 허용한다(이것이 반드시 옳다고는 생각하지 않지만). 국민이란 국적법에 의해 대한민국 국적을 갖는 자를 말한다. 즉 자유를 누리기 위해서는 먼저 국민이 되어야 한다.

이는 자유를 중심으로 한 인권의 세계적 규범인 국제인권규약에서 최초로 규정된 자유가 인민자결권인 것임에서도 알 수 있다. 인민자결권이란 인민의 자유라고 해도 좋다. 인민이라는 개념은 다양한 뜻을 갖는 말이지만 그 본래의 형태는 가족, 혈족, 친족, 부족 등의 여러 집단이었다. 인민의 자유란 인민이라는 집단이 생기고 난 뒤의 이야기이니 집단의 자유라고 하는 것이 더 정확할 수도 있지만 여기서는 인민의 자유라고 하자.

자유는 그 향유 주체에 따라 크게 개인의 자유와 인민의 자유로 나눌 수 있다. 개인을 중심으로 자유를 보면 그런 순서가 되지만, 위에서 보았듯이 이론적으로든 역사적으로든 인민의 자유가 개인의 자유에 앞섰다. 그런 의미에서 자유란 "인민의 자유"를 뜻했다. 벌린을 위시하여 흔히 자유의 두 가지 형태라고 하는 "~으로부터의 자유(소극적 자유)"와 "~에로의 자유(적극적 자유)"라고 하는 개인의 자유 이전에 인민의 자유가 존재했고, 그것이 모든 자유의 근본이었다. 인민의 자유 없이는 어떤 여타의 자유도 완전히 보장될 수 없었다.[1] 이를 19세기 후반 러시아 작가인 톨스토이(Lev Nikolaevich Tolstoy, 1828~1910)도 충분히 인식했음을 그가 『인생독본』에 인용한 게르첸(Aleksandr Ivanovich Gertsen, 1812~1870)의 말로 알 수 있다.

개인의 자유는 최대의 일이다. 거기에서, 그렇다, 오직 거기에서만 인민의 자유는 성장할 수 있다. 인간은 자기 자신의 내부에서 그 자유를 존중하고 이웃의 내부에 있어서와 마찬가지로, 인민 전체의 내부에서도 자유를 숭앙해야 한다.[2]

톨스토이의 『인생독본』이 한반도에서 언제부터 읽혔는지는 정확하게 알 수 없지만 20세기 초부터는 상당히 읽힌 것으로 짐작된다. 그러나 이광수(李光洙, 1892~1950)를 비롯하여 톨스토이의 영향을 받았다고 하는 사람들이 위 말을 제대로 이해하고 그 말대로 실천했는지는 의문이다. 우리 역사에서 인민의 자유라는 의미의 인민자결이란 말은 3·1운동과 관련되어 처음으로 나타났다고 한다. 흔히 당시 미국의 대통령 윌슨(Thomas Woodrow Wilson, 1856~1924)이 주장한 인민자결권의 영향을 받은 것으로 설명되지만 윌슨의 그것은 동유럽을 대상으로 한 것이었지 아시아나 아프리카 식민지를 대상으로 한 것은 아니었다. 그러니 우리는 헛물을 켠 것이었으나 그렇다고 인민자결권의 의식 자체가 문제였다고는 할 수 없다. 물론 우리는 그런 미국 대통령에 기댈 것이 아니라 스스로 투쟁해야 했다.

그러나 3·1운동 이전에도 인민의 자유나 자결이라는 의식은 존재했을 것임에 틀림없다. 어쩌면 고려시대 원(元)의 침략 이후 『삼국유사』가 쓰인 시대부터 그러한 의식이 팽배했을 수도 있고 삼국시대나 그전에 존재했을 수도 있다. 인민의 자유는, 인민자결권이란 말이 1919년 3·1운동을 비롯한 인민 해방운동의 이념적 전제로 나타난 것처럼 하나의 인민이 다른 인민의 침략을 받아 자유를 박탈당한 예속 상태에 있는 상황에서, 그러한 억압에서 벗어나 자유를 되찾으려고 하는 의지로 주장되었다. 그러한 인민의 자유는 궁극적으로 어떤 인민도 다른 인민의 자유를 빼앗지 않고 모든 인민이 자유로운 상태를 유지해야만 완전하게 보장될 수 있다. 따라서 자 인민의 자유를 위해 타 인민의 자유를 박탈하는 것은 참된 의미에서 인민의 자유라고 할 수 없다. 이는 세계시민주의, 세계동포주의, 세계평화주의, 세계연방주의에서만 보장될 수 있다.

이를 현실에서는 불가능한 이상에 불과하다고 보고 부정함은 민주주의나 인간주의를 비롯한 모든 이념을 그렇게 보는 것과 마찬가지로 천박한 현실주의에 불과한 것이다. 언제 어디서나 대부분의 사람들은 평화를 좋아하지 전쟁을 좋아할 리 없다. 전쟁을 좋아하는 자들은 언제 어디서나 소수의 지배계급일 뿐이다.

전쟁의 원인에는 여러 가지가 있을 수 있으나, 전쟁의 결과를 아는 한 정상적인 인간이라면 전쟁을 좋아할 리 없다. 특히 그 결과가 참혹하면 참혹할수록 그렇다. 그런 참혹한 결과 중에서 가장 참혹한 것은 몰살이다. 히틀러의 유대인 600만 명 학살이나 최근 보스니아의 인종청소 등 수많은 사례가 있다. 이는 16세기부터 서양의 비서양 침략에 의한 원주민의 절멸(미국, 캐나다, 중남미 등)의 연장이었다. 몰살 다음으로 참혹한 것은 노예화이고, 그다음이 식민지화였다. 이러한 몰살과 노예화와 식민지화는 비서양 인민 사이에서도 있을 수 있었으나 서양의 경우처럼 극단적으로 참혹하지는 않았다. 가령 삼국의 통일 과정에서 신라는 고구려나 백제 사람들을 모두 몰살하지도 노예로 삼지도 않았다. 국제적으로도 중국이 강대국이었고 한반도는 중국에 조공하는 사대관계를 유지했지만 중국은 한반도를 중국에 통합하지도 않았고 식민지로 삼아 지배하지도 않았다.

반면 서양, 특히 고대 그리스에서 '인민의 자유'는 그 발생에서부터 인민 간의 갈등으로 인해 타 인민의 자유를 억압하는 것을 전제로 한 것이었고, 자 인민이 자유로운 자유민이라면 그 인민과 갈등을 일으키는 타 인민은 노예가 될 수밖에 없었다. 특히 그리스 문명에서 노예는 다른 문명에서와는 달리 잉여의 중요한 원천이었다. 게다가 그리스에서는 노예가 그 출신에 관계없이 의도적으로 분산되어 중국의 농민반란처럼 집단적으로 반항할 수도 없었다. 그후 서양의 역사는 제국 침략의 역사이고 타 인민을 노예로 삼은 역사였다. 그리고 그것이 세계사였다. 그래서 모든 나라에서는 자유를 노래한다. 물론 처음에는 자유를 찾아서, 그러나 그뒤에는 남의 자유를 억압하면서도 말이다.

그러나 인민의 자유와 개인의 자유는 충돌할 수 있다. 가령 양심적 병역거부의 경우이다. 나는 양심적 병역거부자들의 양심의 자유를 존중하고 그들과 뜻을 같이한다. 그러나 나는 병역을 다했고 내 나라가 침략을 당하면 누구보다도 먼저 총을 들고 나가 싸우고자 하는 점에서 양심적 병역거부자가 아니다. 나는 양심적 병역거부도 나라가 침략을 당하면 지킬 수 없기 때문에 나라를 지켜야 한다고 본다. 물론 양심적 병역거부자들은 그렇게 생각하지 않고 전쟁에 나가길 거부한다. 그것이 그들의 양심의 자유에서 나오는 양심적 병역거부다. 나는 그들의 양심을 인정한다. 그래서 그것을 인정하고 대신 그들에게 다른 일을 시키는 것으로 충분하지 그들을 처벌하여 감옥에 집어넣어서는 안 된다고 본다. 그러나 동시에 인민의 자유를 지키기 위한 전쟁에의 참여를 나는 거부할 수 없다.

한편 양심적 병역거부자들이 하나의 집단으로서 그 자유를 주장하는 경우 집단의 자유가 성립한다. 마찬가지로 모든 소수자의 집단적 자유가 있을 수 있다. 이는 노예나 농노나 노동자의 자유와 같은 계급적 차원, 여성의 자유와 같은 성적 차원, 흑인의 자유와 같은 인종적 차원 등 다양하게 나타난다. 이는 인민의 자유와 같이 집단적 차원의 자유이지만 인민 구성원으로서의 자유가 그 집단의 독립적 존재 자체를 중시하는 반면 여러 집단적 자유는 타 집단과의 평등한 대우나 평등한 자유를 요구한다는 점에서 구별될 수도 있다.

민족주의와 파시즘

내가 말한 인민의 자유는 인민의 독립을 말하는 것이지, 민족이라는 추상적 이념에의 묶임이나 소속을 뜻하는, 신비주의에 싸인 파시즘적인 민족주의를 뜻하지 않는다. 그런 민족주의가 지금 우리나라에 별 저항 없이 뿌리박고 있다고 하는 점에서 특히 더욱 강조할 필요가 있다고 본다. 나는 인민(민족)의 독립이라는 것을 인정하고 그것이 필요하다고 보지만 그것을 어떤 식으로든 신비로운 이념 체계로 바꾸는 민족주의에는 반대한다. 즉 인민의 독립이라고 하는 것은 하나의 인민임을 주장하는 사람들이 엄격하게 정치적이고 경제적이며 문화적인 차원의 인민의 독립성을 확보하고 유지하는 것이다. 다시 말해 외국의 침략을 받거나 지배를 받지 않는 것, 외국에 경제적으로 종속되거나 좌우될 정도로 의존하지 않는 것, 그 언어나 법이나 풍습이 인민의 전통을 파괴할 정도로 외래 문화의 영향을 받지 않는 것이다. 즉 타 인민이나 타 국가로부터의 침략을 받지 않는 자유를 인민의 자유라고 한다. 이러한 인민의 자유는 개인의 자유의 전제이지 개인의 자유를 침해해서는 안 된다.

반면 파시즘을 낳은 가장 기본적인 요소가 자유가 아니라 무엇인가에 구속되고 묶여 있기를 바라는 소속감인 것은 이미 널리 알려져 있다. 즉 파시즘은 자유의 반대인 구속이나 소속에 대한 갈망에서 비롯된다. 독일의 나치는 경제 정책의 실패에 실망하여 공동체에 대한 사회적 소속감을 상실하고 모래알처럼 개별 원자적인 대중으로 변한 사람들에게 굳건한 소속적 유대를 약속해 인기를 얻어 집권했다. 고립과 정상적인 사회관계의 부재는 언제 어디서나 파시즘을 낳는 것으로 이는 자유와 근본적으로 반대되는 것이다. 그럼에도 파시즘의 창시자 무솔리니는 1928년 다음과 같이 말했다.

자유가, 개인주의적 자유주의에서 발명한 허수아비의 속성이 아니라, 진정한 인간의 속성이 된다면, 파시즘의 목표가 바로 자유가 될 수 있다. 파시즘의 자유야말로 진정으로 소중한 종류의 자유다. 그것은 국가의 자유이자 국가 내 개인의 자유를 말한다. 파시즘에서는 모든 이가 국가에 속하며, 국가 바깥에는 영적인 것도 인간적인 것도 존재하지 않는다고—가치가 없다는 것은 말할 나위도 없으며—본다. 이런 점에서 파시즘은 일종의 전체화 개념이라고 할 수 있다. 그리고 모든 가치의 통일과 종합인 파시즘 국가는 전체 인민의 삶을 해석하고 발전시키고 그것에 힘을 부여한다.[3]

언젠가 들었던 소리가 아닌가? 박정희 독재 정권이 한국적 민주주의 운운했을 때도 비슷한 소리를 하지 않았던가? 플라톤이 철인정치 운운하며 자유를 방종이라고 욕하고 독재를 옹호했을 때도 비슷한 소리를 하지 않았던가? 그 어느 것이나 파시즘이 아니었던가? 파시즘의 자유란 국가가 허용하는 범위 내에서 개인이 국가를 위해 그 개성을 발전시키는 자유, 즉 전체 사회의 이익을 위해 행사해야 하고 사회의 긴급성에 의해 제약되는 자유라고 할 수 있다.

독일에서는 철학자 하이데거[4]가 나치 시대에 "독일 대학생들의 자유의 개념은 이제 참뜻을 되찾았다. 앞으로는 그와 같은 참뜻을 바탕으로 독일 대학생회는 무엇에 묶여서, 무슨 사명을 펼칠 것인지 알게 될 것이다"라고 했다. 그것은 '노력 봉사'를 통한 '민족 공동체와 묶임', '병역'을 통한 '민족의 명예와 운명과 묶임' 그리고 '지식의 봉사'를 통한 '독일 국민의 정신적 사명과 묶임' 등이었다. 이를 하이데거는 다음과 같이 말했다.

세 가지 형태의 묶임, 즉 민족을 통해서 국가의 운명과 정신적 사명으로 묶임은 독일인의 본질에 속하는 것으로 그 근원이 같다. 거기서 파생되는 세 가지 형태의 봉사, 즉 노력 봉사, 병역, 지식 봉사는 하나같이 필수적이고 비중이 똑같다.[5]

이는 한국의 경우 병역이나 애국심의 당연한 요구로 인해 파시즘과의 구별을 불가능하게 만드는 것이므로 주의할 필요가 있다. 1968년 박정희 정권이 국민교육헌장이라는 것을 만들고 모든 교육을 바꾸었을 때 큰 저항이 없었고 지금도 그러한 교육 체계가 유지되고 있는 것은 박정희 정권보다 훨씬 오래된 유교적 전통이 존재한 탓이었다. 유교에서는 지식을 인민적인 것으로 보지는 않았지만 그 어떤 경우보다도 지식을 공동체에 대한 봉사로 본 것임은 분명하다. 그래서 '멸사봉공'이라는 말까지 나왔다. 유교는 파시즘과는 분명히 다르지만 파시즘으로 연결될 가능성이 크다. 그런 점에서 나는 유교에 비판적이다.

유교에서 공동체가 천명(天命)으로 정당화되듯이 파시즘에서도 인민은 피와 흙의 공동체로 여겨졌으나 유교든 파시즘이든 그 이념이나 묶임의 실체는 인위적인 것이었다. 파시즘이나 박정희 정권이나, 스탈린이나 김일성 정권이나 모두 광적인 퍼레이드 등의 방식을 총동원하여 외톨이라고 생각한 사람들을 하나로 묶었다.

이러한 묶임이 강력한 카리스마의 독재 지도자에 의해 주도되었음은 물론이다. 그 점에서도 파시즘은 질서를 내세워 자유와 대립했다. 민주주의와 시장경제가 극도의 무질서를 초래한다고 하면 질서를 강조하는 사람이 환영받기 마련이다. 그러나 카리스마적 지도자는 그 이상으로 어떤 신비화나 신성화나 섭리화와 같은 구세주나 기적의 실현자라고 보는 종교적 뿌리에서 나오는 것이다. 한국인의 경우 본래 일신교적인 경향이 있다는 지적도 있지만 적어도 역사적으로 보면 수천 년간 유지된 전제정이 외세에 의해 끝난 뒤 정신적 공허감을 가졌고 그것이 이승만과 박정희 등의 독재를 초래했는지도 모른다. 특히 박정희는 민족주의를 강조했다. 그러나 이는 인민 국가의 탈선, 즉 내

향적으로는 퇴행성 이데올로기로, 외향적으로는 공격성 이데올로기로 타락한 것에 불과했다. 또한 모든 문제를 '적과 동지'로 구분하는 흑백논리도 독재 형성에 기여했다.

이 모든 것은 자유의 적이다. 박정희는 독재자여서 문제인 것이 아니라 우리에게서 자유의 싹을 잘랐기 때문에 문제인 것이다. 나는 유교도 마찬가지라고 본다. 유교는 농경시대에 적합한 것이었고 지금도 고려해야 할 요소가 분명히 있다. 그러나 유교가 전체를 강조하고 개인의 자유를 거부한 것도 분명하다. 그래서 나는 그런 유교에 반대한다.

함께하는 상관 자유

나는 자유를 '타자의 강제가 없이 타자의 자유와 상관되며 자신의 판단과 행위의 능력으로 스스로 행함'이라고 정의하는데, 무엇보다도 먼저 자유는 자행(自行), 즉 스스로 행동하는 것을 뜻한다. 그런데 여기서 '스스로'란 단순히 개인만이 아니라 인민과 같은 집단을 뜻할 수도 있음을 주의해야 한다. 그렇게 보지 않는 한 '인민의 자유'와 같은 말은 있을 수도 없다.

따라서 자유를 개인의 자유만으로 볼 수는 없고, 개인의 경우로 보는 경우에도 개인의 내면적 자유만으로 볼 수는 없다. 불교나 스토아학파나 기독교에서 내면적 자유를 존중한 의미를 충분히 인정한다고 해도 그것만을 자유라고 보아서는 안 된다. 그러한 주장은 현실 정치에 대한 회의에서 생겨나 노예라고 해도 자유롭다는 생각을 결과하기 때문이다. 그러한 사고가 있을 수 없다는 것이 아니라, 그것이 현실의 노예제를 정당화하는 것이 된다면 이는 자유 자체를 부정하는 것이 될 수 있다. 이는 서양의 자유주의의 자유사상에도 영향을 미쳐 '정치가 적을수록 자유는 증대된다'는 사고를 낳았고, 자유가 비정치적 활동과 직결된다는 사고를 결과했다. 특히 정신적 자유와 경제적 자유만을 강조하는 결과를 낳았다.

그러나 이는 자유가 정치와 상관된 현실을 무시한 사고였다. 이는 고대 그리스 로마 이래 19세기까지의 자유가 '제국의 자유'라는 차원에서 부정적인 의미를 갖는 것이라고 해도 기본적으로는 '인민의 자유'를 주장한 것이고, 특히 이에 대항한 19세기 이후 제국에 종속된 식민지의 '인민의 자유'가 정치적 현실과 직결된 점을 무시한 것이었다. 나아가 자유는 정치적 전제에 대한 자유를 의미했고 경제적 착취에 대한 자유를 의미했다는 점을 명백히 부정한 것이었다.

그러나 자유를 전제나 착취로부터의 자유만을 의미하는 것으로 볼 수는 없다. 왜냐하면 프랑스혁명이나 러시아혁명을 비롯한 대부분의 혁명은 전제나 착취로부터의 자유를 추구함에 의해 이루어졌으면서도 다시금 전제나 착취를 낳았기 때문이다. 그 이유에는 여러 가지가 있으나, 기본적으로 자유에 의한 자유의 말살을 초래하였기 때문이다. 즉 '타자의 강제가 없이 타자의 자유와 상관되며 자신의 판단과 행위의 능력으로 스스로 행함'이 아니라 '타자의 강제로 타자의 자유와 상관되지 못하고, 자신의 판단과 행위의 능력으로 스스로 행함을 거부'했기 때문이다.

자유를 내면의 자유로만 볼 수 없다는 이유에서 자유를 어떤 의지나 의욕 등의 내면의 심리만을 뜻하는 것으로 볼 수 없다. 물론 어떤 행동도 의지나 의욕 등의 내면의 심리 없이 생겨날 수는 없지만 그 자체를 자유라고 볼 수는 없다. 또한 자유란 어떤 구체적인 상태를 표현하는 것일 수도 있으나, 그것은 어디까지나 자유의 결과이지 자유 자체는 아니다. 국가들에서 '자유의 나라'라고 함은 그 나라가 '자유로운 나라'임을 의미할 수도 있지만 도리어 '완전하게 자유로운 나라'는 있을 수 없다고 하는 의미에서 '자유를 추구하는 나라'라는 의미라고도 볼 수 있다.

그러나 내가 정의한 자유에서 더욱 중요한 것은 '타자의 강제가 없이 타자의 자유와 상관'된다는 점이고 특히 '타자의 자유와 상관'된다는 점이다. 즉 자신과는 다른 경우에 있는 타자의 입장을 이해하는 자유, 공통의 세계를 자신의 것이 아닌 시각에서 바라보는 자유이다. 이는 행위자가 동시에 공적인 사항에 관심을 갖는 관찰자로서 갖는 자유를 말한다.

이는 각자가 자신의 판단기준에 의해 판단하고 그 결과에 대해 책임을 지는 것으로, 자신과 다른 견해를 갖는 타인과의 잠재적인 합의에 도달할 가능성을 갖는 것을 말한다. 이러한 다원주의적인 반성적 판단력을 정치적 판단력이라고 부를 수도 있다. 정치에서는 다양한 의견을 갖는 타인과 만나 싸우며 공존하기에 다원주의가 당연히 필요하다.

그러나 여기서 말하는 타인에는 지금 눈앞에 있는 타인만이 아니라 어딘가에 있을 타인, 또는 과거나 미래의 어떤 시점에 있었고 있을 타인도 포함한다. 이는 환경오염이나 사회보장이 미래 세대에 초래할 위험성을 고려하는 경우에 당연한 것으로 판단된다. 따라서 이러한 입장에 선다면 당연히 지금의 당파나 현실과는 거리를 둔 판단이 필요하다. 이러한 상관의 차원에서 사상이나 표현의 자유가 비로소 가능하다.

이는 일반적인 생각과는 다를 수 있다. 왜냐하면 일반적으로는 표현의 자유가 침해당해도 사상의 자유는 남는다고 보기 때문이다. 그러나 이는 자기와 타인을 분리시킨다는 전제하에서 사상을 상관적인 것이 아니며 표현을 제2차적인 도구로만 보는 생각이다. 따라서 표현의 자유를 금지당하면 사상의 자유 그 자체도 금지된다고 보아야 한다. 즉 자신의 사고와 타인의 존재는 분리될 수 없고, 따라서 사상과 표현은 분리될 수 없다.

또한 '타자의 자유와 상관'되기 위해서는 최소한의 물질적 자유를 실질적으로 보장할 필요가 있다. 이는 자유 중에서 그 원리에서 일정한 물질적 토대를 요구하는 경제적 자유에만 한정되는 것이 아니다. 사상이나 표현의 자유 같은 정신적 자유의 경우에도 최소한의 물질적 토대가 필요하다.

자유의 회복

이상 우리는 자유의 논점이 무엇보다도 노예로부터의 자유를 의미하는 개인의 자유, 민주주의를 향한 시민의 자유, 인민자결권을 향한 인민의 자유라는 세 가지 차원에서 이루어진다는 것을 알 수 있다. 개인의 자유에는 여러 가지 기본적 자유와 정신의 자유, 그리고 신체의 자유가 포함된다. 그리고 시민의 자유에는 정치적이며 경제적인 자유, 즉 자치의 자유가 또하나의 자유로 포함된다. 나아가 인민의 자유는 외국의 침략이나 간섭을 받지 않고 독립, 자주하는 것을 말한다.

이러한 주체에 따른 세 가지 구별과 함께 자유의 성질에 따른 구별이 있다. 즉 예속과 독재와 압제로부터의 해방이라는 소극적인 자유, 자유로운 개인이 평등하게 자치하는 적극적 자유라는 구별이다. 모든 인간이 자유롭지 못하고 다수인이 소수인의 지배하에 들어가 계급을 만들 때 인간 자신만이 아니라 사회, 국가, 그리고 자연마저도 파괴된다. 따라서 자유로운 개인이 자치하는 사회를 만들고 파괴되고 있는 자연의 지구를 회복해야 한다. 그러므로 무엇보다 시급한 것은 자유의 회복이다. 여기서 가장 시급한 것은 사유로 왜곡된 자유를 이제는 본래의 자유로 되돌려야 한다는 점이다.

나는 자유를 사유로 왜곡함은 자연의 파괴만이 아니라 사회와 개인의 파괴를 가져오기 때문에 반대한다. 그것은 우리를 비열한 경제적 동물로 타락시키고 남을 전혀 생각하지 않는 이기적 동물로 타락시키며 결국은 인민을 팔아먹는 짓까지 함부로 자행하게 한다. 일제에 나라가 먹힌 요인의 하나는 소수 양반들이 사유에 대한 욕망을 극대화한 탓이었다. 그리고 지금 우리 사회의 가장 큰 문제도 일부 부자들이 사유에 대한 욕망을 극대화하고 있는 탓이다. 이를 합리화하고 정당화하는 것이 자유라는 미명의 사유라면 이는 잘못되어도 한참 잘못된 것이다.

단순히 국가로부터의 자유를 주장하는 서양 자유주의는 이러한 자유의 다양한 측면을 무시한다. 즉 국내외의 정치적, 경제적, 사회적 억압으로부터의 자유를 다면적으로, 현실적으로 보아야 한다. 여기서 세계주의와 인민주의, 민주주의와 엘리트주의, 사회주의와 자본주의 등의 대립도 나오고 그 각각에 따라 자유의 내용도 달라진다. 그런데 그 어느 것도 반드시 완전하다고 할 수 없다. 인민주의가 아니라 세계주의가 옳지만 그것이 제국주의를 호도하는 것인 한 인민주의를 무시할 수 없다. 엘리트주의가 아니라 민주주의가 옳지만, 현실 민주주의는 엘리트주의이기 쉽고 대중민주주의가 되어도 문제도 많다. 자본주의가 아니라 사회주의가 옳지만 사회주의는 실패하고 자본주의가 살아남았다.

자유에 대한 논의는 이 모든 주의나 체제들과 관련되지만 이 책은 그런 것들이 아니라 자유를 주제로 한다. 그런 주의나 체제에 따라 자유가 어떻게 달라지는지를 이 책에서도 검토하겠지만 궁극적으로 이 책은 그 어느 체제에서나 인정되는 자유, 즉 기본적 자유가 무엇인지에 관심을 갖는다. 나는 그 기본적 자유 중에서도 가장 기본적인 것이 사상의 자유라고 본다. 즉 생각하는 자유다. 생각하는 존재인 인간에게 생각하는 자유는 그 어떤 자유보다 기본적인 것이다.

이러한 기본적 자유가 필요한 이유는 우리가 사는 나라와 사회를, 다양성을 존중하는 다원적 사회로 만들어 더이상 6·25 같은 내전이 없는, 공산주의자니 뭐니 하는 사상을 이유로 하여 사형을 시키는 등의 야만이 없는 나라를 만들기 위해서다. 그것이 이 책의 특징이자 바람이자 소원이다. 적어도 나는 사상의 획일적 '통일'이 아니라 사상의 '다양'을 인정해야 외세에 의한 인민 분단을 극복해 진정한 '통일'을 이룩할 수 있다고 본다.

문제는 사상만이 아니다. 모든 점에서 우리는 자유로워야 한다. 전통이나 규범, 종교나 문화는 물론 학문이나 예술, 도덕이나 윤리, 정치나 경제, 사회나 문화, 가족이나 집단, 직장이나 인민으로부터도 자유로워야 한다. 그야말로 '자유 해탈'이고 '자유 만사'여야 한다. 그런 사람을 흔히 자유인이라고도 하지만 흔히 말하는 그것이 지금까지 말한 자유로운 사고와 행동의 인간이 아니라 이상한 멋쟁이 여행자나 소위 자유연애를 즐기는 독신 남녀나 다양한 분야의 재주꾼이나 갖가지 사치스러운 취미나 기벽의 소유자로 오해되는 것은 경계해야 한다. 자유인은 무엇보다도 기존의 모든 권력(정치권력이나 경제권력은 물론 사회, 문화 권력도 포함하는)과 철저히 무관하고 비판적이어야 한다.

마찬가지로 나를 포함한 모든 사람들이 '스스로 행하는' 자유를 누리는 자유로운 개인으로 자율적이고 개성적으로 살 수 있기를 바라기에 자유에 대한 이 책을 자유롭게 쓴다. 루소가 말했듯이 인간은 자유롭게 태어난 것이 아니라 자유롭게 자신을 자율적이고 개성적인 개인으로 만들어갈 수 있을 뿐이다. 나는 루소를 비롯한 그 어떤 철학자나 절대적 신을 전제하는 어떤 종교에 의한 자유에 대해 논의하기를 거부하고 내가 스스로 행하는 자유 외에는 어떤 것도 무의미하다고 본다.

그래서 나는 자유로운 나, 자유로운 우리가 자유롭게 창조해가는 세상 외에 다른 어떤 세상도 믿지 않는다. 자유주의나 자본주의도, 사회주의나 공산주의도, 심지어 민주주의도 인간주의도, 기독교도 불교도 유교도 절대적인 진리로 믿지 않는다. 나는 오직 자유로운 인간, 인간의 자유를 믿는다. 그리고 그런 자유로운 개인들이 자치하는 자유로운 사회를 창조하면서 우리를 둘러싼 자유로운 자연 속에서 평화롭게 사는 자유로운 세상을 꿈꾼다. 그런 꿈에 이상한 원리니 진리 같은 난해하고 복잡한 헛소리를 할 필요가 없다. 이 책이 그런 꿈을 함께 꾸고자 하는 자유로운 사람들에게 조금이라도 도움이 되기를 자유롭게 희망한다.

물론 자유의 절대적이고 표준적인 수험용 교과서를 찾는 사람들에게 이 책은 무의미할 것이다. 나는 독자들이 이 책에서 무엇보다도 자유에 대해 자유롭게 생각해보기를 권한다. 즉 모두 자기 식으로 생각해보자는 것이다. 이 책은 내 식으로 내 멋대로 자유롭게 생각해본 것에 불과하다. 내가 할 수 있는 것은 그것밖에 없다. 자유로운 독자라면 이 책을 어떤 식으로든 숭배하지 않을 것이다.

　나는 자유를 존엄성(자존심, 품위)을 갖는 인간이 인간이면 누구나 갖
는 고유 능력을 증진시켜 타인에 의한 어떤 억압이나 간섭이나 지배
(그런 것들이 있으면 그런 것들에 저항하여) 없이(평등) 타인과 상관하여(박애) 자
신이 희망하는 삶을 창조하는(자치, 자연) 것이라고 했다. 즉 고유 능력
의 상관적 창조가 자유이고 이를 줄여서 '상관 자유'라고 했다. 즉 자
유-저항-창조, 자유-평등-박애, 자유-자치-자연의 상관을 중시했
다. 또 인민, 집단, 개인이 상관된 것이 자유의 본질이라고 했다. 이처
럼 자유를 능력 있는 개체(개인, 집단, 인민, 나라 모두를 포함한다)가 타자의
강제 없이 타자의 자유와 상관하여 타자와 함께 만드는 것이라고 정
의하여 자유를 '타자로부터의' '소극적 자유'나 '타자에 대한' '적극적
자유'로 구분하는 종래의 전통적 자유론을 부정하고 '타자와 함께하
는' '상관 자유'라고 보았다.
　자유를 개인의 것이자 집단과 인민의 것으로 생각한 것은 그리스
로마 이래 자유의 전통이자, 신채호와 한용운 이래 한말 지식인들의
자유 전통이었다. 아니 한말이 아니라 그리스 로마의 시대에 상응하
는 시대, 가령 고조선이 기록에 처음 나타나는 기원전 7세기에 중국
을 비롯한 외국과 관련을 맺었을 때부터 그러했으리라. 특히 기원전

108년 한나라가 침략했을 때 그런 자유의 의식은 더욱 강해졌으리라. 흔히 삼국시대부터 우리가 중앙집권 국가로 발전했다고 하지만 이는 오늘날 말하는 중앙집권 국가라는 것과는 전혀 다른 것이었고 도리어 한말까지도 지역 분권적이었다. 즉 사원의 유회(儒會)와 그 통문(通文)을 중심으로 한 향촌 정치가 이루어졌다. 그런 점에서 나는 역사학자들이 삼국시대 이래 우리 역사를 중앙집권이라는 개념으로 규정하는 것에 반대한다. 험준한 산맥의 한반도에 2000년 전부터 중앙집권적인 국가가 성립했다고 함은 나로서는 상상조차 할 수 없고 당연히 지역 분권적일 수밖에 없었다고 본다. 19세기까지 서양도 비서양도 마찬가지였다.

또한 나는 우리 역사에 수많은 떠돌이 패나 화전민이나 산적이나 승려 등 종교 단체 등의 자유로운 집단이 국가 내에서 국가와 별개로, 때로는 국가에 저항하면서 자유로운 집단으로 존재했으나 그것들이 아무런 기록을 남기지 않아 역사에 남아 있지 않을 뿐이라고 본다. 그런 점에서 우리의 역사에는 풍부한 인민과 집단의 자유 전통이 있었다. 그것이 완전히 사라진 것은 일제강점기 이후 중앙집권 국가가 들어서면서부터였다. 개인의 차원에서도 마찬가지일 것이다. 특히 조선 후기의 주자학이 권력으로 강요되면서 이에 저항한 자유로운 개인들이 분명히 많아졌으리라. 그런 자유로운 개인들 역시 기록을 남기지 않아 역사에 남아 있지 않을 뿐이다.

물론 그러한 전통은 한반도에 특유한 것이 아니라 모든 인간 사회에 공통된 것이었다. 그러한 자유가 선거의 자유 등으로 제도화된 것은 영국을 비롯하여 19세기 유럽에서였고 한국을 비롯한 비서양 사회에서는 20세기 후에야 가능해졌지만 한반도에서도 참정권에 대한 주장은 한말부터 나왔다. 만일 한말에 참정권이 인정되어 선거를 했더라면, 그래서 서민을 정치 개혁에 참여하게 하는 것을 기점으로 해 경제, 사회, 문화의 개혁으로 나아가게 했더라면 1910년 이후의 일제 강점 같은 것은 없었을지도 모른다. 물론 지금 와서 그런 가정을 하는 것은 부질없는 짓이다. 그러나 그러한 개혁의 움직임이 있었음은 명백하고 이를 수구 세력과 외세가 저지했음도 분명하다. 그러나 그러한 개혁의 움직임은 지금까지도 이어져와 우리의 지금을 형성해왔다.

인민 해방은 그러한 두 세력으로부터의 해방이어야 했으나 수구 세력과 외세는 여전히 득세하여 자유의 전진을 막았다. 그것이 1960년의 4·19로 인해 다시 전진할 기회를 잡았으나 1961년의 5·16으로 다시 가로막혔다. 그리고 1987년의 6·29로 다시 열렸으나 곧 반동이 찾아와 지금에 이르고 있다. 물론 그사이 약간의 변화는 있었다. 선거권을 비롯한 여러 자유, 특히 소유의 자유가 확보되었고 경제가 발전했으며 중앙집권화가 이루어졌다. 그러나 이는 자유를 소유나 사유로 착각하게 할 정도로 타락시켜 우리는 비경제적 가치와 지방자치를 비롯한 많은 실질적 자유를 잃었다. 따라서 지금이야말로 자유에 대해 다시 생각해야 할 때다. 특히 20세기 말 신자유주의적 제국주의인 세계화의 물결은 전 세계를 뒤덮었다. 이를 회복하기 위해 다시 인민의 자유, 집단의 자유, 개인의 자유의 창조가 절실하다.

앞에서도 말했듯이 21세기는 세속적 성공이나 대중적 소비의 욕망과 현시적 과시욕의 물질주의를 거부하고 권위와 질서를 파괴하며 정신과 지성의 해방을 갈구하는 창조적 자유인들이 개성적인 자기실현을 위한 잠재능력을 최대한 발휘하여 평등하게 살아가는 새로운 시대다. 그들은 최대한의 자유를 통해 끊임없는 변화, 젊은 열정, 급진적인 실험, 새로운 것을 갈망하면서도 분방한 이기적 쾌락주의나 방종한 본능적 퇴폐주의를 거부하고 쾌적한 자연환경 속에서 즐거운 여유와 함께 자신의 의사를 반영하는 자치 사회를 추구한다. 나는 그러한 새로운 사회의 창조가 우리의 미래 세대에 의해 가능하기를 희망한다.

앞에서 인용한 아랍의 시인인 카바니의 「돌을 든 아이들에 관한 3부작 *The Trilogy of the Children of Stones*」[1]을 소개하며 이 책을 마친다.

돌을 든 아이들은
우리의 시험 답안지를 찢어버리고
우리의 승려복에 잉크를 퍼부으며
낡은 교과서의 진부함을 조롱했다.

중요한 것은
돌을 든 아이들이
수세기 동안의 목마름 끝에 우리에게 비를 가져다주었고
수세기 동안의 암흑 끝에 우리에게 태양을 가져다주었으며
수세기 동안의 패배 끝에 우리에게 희망을 가져다주었다는 것이다.

아이들에게 가장 중요한 것은
아버지의 권위에 맞서
저항했다는 것이며
아이들이 복종의 집에서 벗어났다는 것이다.

들어가며

1 바드르 샤키르 알사이얍 외, 『걸프만의 이방인』, 임병필 옮김, 화남, 2005, 197쪽.

2 제러미 리프킨, 『공감의 시대』, 이경남 옮김, 민음사, 2010, 32쪽.

3 박홍규, 『세상을 바꾼 자본』, 다른, 2011, 31쪽.

4 고대 그리스의 민주주의란 인구의 반이 넘는 노예와 노예에 준한 부자유의 존재인 여성 과 아동 등을 제외했다는 점에서 우리가 지금 말하는 모든 인간의 자유와 평등을 전제로 한 민주주의라고는 할 수 없었다. 나아가 중세의 농노는 노예와는 달리 가족을 형성하고 농구나 주거의 소유를 인정받았으나 기본적으로는 토지의 부속물로 간주되어 영주나 지 주가 토지와 함께 매매할 수 있었고 토지를 벗어날 수도 없었다는 점에서 노예와 크게 다 르지 않았다. 농노는 도시나 수도원에 도망하여 일정 기간이 지나면 자유민이 될 수 있었 으나 이는 봉건영주로부터의 해방을 뜻하는 자유에 불과했지 오늘날 우리가 인권 사상에 서 말하는 자유와는 거리가 멀었다. 특히 중세의 도시에는 각종의 길드가 영업을 위한 자 격과 조건을 제한하여 자유로운 직업 선택이나 상업 거래는 인정되지 않았다. 16세기 말 부터 서양에 등장한 절대왕정이 봉건영주의 특권을 폐지하고, 상비군을 정비한 국왕이 일부 대상인에게 특허를 부여하며 새로운 산업을 보호하여 자유 시민이 새롭게 등장했 다. 그러나 일부의 대상인만 우대하는 것으로는 성장에 한계가 있고, 강력한 권력을 쥔 국왕은 국민에게 무리하게 납세나 병역을 강요하며 자의로 국민을 구속했다. 국왕의 권 력 자체가 봉건제에서 비롯된 것이므로 봉건적 신분질서의 해체에는 당연히 소극적이었 다. 결국 그 권력을 제한하거나 왕정 자체를 부정하기 위해 영국의 청교도혁명과 명예혁 명, 미국독립전쟁, 프랑스혁명 등이 나타났다. 이는 신체의 자유와 직업 선택의 자유를 포 함한 경제 활동의 자유를 추구하고, 그러한 자유를 둘러싸고 공권력과 정치적으로 교섭 하기 위한 정신 활동의 자유를 추구한 것이었다.

5 박홍규, 『반민주적인, 너무나 반민주적인』, 필맥, 2008.

6 박홍규, 『대한민국을 눈물로 씁니다』, 실천문학사, 2007.

7 앞에서도 말했듯이 이는 서양 사상을 존재론, 동양 사상을 관계론적이라고 보는 견해와 는 다르다. 중국, 일본, 한국에서 뿌리깊은 이 견해는 최근 신영복에 의해 다시 논의되었 는데(신영복, 『강의』, 돌베개, 2004) 이러한 구분은 서양과 동양의 본질론적 규정이라는

점에서 또하나의 오리엔탈리즘이다. 나는 노예와 자유민의 구별에서 자유에 대한 논의가 출발했고 그 문제를 둘러싼 역사의 대립이란 결국 노예와 자유민의 평등을 전제로 한 노예 해방의 인정 여하에 있다고 보고 이는 동서양 어디에나 존재한 것이지, 동서양의 사상 구조가 본질적으로 다른 것이라고는 보지 않는다.

8   이는 일반적인 구별과 반드시 일치하지 않는다. 관련이 '있다' '없다'고 하듯이 상관이 '있다' '없다'라는 말도 쓴다. 그러나 관련 '한다'나 관계 '한다'는 말은 잘 쓰지 않는 한편 '상관한다' '상관하지 않는다' '상관하지 마라'는 말은 흔히 쓴다.

9   박홍규, 『그리스 귀신 죽이기』, 생각의나무, 2009.

10 마하트마 간디, 『간디 자서전』, 박홍규 옮김, 문예출판사, 2007.

11 'Freedom Rider'는 본래 1960년대 미국 남부에서 인종 차별에 반대하는 '자유의 수레행행진(Feedom Ride)'에 참가한 사람을 말하지만 일반적으로는 인권운동가를 뜻한다. 이처럼 미국 흑인의 인권운동에서 시작된 '자유'의 여러 현상이 일반적인 의미를 갖게 되었다.

12 스터즈 터클, 『희망은 사라지지 않는다』, 김지선 옮김, 이매진, 2007, 9~10쪽.

1부

첫번째 강의

1   공동체에는 국가만이 아니라 여러 종류의 공동체가 포함된다. 사회도 마찬가지다.

2   흔히 아랍 세계에는 자유가 없고 평등만이 있고 그 평등도 이슬람교도만의 평등을 의미한다고 보는 견해가 있다. 이슬람교의 성전인 『코란』에는 인간이 적과 동지로 분류되고 기독교나 유대교도는 적으로 간주되어 그들과 싸우는 것이 이슬람교도의 의무로 되어 있다는 것이다. 나아가 이슬람교도는 알라신의 절대적 의지에 복종하고 알라의 목소리는 마호메트라는 예언자를 통해 인간에게 전해지고, 그런 예언자가 존재하지 않는 지금은 종교적 지도자의 권위를 통해서 전해진다고 하여 개인의 자유를 인정하지 않는다는 것이다. 그러나 이러한 해석은 서양의 뿌리깊은 오리엔탈리즘에서 비롯된 것에 불과하다. 오리엔탈리즘에 대해서는 에드워드 사이드, 『오리엔탈리즘』, 박홍규 옮김, 교보문고, 2007 참조.

3   애국가의 가사를 비롯한 여러 가지 증거를 들어 한국인이 특히 자연을 사랑하는 민족이라고 보는 견해가 있지만 전통 농경사회에서 자연과 함께 살았던 것은 어느 나라 어느 민족이나 마찬가지였다. 반면 산업사회에서는 자연을 파괴하는 경향이 생겨나는데 산업사회 이후 한국인의 자연 파괴가 그 어떤 산업사회보다 극심한 것을 보면 한국인이 특별하게 자연을 사랑하는 민족성을 가졌다는 식의 주장에는 회의가 간다.

4   애국가의 가사는 1907년 기독교 신자인 윤치호(尹致昊, 1865~1945)가 작사한 것으로

추정된다.

5　헌법재판소처럼 조선 500년 동안 서울이 존재했으니 서울을 소위 '관습헌법'상 수도로 인정(헌법재판소법 2004.10.21. 2004헌마554, 2004헌마556)한다고 해도 나는 서울의 어떤 특별한 가치도 인정할 수 없다.

6　머리 북친, 『사회생태주의란 무엇인가』, 박홍규 옮김, 민음사, 1998.

7　여기서 여러 국기나 국가에서 말하는 자유가 반드시 나라의 자유만을 뜻하는 것이 아님을 분명히 강조해야 하겠다. 물론 이는 각국의 국기나 국가의 제정 역사를 따져서 살펴보아야 할 문제이지만 이 책에서는 그런 문제까지 살펴볼 여유는 없다. 설령 그런 제정의 역사에서 나라의 자유를 의미했다고 해도 나는 자유를 나라와 인민은 물론 개인과 집단의 것으로 본다는 것을 강조한다.

8　우리 헌법 제2장은 '국민의 권리와 의무'라는 제목 아래 제10조부터 제39조까지 규정하고 그중 제12조, 제14~22조에서 여러 가지 자유, 그리고 나머지 조항에서 권리와 의무를 규정하고 있다. 따라서 헌법에서 자유와 권리는 구분되고 있다. 이를 좁은 의미의 자유라고 할 수 있다. 그러나 자유는 본래 권리와 구분된 것이 아니라 권리와 같은 말이었고, 헌법에서 자유가 아니라 권리라고 규정된 것에도 자유의 요소는 존재한다. 따라서 헌법의 해설이라면 그러한 구분이 필요하겠으나, 이 책은 헌법에 대한 책이 아니라 자유 일반에 대한 책이므로 넓은 의미의 자유를 다루도록 하겠다. 넓은 의미의 자유에는 헌법상의 모든 권리, 즉 기본권이나 인권이라고 하는 것이 모두 포함된다. 헌법상의 인권에 대해서는 박홍규, 『대한민국 신 권리장전』, 21세기북스, 2010 참조.

9　그런 일본에 고마워해야 하는지, 아니면 차별이라고 비판해야 하는지에 대해서는 친일사관이든 반일사관이든 아무도 논하지 않으니 잘 모르겠지만 지금 와서 이를 굳이 따질 필요는 없겠다.

10　나는 이런 말에 대단히 회의적이다. 적어도 영국에는 지금도 왕이 있기 때문이다. 왕이 있는 나라는 군주국이지 민주국이나 공화국이라고는 할 수 없다. 그 왕이 아무리 상징적인 존재라고 해도 말이다. 마찬가지로 나는 천황이 있는 일본도 민주국이나 공화국이라고 보지 않는다. 천황이 있는 한 일본의 극우 보수주의는 없어지기 어렵다. 영국은 일본 정도는 아니지만 역시 보수적인 집단이 존재한다. 물론 왕이 없다고 해서 보수적 집단이 존재하지 않는 것은 아니지만 왕이 있는 경우 왕은 보수 집단의 핵심적 상징이 된다.

11　크리스 하먼, 『민중의 세계사』, 천경록 옮김, 책갈피, 2004, 328쪽.

12　17~19세기 영국의 자유는 지극히 제한적이었다. 자유주의를 대표하는 사상가라고 평가되는 로크는 비단 무역과 노예 무역에 대한 투자, 대부나 저당으로 소득을 가진 부자였다. 그래서 그는 자기와 같은 국내외 자본가들의 자유로운 상업 활동을 위해 영국혁명을 옹호했다. 그 혁명에 의한 의회 최고권의 확립, 법의 지배의 확립은 자본가들에게 이익을 가져다주었다. 로크는 아메리카 식민지인 캐롤라이나의 고문으로서 40명의 부유한 지주와 귀족에 의해 운영되는 노예 소유자의 정부를 제안하기도 했다. 이는 미국 연방헌법과

결코 무관하다고 볼 수 없다.

13 스미스는 제국주의자였고 부르주아의 경제적 자유를 강조했다.

14 밀은 제국주의자였고 소수에게만 선거권을 인정하자고 주장했다.

15 〈독립신문〉, 1897년 6월 22일 자.

16 국사편찬위원회 편집부 엮음, 『윤치호일기』1, 탐구당, 1971, 381쪽, 1889년 5월 26일 자.

17 미셸린 이사이, 『세계인권사상사』, 조효제 옮김, 길, 2005, 324쪽 재인용.

18 같은 책, 326~327쪽.

19 같은 책, 328쪽 재인용.

20 윤치호는 일본 침략 후 친일파로 변절하여 조선총독부 일간지인 〈매일신보〉에 일본 제국
주의를 찬양하고 중일전쟁에 청년들이 자원입대할 것을 호소하였다. 그는 이 공로로 일
본 제국의회의 칙선 귀족원 의원을 지냈으며 그의 부친은 남작 작위를 받았다.

21 국사편찬위원회 편집부 엮음, 『윤치호일기』 3, 탐구당, 263쪽, 1894년 1월 29일 자.

22 〈독립신문〉, 1896년 4월 9일 자.

23 국사편찬위원회 편집부, 『윤치호일기』 2권, 탐구당, 54쪽, 1890년 5월 6일자; 같은 책, 52
쪽, 1890년 5월 4일자.

24 지오바니 아리기 외, 『체계론으로 보는 세계사』, 최홍주 옮김, 모티브북, 2008, 383쪽.

25 존 페어뱅크 외, 『동양문화사』 하, 김한규 외 옮김, 을유문화사, 1991, 24~27쪽.

26 종래의 동양 농촌사회의 정치가 왕이나 귀족 내지 양반 등에 의한 강제적, 억압적, 계급
분단적, 보수 지속적인 구조였음은 물론이다. 위민이니 민본 정책을 폈다고 해도 그 억압
적 구조가 바뀐 것은 아니다.

두번째강의

1 바드르 샤키르 알사이얍 외, 앞의 책, 272쪽.

2 웬디 브라운, 『관용』, 이승철 옮김, 갈무리, 2010, 286쪽 재인용.

3 밥 우드워드, 『공격 시나리오』, 김창영 옮김, 따뜻한손, 2004, 127~128쪽. 번역은 수정됨.

4 마이클 웰치, 『9.11의 희생양』, 박진우 옮김, 갈무리, 2011, 256쪽.

5 토니 주트, 『포스트워 1945~2005』 2, 조행복 옮김, 플래닛, 2008, 883쪽.

6 존 버거, 『A가 X에게』, 김현우 옮김, 열화당, 2009, 171쪽.

7 노명식, 『자유주의의 원리와 역사』, 민음사, 1991, 13쪽.

8 이사야 벌린, 『이사야 벌린의 자유론』, 박동천 옮김, 아카넷, 2006, 348쪽, 주9.

9 주트는 스스로 전통적 자유주의자라고 평생을 생각한 벌린을 "후대 신자유주의자들 사상
의 시조"로 지목했다. 토니 주트, 『더 나은 삶을 상상하라』, 김일년 옮김, 플래닛, 2011,
101쪽.

10 타리크 알리, 『근본주의의 충돌』, 정철수 옮김, 미토, 2003, 171쪽 이하 참조.

11 소극적 자유란 타인으로부터의 구속이 없는 것을 말한다. 우리 헌법에 규정되어 있는 자

유가 대체로 그것에 해당된다.

12 그러나 벌린은 빈곤으로부터의 자유가 그가 말하는 개인적 자유, 즉 소극적 자유의 하나가 아닌, 그것과 다른 적극적 자유의 하나라고 본 점에서 노명식이 그런 "자유는 전혀 문젯거리가 안 된다"고 한 것과는 달랐다. 미국의 루스벨트 대통령은 1941년 네 가지 자유 중의 하나로 결핍으로부터의 자유를 들었으나 이는 1947년 트루먼 대통령에 의해 기업의 자유로 바뀌었다. 벌린은 루스벨트 대통령의 뉴딜을 지지했으나 결핍으로부터의 자유를 그가 말하는 소극적 자유의 하나로 인정하지 않았다. 인도의 경제학자 센(Amartya Sen, 1933~)도 타인의 구속으로부터 벗어날 수 있는 소극적 자유가 인정된다고 해도 실제로 아무것도 실현할 수 없다면 그것을 자유라고 할 수 없다고 보았는데 이는 지극히 당연한 말이다. 벌린의 주장에 대한 비판의 더욱 중요한 점은 민주주의와 자치의 관념이 그가 말하는 소극적 자유에 속할 수 없다고 본 점이다. 이에 대한 비판은 미국의 정치학자 스키너(Quentin Skinner, 1940~)에 의해 마키아벨리(Niccolò Machiavelli, 1469~1527) 등의 자유론을 재조명하는 것에서 제기되었지만 그 역시 결핍으로부터의 자유를 비롯한 경제적 자유를 인정하지 않는 점에 문제가 있다고 본다. 한편 캐나다의 정치학자 베이(Christian Bay, 1921~1990)는 적극적 자유를 각 개인의 완전한 발전이 가능한 조건을 정부가 보증해주어야 하는 의미로 보았다(Christian Bay, *The Structure of Freedom*, Stanford University Press, 1958; *Strategies of Political Emancipation*, University of Notre Dame Press, 1981). 나는 베이의 견해에 찬성하는데 불행히도 그의 견해는 우리나라에 소개된 바 없다. 그만큼 우리나라의 자유 논의는 편협하다.

13 토니 주트, 『포스트워 1945~2005』 2, 884쪽. 주트는 영국 노동당이 1918년부터 노동당 당헌 제4조에 '생산, 분배, 교환 수단의 국가 소유'를 규정했고 1945년 이후 처음으로 국유화 조치를 도입했지만 노동당 지도자들 중에서 이를 존중한 사람은 거의 없었고 있었다면 말뿐이었으며 복지국가 영국의 핵심은 경제적 '집산주의'가 아니라 보편적인 사회제도에 있었다고 한다(같은 책, 883쪽).

14 자유주의자라고 자처하는 사람들은 오로지 개인의 자유(특히 소유의 자유)만을 인정하기 때문에 국가에서 노래되는 인민의 자유는 자유가 아니라고 한다는 점을 주의할 필요가 있다. 나는 이 점에서부터 내가 그러한 자유주의자와는 전혀 다르다는 점을 강조하고자 한다. 그러나 자유를 가장 중시하는 태도라고 자유주의를 정의하는 경우 나는 개인의 자유만이 아니라 인민이나 집단의 자유도 인정하는 점에서 누구보다도 자유를 가장 넓게 인정하는 자유주의자라고 자부한다. 또한 자유를 추구하는 대부분의 나라를 그런 의미에서 자유주의 국가라고 본다. 그러나 보통 자유주의자들이 자유주의 국가라고 하는 경우에는 소유의 자유를 특히 중시하는 자본주의 국가만을 말하는 것임을 주의해야 한다. 나는 그 점에서 흔히 말하는 자유주의에 찬성하지 않는다. 이는 민주주의의 경우도 마찬가지다. 가령 민주주의를 다수결에 의한 공개 선거로만 보는 경우 민주주의란 지극히 제한적일 수 있고 나는 그러한 민주주의에도 찬성하지 않지만 민주주의는 보는 사람에 따라

더욱 넓은 개념일 수 있다. 특히 민주주의 원리의 하나를 관용으로 보는 경우 한반도를 비롯한 비서양 사회는 서양 사회보다 더욱 관용적인 역사를 가졌음이 분명하다. 가령 한반도의 경우 삼국시대나 고려시대까지 타 종교에 대한 관용이 이루어졌으며, 억불 정책이 취해진 조선시대에도 불교에 대한 억압은 서양의 마녀재판에서 보는 것과 같은 가혹한 탄압이 아니었다. 그러한 관용의 전통이 상실되는 시기는 조선 말기에 찾아왔으나, 그 중요한 요인은 조선의 유교적 전통 탓이 아니라 자유주의를 표방하는 서양의 침략적 태도에 의한 것이었다. 그러나 나는 민주주의를 관용으로만 볼 수는 없다고 생각한다. 나는 민주주의를 무엇보다도 자유로운 인민의 자치이자 동시에 자연을 보호하는 정치라고 생각한다. 동양의 전통사회에서는 인민이 자유롭지도 않았고 그 자치를 충분히 보장하지도 않았으므로 민주주의가 이루어졌다고 볼 수 없다. 서양에 비해 상대적으로 어느 정도의 관용이 이루어졌다고 해도 동양을 민주주의라고 볼 수는 없다. 유교적 전통에 비민주적 요소가 있음은 분명하지만 이는 유교가 농경사회의 이념이었다는 점에서 도리어 당연한 것이었는지도 모른다. 따라서 산업사회로 변하면서 유교는 그러한 비민주적 요소를 제거하고 관용을 포함한 공공적 이성의 요소로 자유를 인정하는 방향으로 새롭게 산업사회에 적응할 필요가 있다. 유교에 비해 비민주적 요소가 약했고 자유와 자치와 자연을 존중한 불교와 도교는 산업사회에 적용될 수 있는 가능성이 더욱 크고 특히 산업사회에서 타락할 가능성이 큰 소유의 방종을 제한할 수 있는 공동적 이성의 실천을 중시하는 점에서 그 의의가 더욱 크다. 기독교도 마찬가지다. 그럼에도 유교와 불교 등의 전통문화는 군사독재와 결탁되었고 기독교와 서양 문화는 자본과 결탁되어 자유의 공동성을 타락하게 했음이 지금 우리의 근본 문제다. 그렇다고 해서 유교나 불교 등의 전통문화와 기독교 등 서양 문화의 가치를 무조건 부정할 수는 없다. 또한 무조건 인정할 수도 없다. 따라서 적절한 비판과 수용이 필요하다.

15 이에 대해서는 박홍규, 「아프리카의 인권보장」, 『창원대학 논문집』 제7권 제2호, 창원대학교, 1985, 229~246쪽 참조.

16 이에 대해서는 박홍규, 「아프리카 인권헌장」, 『노동연구논총』 제4집, 경남대학교 노동복지연구소, 1985, 67~99쪽 참조.

17 아시아를 제외한 모든 지역에 지역 인권 문서가 있다.

18 Kéba M'Baye and Birame Ndiage, "The Organization of African Unity(OAU)", Karel Vasak ed., *The International Dimension of Human Rights*, UNESCO; Greenwood Press, 1982, p. 589.

19 알랭 쉬피오, 「미로 속의 인권—종교적 신념인가 공동의 자원인가」, 프레드릭 제임슨 외, 『뉴레프트리뷰』 2, 김철효 외 옮김, 길, 2010, 400쪽.

20 꾸란 등으로도 쓰지만 이 책에서는 일반적인 표기를 따라 코란이라고 한다.

21 폴 발타, 『이슬람』, 정혜용 옮김, 웅진지식하우스, 2007, 36쪽.

세번째 강의

1 같은 책, 379~380쪽.

2 존 버거, 앞의 책, 139쪽.

3 자유의지론이 대표적인 기독교 산물인데 오늘날 그것은 기독교를 배척한 과학에 의해 주장되고 있다. 그런 의미에서 자유의지론을 비롯한 서양 사상은 종교와 과학의 기이한 혼합물이다.

4 알랭 쉬피오, 앞의 책, 384쪽.

5 같은 책, 386쪽.

6 중세 유럽 최대의 교회 개혁 운동으로서 교황 그레고리오 7세(재위 1073~1085)에 의해 처음 주도되어 붙여진 이름이다. 처음에는 실추된 교황의 권위 회복과 아울러 성직의 서임권(敍任權)과 대처(帶妻) 문제의 시정을 목적으로 하는 교회 내의 정화 운동으로 시작되었으나, 그레고리오 7세 이후 사회 전체에 파급되어 '교회의 자유'를 표방한 교황수위권(敎皇首位權)과 교권(敎權)의 독립과 속권(俗權)에 대한 우위를 확보하려는 운동으로 발전하였다. 그 결과 1076년 교황과 신성로마제국 황제 및 영국 왕과 프랑스 왕 간의 성직 서임권 투쟁을 야기해 중세 교회의 고질적 병폐를 단계적으로 해소하고 교권의 로마 집중화를 이루어 교회 세습권을 확보하게 했다.

7 웬디 브라운, 앞의 책 참조.

8 니콜라스 발티코스, 『세계의 최저노동기준』, 박홍규 옮김, 분도출판사, 1985 참조.

9 존 그레이, 『하찮은 인간, 호모 라피엔스』, 김승진 옮김, 이후, 2010, 52쪽 재인용.

10 같은 책, 83~84쪽.

2부

네번째 강의

1 프란츠 M. 부케티츠, 『자유의지, 그 환상의 진화―우리에게 자유의지는 없다?』, 원석영 옮김, 열음사, 2009. (유사한 책으로는 마르틴 후베르트, 『의식의 재발견』, 원석영 옮김, 프로네시스, 2007.)

2 같은 책, 178쪽.

3 같은 책, 201~202쪽.

4 같은 책, 35쪽.

5 지두 크리슈나무르티, 『자유에 대하여』, 정채현 옮김, 고요아침, 2009.

6 크리슈나무르티의 『아는 것으로부터의 자유』는 우리말로 몇 차례나 번역되었다.

7 게하르트 베르, 『영혼의 스승들』, 최호영 옮김, 뜰, 2008, 130쪽.

8 지두 크리슈나무르티, 앞의 책, 236쪽 재인용.

9 메어리 루틴스, 『크리슈나무르티』, 류시화 옮김, 정신세계사, 1985 참조.

10 박홍규, 『카페의 아나키스트 사르트르—자유를 위해 반항하라』, 열린시선, 2008 참조. 앙
   리 레비가 프랑스의 현대 지식인을 다룬 책의 제목은 『자유의 모험』이다(베르나르 앙리
   레비, 『자유의 모험—지식인의 계보, 그 실상과 허상』, 한지희·김희숙 옮김, 동아출판사,
   1992). 코헨이 쓴 프랑스 지성사의 제목은 『자유의 순간』이다(폴 M. 코헨, 『자유의 순간』,
   최하영 옮김, 동문선, 2002).

11 미하엘 엔데, 『자유의 감옥』, 이병서 옮김, 고려원, 1996.

12 같은 책, 249쪽.

13 박홍규, 『우리는 사랑하는가』, 필맥, 2004.

14 김경한, 『르네상스 휴머니즘의 자유의지론』, 태학사, 2006 참조.

15 도스토옙스키, 『카라마조프 가의 형제들』 1, 김연경 옮김, 민음사, 2007, 536~537쪽.

16 같은 책, 540쪽.

17 같은 책, 542쪽.

18 같은 책, 546쪽.

19 같은 책, 545쪽.

20 같은 책, 544쪽.

21 같은 책, 547쪽.

22 리쩌허우, 『역사본체론』, 황희경 옮김, 들녘, 2004, 97쪽.

다섯번째 강의

1 노명식, 앞의 책, 11쪽. 자유주의를 다룬 이 책에는 자유는 물론 자유주의에 대한 정의도
   없다. 자유주의를 자유를 신봉하는 주의로 보면 자유주의는 대단히 광범한 것이 된다. 가
   령 마르크스도 노동의 자유를 신봉했다고 보면 자유주의자가 된다. 그러나 나는 마르크
   스를 자유주의자라고 보지는 않는다. 한편 순수하고 엄격한 의미의 자유주의, 특히 개인
   주의를 그 핵심으로 보는 것이라면 어떤 정치적인 것도 인정할 수 없다. 개인이 시작이자
   끝이기를 요구하는 것이 개인주의이기 때문이다. 따라서 자유주의는 윤리학과 경제학의
   양극단 사이에서 움직이며 정치적인 것에 윤리적 의무를 부과하려고 하거나 윤리적 의무
   를 경제적인 것에 종속시키는 방법으로 스스로를 제한하려고 하여 하나의 통일된 정치이
   론으로 보기 어렵다. 따라서 개인주의적 주체관에서 출발하여 평등의 요구를 합리적으로
   이론화하려고 한 칸트주의적인 롤스의 이론은 기본적인 차원에서 문제가 있다. 나는 자
   유주의란 개인의 자유를 최대한 보장하기 위해서 국가권력을 최대한 제한해야 한다고 보
   는 입장, 그 자유 중에서도 특히 경제적 자유를 말하는 입장으로 정의한다(이는 고전적
   자유주의의 개념으로서 현대 자유주의가 강력한 정부를 옹호하는 것과는 다르다. 따라서
   자유주의를 적어도 두 가지로 구분할 필요가 있다). 그런 의미에서 자유주의는 국가주의

나 권위주의나 전체주의는 물론 사회주의와도 대립한다. 반면 민주주의는 자유주의보다 뒤, 주로 미국혁명과 프랑스혁명 이후 생겨나 인민이 국가권력의 주인임을 주장하는 것으로 전제주의나 독재주의와 대립한다. 따라서 자유주의와 민주주의는 다르다. 그러나 이 둘은 엄밀하게 구분되기 힘들다. 왜냐하면 미국혁명과 프랑스혁명의 경우와 같이 민주주의와 자유주의가 함께 포함되는 경우가 대부분이기 때문이다. 따라서 미국독립과 프랑스혁명을 자유주의의 승리로만 볼 수(같은 책, 6, 177, 178쪽)는 없다. 이는 자유주의의 승리이자 민주주의의 승리였기 때문이다. 프랑스혁명을 "아직 철저한 개인주의에 뿌리박고 있지 않았다"(같은 책, 179쪽)고 보기도 어렵다. 이는 자유주의의 본질을 개인주의로 보는 입장에서 프랑스혁명에서는 자유주의가 철저하지 않았다고 보는 것인데 이는 프랑스혁명이 자유주의와 함께 민주주의의 요소를 가졌기 때문이기도 했다. 여기서 개인주의라는 말도 대단히 애매한 말이지만 그것을 개인의 자유를 존중하는 태도라고 하면 자유주의와 크게 다를 것도 없다. 그러나 개인주의라고 해서 반드시 자유주의인 것은 아니고 개인주의는 이기주의로 오해되기도 한다. 이처럼 자유주의의 본질을 개인주의로만 보는 견해도 있지만 개인주의와 함께 평등주의, 보편주의, 사회개량주의를 자유주의의 네 요소로 보는(존 그레이, 『자유주의』, 손철성 옮김, 이후, 2007, 16~17쪽) 견해도 있다. 이러한 그레이의 주장에 의하면 자유주의는 집단주의, 불평등주의, 특수주의, 보수주의는 아니다. 그런 의미에서 본다면 한국 사회를 비롯한 어떤 사회도 자유주의 사회라고 보기 어렵고 어떤 사상가도 자유주의 사상가로 보기 어렵다. 가령 그레이가 자유주의 사회라고 보는 영국은 19세기 말까지 모든 개인의 참정권을 인정하지 않았고 그 시대를 살았던 밀도 그러했다. 따라서 그레이가 17세기경에 나온다고 본 자유주의는 그의 정의에 따르는 경우 20세기에 와서야 나오는 셈이 된다. 이러한 그레이의 자유주의 정의는 그 자체가 모순일 뿐 아니라 그것은 반드시 일반적인 정의라고 볼 수 없다.

2   Jeremy Bentham, J. Bowring, ed., *The Works of Jeremy Bentham*, vol. 2, William Tait, 1843.

3   베네딕트 앤더슨, 『상상의 공동체』, 윤형숙 옮김, 나남, 2002.

4   Martin Luther King, Clayborne Carson ed., *The Papers of Martin Luther King, Jr, vol. 3*, Berkeley: University of California Press, p. 204.

5   로렌스 레식, 『자유문화』, 이주명 옮김, 필맥, 2005. 여기서 말하는 허가 문화란 창작자들이 힘이 센 자들이나 과거의 창작들로부터 허가를 받아야만 창작 활동을 할 수 있는 문화를 말하고, 자유 문화란 누구든 문화 활동을 할 때 자유로이 사용할 수 있는 공유된 문화 유산이나 저작물이 상당히 폭넓게 존재하는 문화를 말한다.

6   일본의 후쿠자와 유키치(福澤諭吉, 1835~1901)가 1870년 『서양사정西洋事情』 2에서 처음으로 자유로 번역한 뒤 이러한 용어가 정착되었다.

7   『후한서後漢書』에서 '자유 백사'란, 반란을 일으킨 적미(赤眉)라는 농민반란군이 어린 소년을 황제로 세우고 정치를 비롯한 모든 일(百事)을 제멋대로 했다는 식의 부정직인 의

미로 사용되었다. '마음대로'라는 의미의 자유를 말한 고전으로는 그 밖에도 유종원(柳宗元, 773~819)의 시에 나오는 "개구리밥 꽃을 따려고 해도 마음대로 되지 않는구나(欲採蘋花不自由)"라는 구절이 있다. 『한서』에서 "대신을 등용하고 사직게 하는 것이 자기 마음대로이다(大臣擧錯恣心自在)'라고 했을 때에는 자유가 아닌 자재라는 말을 썼다. 자재란 '제 스스로 있음' '구속과 방해가 없음'이라는 뜻으로 자유자재의 준말이라고도 하지만 상태를 뜻하는 말이지 행동을 뜻하는 말은 아니라는 점에서 자유와는 구별된다고 본다.

8   최근 개념사에 대한 논의가 주목된다. 이는 서양 문화를 받아들였던 1세기 전부터 당연히 살펴보았어야 했던 중요한 문제다. 그러나 코젤렉을 비롯하여 최근 소개되는 개념사의 업적들이 기본적으로 보수적인 것임을 주의해야 한다. 라인하르트 코젤렉 외, 『코젤렉의 개념사 사전』 1, 안삼환 옮김, 푸른역사, 2010.

9   라이먼 타워 사전트, 『현대 사회와 정치사상』, 부남철 옮김, 한울, 1994, 112쪽.

10   지그문트 바우만, 『자유』, 문성원 옮김, 이후, 2002, 26쪽.

11   자주라는 번역어는 선교사 마테오 리치(Matteo Ricci, 1552~1610)가 1603년 중국어로 기독교 신학서적을 집필하면서 처음으로 사용했다. 고사카 시로, 『근대라는 아포리아』, 야규 마코토 외 옮김, 이학사, 2007, 75쪽.

여섯번째 강의

1   동아출판사 편집부, 『신 콘사이스 국어사전』, 동아출판사, 1986, 1592쪽.

3부

일곱번째 강의

1   그림이나 미술과 자유는 직결된다고 하겠다. 음악이나 문학과 마찬가지로 자유가 아닌 참된 미술은 있을 수 없다. 미술과 자유의 관계는 소재나 표현 방식 등 여러 가지 차원에서 살필 수 있다. 고대 그리스나 르네상스 미술에서 군중을 유사한 사람들의 집단이 아니라 각자 개성을 갖는 개인으로 묘사하는 것이나 개인 초상화가 발달하는 것 그리고 전통적 표현 방법을 벗어나 개성적인 표현을 추구하는 것도 그런 자유의 추구로 볼 수 있다. 요컨대 모든 예술사는 자유 추구의 역사이다.

2   마르크 블로크, 『역사를 위한 변명』, 고봉만 옮김, 한길사, 2000, 224쪽.

3   노명식, 앞의 책, 55, 85쪽.

4   같은 책, 86쪽.

5   같은 책, 87쪽.

6   같은 책, 90쪽.

7   이러한 견해는 르네상스 사상가 중에서 자유를 누구보다도 강조한 사상가로 마키아벨리를 전혀 언급하지 않는 태도와도 연결된다.

8   같은 책, 97쪽.

9   퀜틴 스키너, 『퀜틴 스키너의 자유주의 이전의 자유』, 조승래 옮김, 푸른역사, 2007 참조.

10 정치사상 내지 사회사상은 수많은 유파로 나누어진다. 가령 슈메이커(Paul Schumaker)는 『진보와 보수의 12가지 이념』(조효제 옮김, 후마니타스, 2010)에서 19~20세기 정치철학을 다음 12개로 나누었다.

      1. 고전적 자유주의―민주 자본주의
      2. 전통적 보수주의―전통 질서의 옹호
      3. 아나키즘―권위에 항거
      4. 마르크스주의―계급 없는 사회
      5. 공산주의―제국주의와의 투쟁
      6. 전체주의―통제에 의한 집단성 강화
      7. 현대 자유주의―자본주의와 민주주의의 개혁
      8. 현대 보수주의―자유주의와 사회주의에 반대
      9. 급진적 좌파―더욱 평등주의적이고 공동체적인 사회 모색
      10. 급진적 우파―경제적 자유의 확대와 도덕적 합의 추구
      11. 극단적 우파―동질적 사회로 회귀
      12. 극단적 좌파―신자유주의 해체

11 가령 앞에서 말한 슈메이커의 책은 888쪽의 분량인데 벌린에 대해서는 그가 소극적 자유와 적극적 자유를 구별했다는 사실만을 본문이 아니라 주(783쪽, 주21)에서 언급할 뿐이다.

12 노르베르토 보비오, 『자유주의와 민주주의』, 황주홍 옮김, 문학과지성사, 1992, 12쪽 재인용.

13 Benjamin Constant, *Écrits politiques,* Édition de Marcel Gauchet, Gallimard, 1997, p. 311.

14 콩스탕의 이러한 주장은 당대 보수주의에 의해 발전되었다. 쿨랑주(Fustel de Coulanges)를 예로 들 수 있다.

15 안토니오 네그리, 『네그리의 제국 강의』, 서창현 옮김, 갈무리, 2010, 270쪽.

16 같은 책, 271쪽.

17 같은 책, 274쪽.

18 네그리가 말하는 절대민주주의란 '모두에 의한, 모두를 위한, 모두의 통치'를 위한, 대중들의 조직화를 통해 사회적으로 조직되는 삶을 위한 집단적 요구로 정의된다(같은 책, 28쪽). 이는 자유주의적 민주주의 모델을 타락한 것으로 보는 것에 대응된다(같은 책, 93쪽).

19 같은 책, 278쪽.

20   폴 M. 코헨, 앞의 책, 11~14쪽.

21   J. L. Talmon, *The Rise of Totalitarian Democracy*, Beacon Press, 1952, p. 107, 115.

22   이사야 벌린, 앞의 책, 407~409쪽.

23   François Furet, *Interpreting the French Revolution*, Translated by Elborg Forster, Cambridge University Press, 1981, p. 13.

24   폴 M. 코헨, 앞의 책 참조.

25   같은 책, 238~239쪽.

26   에마뉘엘 토드, 『유럽의 발견―인류학적 유럽사』, 김경근 옮김, 까치, 1997, 7쪽.

여덟번째 강의

1   그러나 노명식은 이를 다루지 않고 있다. 자유주의의 또다른 이론적 전제는 공리주의와 계약론이다.

2   자연법의 맹아를 아리스토텔레스 사상에서 찾는 견해도 있다.

3   종래 자유주의에 대한 논의에서 프랑스와 영미의 자유주의는 서로 다르고 프랑스의 그것은 자연권에서 비롯되었으나 영미의 경우 그렇지 않다는 대비론이 있었으나 이는 최근 근거 없는 주장으로 밝혀졌다.

4   『리바이어던』의 우리말 번역에서는 코먼웰스를 시민사회라고 하는데 이는 우리가 일반적으로 말하는 시민사회와는 다르다. 손철성도 의견이 같다. 존 그레이, 앞의 책, 33쪽 이하.

5   모리치오 비롤리, 『공화주의』, 김경희·김동규 옮김, 인간사랑, 2006, 91쪽.

6   같은 책, 92~94쪽.

7   김경희, 『공화주의』, 책세상, 2009, 80쪽.

8   모리치오 비롤리, 앞의 책, 101쪽. 비롤리는 콩스탕이나 벌린이 "단지 몰라서 간과했었다면 이 사실은 충분한 역사적 지식 없이 정치사상을 논리적으로만 연구해서는 위대한 정치사상을 펼치는 것이 거의 불가능함을 한번 더 입증하는 것이 된다"고 비판했다.

9   김경희는 『공화주의』에서 현재의 단원제를 양원제로 바꾸는 개헌과 토론 문화의 형성을 공화주의적 대안으로 제안한다. 토론 문화야 민주주의든 자유주의든 당연히 필요한 것으로서 굳이 공화주의에서 나오는 것은 아니고 양원제 구상도 마찬가지다.

아홉번째 강의

1   이 책에는 많은 문제점이 있다. 특히 로크나 밀을 비롯한 여러 사상가의 사상에 대한 설명에는 치명적인 문제점들이 많다. 원저를 읽지 않고 편견이 많은 2차적인 자료를 토대로 쓴 탓으로 짐작된다.

2   박홍규, 『소크라테스 두 번 죽이기』, 필맥, 2005.

3 박홍규, 『플라톤 다시보기』, 필맥, 2009.

4 박홍규, 『디오게네스와 아리스토텔레스』, 필맥, 2011.

5 버트런드 러셀, 『인류에게 내일은 있는가』, 고정식 옮김, 고려원, 1991, 144쪽.

6 모리치오 비롤리, 앞의 책 148쪽 재인용.

7 같은 책, 169쪽 재인용.

8 같은 책, 170쪽 재인용.

9 같은 책, 173쪽 재인용.

10 자유주의라는 말이 정치적 운동의 의미로 처음 사용된 것은 1812년 스페인 정당의 이름
    으로서였으나 그 사상적 기원은 17세기에 시작되었고 사상 체계가 형성된 것은 18세기
    애덤 스미스에 의해서였다. 그러나 그 시기의 자유주의란 주로 관대함을 뜻했다. 존 그레
    이, 『자유주의』, 손철성 옮김, 이후, 2007, 15쪽.

11 노명식, 앞의 책, 12쪽 재인용. 단 번역문은 수정됨.

12 노명식, 앞의 책, 13쪽.

13 같은 책, 15쪽.

14 같은 책, 24쪽.

15 같은 책, 21쪽.

16 그 내용의 설명에도 문제가 많다. 가령 밀에 대해 설명하면서 밀이 "개인들이 힘을 합하
    여 집단으로 움직이는 일체의 행동도 공격하였다" "그러므로 개인주의자들은 노동조합을
    의심의 눈으로 보았다"(같은 책, 47쪽) "노동자 계급과 무식한 민중에 대한 공포가 있다"
    (같은 책, 226쪽)고 한다. 이러한 설명은 밀이 노동조합에 호의적이었고 노동자들의 단결
    자유를 가장 중요한 기본적 자유로 보았음을 무시한 것일 수 있다. 또 "아무도 그를 사회
    주의자라고 생각하지 않는다"(같은 책, 227쪽)라고 하나, 밀이 마르크스주의자는 아니었
    지만 개량주의적 사회주의자였음은 분명한 사실이다.

17 같은 책, 273쪽.

18 같은 책, 14~15쪽.

19 같은 책, 21쪽.

20 같은 책, 22쪽.

21 존 그레이, 『자유주의』, 11쪽.

22 노명식, 앞의 책, 173쪽.

23 같은 책, 25쪽.

24 존 그레이, 『자유주의』, 11쪽.

25 노명식과 그레이의 입장은 그 밖에도 많이 다르다. 가령 노명식은 고대 그리스 로마나 중세
    에는 자유주의 관념이 없었다고 하지만 그레이는 자유주의 관념의 싹이 있었다고 본다.

4부

열번째 강의

1 멜빈 럭터, 『정치·사회적 개념의 역사』, 송승철·김용수 옮김, 소화, 2010, 181쪽.

2 같은 책, 187~188쪽 재인용.

3 같은 책, 189쪽 재인용.

4 같은 책, 188쪽 재인용.

5 같은 책, 190쪽 재인용.

6 위르겐 하버마스는 『사실성과 타당성』(한상진 외 옮김, 나남, 2000)에서 도덕(moral)은 보편적이고 모든 사람들에게 적용되는 규범인 반면, 윤리(ethics)는 개인이나 공동체의 집단적 삶에 관한 특정 가치를 뜻하므로 선택적인 것이라고 구별한다. 따라서 국가는 도덕을 추구할 수는 있지만 개인의 윤리적 결정을 무시하면서 집단의 결정을 강요할 수 없다고 본다. 그것은 자유를 침해하는 것이기 때문이다. 그러나 도덕의 범위에 따라 도덕도 자유를 침해할 가능성은 얼마든지 있다. 그래서 도덕이 무엇인가에 대해서는 인류 역사상 수많은 논쟁이 있었다. 민주주의 사회에서 유일한 도덕은 모든 사람을 보편적으로 존중하고 각자 독립적인 존재임을 인정하는 것뿐이다. 따라서 실제로는 도덕과 윤리가 거의 구별될 수 없을 정도로 그 차이는 작다. 그것이 차이를 보이는 경우란 어떤 사람의 윤리적 선택이 보편성이라는 도덕을 침해하는 경우에 있어서 도덕이 윤리에 우월하는 경우뿐이라고 할 수 있지만 구체적으로 그런 도덕과 윤리의 구분이 가능할지는 의문이다. 여하튼 우리나라에서는 도덕과 윤리가 엄격하게 구별되지 않는다.

7 서울대학교 사범대학 국정도서 편찬위원회, 『초등학교 도덕』 6학년 교과서, 대한교과서 주식회사, 2003, 66쪽.

8 서울대학교 사범대학 국정도서 편찬위원회, 『중학교 도덕 3』, 지학사, 2003, 41쪽.

9 『중학교 사회』 교과서에는 자유가 헌법상의 자유를 나열하는 것으로 나온다.

10 같은 책, 198쪽.

11 『고등학교 윤리와 사상』에서도 같은 설명을 볼 수 있다. 서울대학교 사범대학 국정도서 편찬위원회, 『고등학교 윤리와 사상』, 지학사, 2003, 50, 189쪽.

12 서울대학교 사범대학 국정도서 편찬위원회, 『중학교 도덕 2』, 중앙교육진흥연구소, 2002, 145쪽.

13 서울대학교 사범대학 국정도서 편찬위원회, 『고등학교 도덕』, 지학사, 2002, 88쪽.

14 같은 책, 90~91쪽.

15 같은 책, 92쪽.

16 같은 책, 95쪽.

17 롤스도 하버마스와 같이 윤리와 도덕의 상이함을 인정하지만 하버마스의 경우처럼 그 구

분에는 실패한다. 여하튼 롤스의 논의는 새마을운동과는 전혀 무관하다.

18 이 책의 중요한 필자와 심의자는 진교훈, 강정인, 함재봉, 박효종 등이다. 주로 서울대학교 사범대학 윤리교육과를 중심으로 하여 특정한 사상을 공유하는 관계자들이 초중고 국민윤리나 도덕 교육을 주도한다는 점에 대해 나는 대단히 우려한다. 2002년 이전에 편찬된 교과서나 2010년 이후에 새롭게 편찬된 교과서의 저자들도 마찬가지인 듯하다. 2002년 전이라면 김대중 정권 시기인데 국민윤리나 도덕 교과서의 저자들은 그전 정권 때 나온 책들의 저자들과 그리 다르지 않은 듯하다. 이러한 교과서의 사상적 기원은 어디에 있을까? 이는 해방 이후부터의 전통인지도 모른다. 만일 그러하다면 우리의 교과서는 해방 이후 거의 변하지 않았을지도 모른다. 이러한 도덕책의 계보는 니체가 말한 '도덕의 계보'와는 분명 다르다. 도덕책은 도덕이 아니기 때문이다. 니체가 살았던 프로이센의 군국주의에도 도덕책이 있었는지 모르지만 내가 찾아본 문헌에서는 없었던 것 같다. 일제강점기에는 있었다. 따라서 한국의 도덕 교육은 일제에서 내려온 것이겠다. 윤리교육과가 언제 어떻게 생겼는지는 잘 알려져 있다. 그러나 그전부터 그런 학과는 철학과의 중요한 일부였을 것이다. 그것이 한국철학의 중요한 전통 중 하나이다. 이러한 도덕 교육의 전체주의적 성격과 20세기 한국의 정치 및 사상의 보수적이고 전체주의적인 풍토는 직결된다고 할 수 있다. 2010년대의 교과서 논쟁도 그런 맥락의 연장이다. 친일 교과서는 물론 반일 교과서도 전체주의적 성격에서는 마찬가지다. 다르다면 사회주의적이냐 아니냐 하는 구분 정도이다.

19 서울대학교 사범대학 국정도서 편찬위원회, 『고등학교 윤리와 사상』, 223쪽.

20 같은 책, 51쪽.

21 같은 책, 69쪽.

22 같은 책, 176쪽. 이는 스프라겐스(Thomas A. Spragens)가 'Communitarian Liberalism'이라고 부른 것이다. Amitai Etzioni ed., *New Communitarian Thinking: Persons, Virtues, Institutions, and Communities*, University Press of Virginia, 1995, pp. 37~51.

23 같은 책, 190쪽.

24 같은 책, 195~198쪽.

25 같은 책, 149쪽.

26 같은 책, 157쪽.

27 같은 책, 190쪽.

28 같은 책, 224쪽.

29 같은 책, 225~226쪽.

30 같은 책, 227쪽.

31 같은 책, 228쪽.

32 같은 책, 226쪽.

33 같은 책, 232~236쪽.

34 같은 책, 236쪽.

35 같은 책, 237쪽.

36 같은 책, 244쪽.

37 같은 책, 245쪽.

38 같은 책, 257쪽.

39 같은 책, 247쪽.

40 같은 책, 247쪽.

41 같은 책, 250쪽.

42 같은 책, 39쪽.

43 같은 책, 59, 105쪽.

44 같은 책, 65쪽.

45 같은 책, 69쪽.

46 같은 책, 76쪽.

47 같은 책, 177쪽.

48 같은 책, 241~242쪽.

49 같은 책, 245쪽.

50 같은 책, 259쪽.

51 같은 책, 176쪽.

52 흔히 새누리당 정강의 그 대목은 박세일의 작품이라고 한다. 그가 중심인 안민정책 포럼
은 1990년대 초부터 공동체 자유주의를 기초 이념으로 세웠다고 한다. 박세일 외, 『공동
체 자유주의―이념과 정책』, 나남, 2009, 5쪽.

53 이를 박세일은 "자유와 개인을 기본 가치로 하고 평등과 공동체를 보완가치로" 하는 것으
로(박세일, 「왜 공동체주의인가: 회의론에 대한 답변」, 앞의 책, 16쪽), 나성린은 "자유주
의를 기반으로 하면서도 전통적 공동체 정신으로 자유주의의 한계를 보완하려는"(같은
책, 5쪽) 것으로 본다. 따라서 공동체 정신이란 서양의 공동체주의와 달리 동양의 전통적
사상을 말하는 것처럼 보인다. 그들은 1998년부터 2007년까지의 10년 동안 "좌와 우의
낡은 이념 투쟁으로 시간을 낭비"했다고 보고(같은 책, 5쪽) 자신들이 극단적 공리주의에
입각한 개인주의인 구우파와, 집단주의나 정부 만능주의에 빠진 구좌파와 다르고 그 둘
을 모두 극복하는 것이라고 한다. 그리고 경제적 측면의 자유가 '경쟁적 자유'여야 하고
시장 질서의 자유와 공정과 투명한 경쟁 질서를 확립해야 한다고 주장한다. 구체적으로
이는 분배가 아닌 대폭 감세, 강성 노조가 아닌 건강한 노사 문화를 주장하며 재벌 중심
이명박 정권의 기본 정책이 되었다. 이러한 주장과 유사한 주장도 많다. 가령 황경식은
"정치적 자유주의를 사회 전반의 기본틀로 삼고, 그 속에 소규모의 문화 공동체를 포용하
는 다원적 모형을 구상하는 것이 현실적 대안"이라고 한다(황경식, 「자유주의와 공동체
주의」 김재기 외, 『사회철학대계』 2, 민음사, 1993, 472쪽). 그러나 이러한 논의가 추상에

빠지고 현실 정책과 분리될 때 곧잘 정치에 악용될 수 있다.

54 서울대학교 사범대학 국정도서 편찬위원회, 『고등학교 윤리와 사상』, 176쪽.

55 윤평중, 『급진자유주의 정치철학』, 아카넷, 2009, 135~143쪽.

56 David Miller, *On Nationality*, Oxford University Press, 1993, pp. 10~11.

57 Will Kymlicka, *Contemporary Political Philosophy: An Introduction*, 2nd ed., Oxford University Press, 2001, pp. 253~255. 킴리카는 자유(자율성)를 부정하는 소수 문화에 대한 관용을 부정하면서 소수 문화가 주류 문화의 관용을 얻기 위해서는 자유를 인정해야 한다고 주장한다. 따라서 그에게 관용은 그 자체가 목적이 아니라 타자를 변화시키기 위한 수단이고, 자유도 본질적 가치가 아니라 홍정의 대상일 뿐이다.

58 위르겐 하버마스, 『이질성의 포용』, 황태연 옮김, 나남, 2000.

열한번째 강의

1 박홍규 외, 『젊은 날의 깨달음』, 인물과사상사, 2005.

2 가령 2000년 이후 일본은 500인 이상 대기업의 임금이 1인당 GDP의 1.5배, 미국은 1배인 반면 한국은 계속 높아져 2007년에는 2.23배가 되었다. 반면 그런 대기업 정규직과 중소기업 노동자 및 비정규직과의 격차는 엄청나다. 1995년 중소기업의 평균임금은 대기업의 76.3퍼센트였으나 2007년에는 11.5퍼센트 하락했고 제조업의 경우에는 15.1퍼센트 떨어졌다. 반면 일본의 제조업은 1995년부터 2006년까지 4.2퍼센트 하락했고 미국의 중소기업 임금은 대기업의 80퍼센트 이상이고 1995년부터 2005년까지 중소기업의 월평균 임금은 1.3퍼센트 증가했다. 2007년 한국의 제조업에 종사하는 300인 이상 고용 대기업 노동자가 월 300만원을 받았다고 가정하면 5~9인 기업의 경우 147만원, 10~29인 규모는 159만원, 30~99인 규모는 174만원, 100~299인 규모는 211만원을 받았다(남기업, 『공정국가』, 개마고원, 2010, 146쪽.) 또한 엄청난 실업자와 그 유사 계층이 있다. 2010년 기준으로 정부는 실업률이 3.3퍼센트인 약 83만 명이라고 하지만 18세 미만 취업자 약 110만 명, 비경제활동 인구 중 '쉬었다'고 답한 약 147만 명, 취업 준비생 약 63만 명, 구직 단념자 약 22만 명을 고려하면 실제 실업자는 약 424만 명에 이른다. 여기에 영세 자영업자 500만 명, 비정규직 850만 명의 상당수는 최저 생활 수준에 허덕이고 있다(남기업, 앞의 책, 39쪽).

3 새누리당 정강의 정치 부문은 "법치주의와 권력 분립의 원칙을 확립하며, 다원주의에 기초하여 언론의 자유를 보장하고 대화와 공론을 활성화하는 한편, 정책 정당, 일하는 국회, 깨끗한 정치를 구현하는 선진 정치 공동체를 지향한다"는 것이다. '언론의 자유' 외에 다른 구체적 자유는 이 정강에 나오지 않는다. '언론의 자유'가 가장 중요한 자유의 하나임에는 틀림없지만 그것의 전제라는 점에서 그 이상으로 중요한 '사상의 자유'는 새누리당 정강에는 물론 우리 헌법에도 나오지 않고 국가보안법은 합헌으로 인정된다. 그런 점에서 한국이 다원주의나 자유주의의 나라라고 할 수 있는지 의문이다. 나는 자유주의를 자

본주의와 최소국가를 핵심적 내용으로 하는 신념이라고 보는데 그 최소국가에는 사상의 자유를 포함한 모든 자유에 대해 국가의 개입이 최소한이라고 하는 의미가 포함되어 있다.

4 이러한 여러 주의는 그 뜻을 정확하게 확정할 수 없다. 가령 집단주의와 공동체주의는 서로 다르다는 주장이 있다. 2010년부터 100만 부 이상이 팔린 베스트셀러인 『정의란 무엇인가』에서 샌델이 주장한 공동체주의가 그렇다고 한다. 그러나 공동체를 중시하는 공동체주의가 집단주의와 얼마나 다른지는 의문이다. 특히 자유주의가 강력한 미국에서 주장되는 공동체주의와 본래부터 공동체주의적인 한국에서 그것이 주장되는 경우의 차이는 분명히 있을 것이다. 샌델의 책이 그렇게도 많이 팔린 이유 중 하나는 그 책이 주장한 공동체주의가 한국의 전통이었고 그 전통이 지금도 뿌리깊기 때문일 수도 있다.

5 새누리당 정강은 새누리당의 국가 이념을 공동체주의와 자유주의를 합친 공동체 자유주의 국가라고 하는데 이는 상반되는 두 가지 주의를 결합시킨 것으로 그런 결합이 가능한지 의문일 뿐 아니라 그 둘 어느 것과도 사실상 무관하다는 점에서 문제가 있다. 이는 공산주의와 자본주의를 합쳐 공산 자본주의라고 하는 것과 같다. 하기야 그런 변태적인 것이 중국에 존재하니 공동체 자유주의라는 것이 있을 수도 있겠고 이를 주장하는 학자들도 있다. 공동체와 자유는 다 함께 중요하니 합쳐야 한다는 식으로 말이다. 그러나 공동체주의든 자유주의든 그 주장자들이 그런 원론적인 점을 몰랐을 리 없다. 그럼에도 그 각각이 주장되는 이유는 서로의 관점이 다르기 때문이다. 간단한 예를 들어보자. 어떤 종교의 신봉자가 일요일이 아니라 토요일을 휴일로 삼는 종교 교리에 의해 기업에 토요일 휴일을 요구하는 경우 공동체를 중시하는 공동체주의는 이를 인정해야 하다고 주장하지만 자유주의는 정교분리의 원칙과 모든 사람에 대한 평등을 이유로 하여 반대할 것이다. 그럼에도 한국 학자들이 그 둘의 통합을 군이 주장함은 무엇 때문일까? 그 둘의 통합에 의해 무엇이 가능해지는 것일까? 토요일이나 일요일 중 하나의 휴일을 택해야 할 것인데 공동체 자유주의는 그 중간을 택한다는 것일까? 공동체 자유주의라는 것은 철학적이든 정치적이든 말놀이로는 그럴듯한 것일지 모르지만 그 각각에 대한 정확한 이해도 없이, 특히 구체적인 의미의 분석도 없이 함부로 외국 사조를 뒤섞어 사용함은 종래 외국 것을 좋아해 미제, 프랑스제, 독일제 등등 좋은 것만 골라 뒤섞어서 그럴듯하게 만든 온갖 화려한 잡탕 국가이념이나 정책이 언제나 실패한 꼴의 답습이 아닐지 모른다. 게다가 그런 잡탕은 언제나 국민을 기만하고 부정이나 독재를 정당화하고 합리화하는 일회용 땜질로서는 대단히 유용한 것이었다.

6 그런 이유에서 현대의 소위 포스트모던 정치학자라고 하는 바우만(Zigmunt Bauman, 1925~)은 "자유는 그 이면에 타율과 의지의 결여를 가지고 있는 관계의 한 측면"이라고 주장한다(지그문트 바우만, 앞의 책, 36쪽). 이는 한쪽의 자유가 다른 쪽의 예속을 의미할 수도 있음을 강조한 점에서 옳은 말이기는 하지만 그 점을 이유로 자유의 가치를 부정해서는 안 된다. 한쪽의 자유가 다른 쪽의 예속을 의미하는 경우 그 한쪽의 자유도 완전한 자유라고 할 수 없을 뿐이다. 모든 나라의 국가가 자유를 노래함은 타국의 예속에서 벗어

남을 뜻하는 것이지 타국을 예속하겠다는 것을 뜻하는 것이 아니다. 바우만이 말하는 자
유의 관계적인 측면은 서양의 제국주의가 자유를 주장하면서 비서양의 예속을 강요했고,
서양의 자유주의가 사실은 백인 남성의 자유만을 옹호한 역사에 대한 반성으로 읽힐 수
는 있지만(그러나 그는 반성하지 않아 유감이다) 그렇다고 하여 자유 자체를 상대화하는
논리에 빠진다면 이는 역사에 대한 충분한 반성이라고 할 수 없으며, 무엇보다도 역사상
자유가 중요한 주체적 동력이었으며, 앞으로도 자유로운 사회를 세우는 데에 무엇보다도
중요한 것인 만큼 그러한 바우만의 주장은 전혀 도움이 될 수 없고 도리어 자유에 대한
회의만을 결과할 것이다. 이러한 상대적 회의주의가 포스트모더니즘의 특징이고 그것이
현실 비판에 전혀 도움이 될 수 없다고 볼 수 없기는 하지만 자유의 능동적이고 주체적인
측면을 무시할 수 있다는 점에서 경계되어야 한다.

7   Theodore Adorno, 'Messages in a Bottle', *New Left Review*, No. 200(July–August
     1993), p. 7.
8   2011년 1월, 시나리오 작가 최고은씨가 지병과 기아로 시달리다가 죽었다.

5부

열두번째 강의

1   나는 모든 학문과 예술의 상관을 중시한다. 가령 진선미는 각각 별개가 아니라 서로 관련
     되는 상관의 것들이다. 오늘날 학문과 예술은 철저히 파편화되어 있지만 나는 그것이 학
     문과 예술은 물론 인간과 사회에도 대단히 유해하다고 보고 그 모두의 상관이 필요하다
     고 생각한다. 그러나 이는 요즘 유행하는 학제적인 통섭, 종합, 통합(나는 그런 전체주의
     적인 발상이 가능한지에 대해서도 의문이고 그런 것이 가능하다고 해도 그것이 바람직한
     지에 대해서도 의문이다) 등으로 해결될 수 있는 것이 아니라, 상관적인 방법, 가령 하나
     의 주제에 대한 모든 학문과 예술의 접근을 체계적으로 인식하는 작업에 의해서 가능하
     다고 본다. 나는 이 책에서 자유라는 주제의 작업을 처음에 그렇게 시도하고자 했으나 예
     술의 경우 문학(소설, 시, 희곡 등), 음악, 미술, 영화 등 너무나 방대하여 이 책에서는 그
     부분을 생략해야 했다(그러나 나는 현대미술이나 오페라의 경우 그런 작업을 이미 일부
     시도한 바 있다). 가능하다면 이 책에 이어 그 작업을 해야 할 것이다. 그러나 가령 한국
     문학이나 영문학에 나타나는 자유의 전통 같은 것을 체계적으로 분석한 논저를 나는 국
     내외 문헌에서 전혀 찾지 못해 절망하고 있는 상태에서 그런 작업을 전 세계의 문학을 비
     롯한 모든 예술 분야에 대해 해낼 수 있을지 의문이다. 이러한 상관적 연구는 다른 주제
     는 물론 학문과 예술 전체의 상관이라는 방향으로 나아가야 할 것이다. 르네상스 시대의
     르네상스인들은 그런 노력의 모범을 보여준다는 점에서 대단히 흥미롭다. 이에 대해서는

박홍규, 『인간시대 르네상스』, 필맥, 2009를 참조하라.

2 그러나 자유는 헌법에서 보장하는 것 이상의 것이다. 자유에서 헌법이 나오는 것이지 헌법에서 자유가 나오는 것이 아니기 때문이다. 자유로운 인민이 자유를 위해 헌법을 만든 것이지 헌법이 자유를 만든 것이 아니기 때문이다. 그럼에도 헌법상의 자유를 지킨다는 것은 중요하다. 헌법을 비롯한 법제와 그 근본 원리인 자유를 '우리'의 민주적 실천의 역사적 성과로 인식하고, '우리'는 그러한 제도를 공유하는 사람들로서 그 자유의 보장에 책임을 진다는 의식은 중요하다. 그러나 헌법도 인간이 만든 것이고 언제나 다시 새롭게 만들어가야 하는 것이다. 특히 헌법은 물론이고 여러 법의 내용은 추상적인 법 규정만으로 충분하지 않고 언제나 새로운 해석에 의해 확충되어가야 하는 것이다. 따라서 계속적인 창조 행위다.

3 진선미가 상관되듯이 그중 선(善)은 정(正)과도 상관된다. 선은 착하고 올발라 도덕적 기준에 맞는 것을 뜻하기 때문이다. 따라서 선과 정을 분리하고 정의를 선(도덕)과 무관하게 생각하는 칸트나 롤스의 사고방식에 찬성할 수 없고 이를 비판하는 샌델 등 공동체주의자들이 옳다고 본다. 그러나 나는 공동체주의자처럼 그러한 정의가 공동체에 의해서만 결정된다고 생각하지는 않는다. 도덕이나 정의의 내용에 대한 최소한의 기본적인 합의가 불가능한 것은 아니다. 헌법이나 국제인권규약 등에서 규정한 것들도 그 최소한의 기준에 해당된다.

4 그러나 나는 순수하게 사적인 자유가 과연 있을 수 있는지 의문이다. 흔히 신체의 자유나 양심의 자유를 순수하게 개인적인 경우로 보는 것이 일반적이지만 그 자유를 침해하는 노예제나 검열은 사회적인 것이다.

5 여기서 가장 중요한 것인 고유 능력이란 인간이면 누구나 갖는, 스스로 생각하고 움직이며, 읽고 쓰고 배우고, 일하고 병을 치료하며, 가족과 사회에 참여하는 모든 삶의 기본 능력을 말한다. 인간은 누구나 그러한 능력을 고유하게 갖지만 전통사회에서는 그러한 능력을 특별한 소수만이 발휘했다. 산업화 이후에는 차차 다수가 그러한 능력을 발휘하게 되었지만 스스로 발휘하지 못하고 제도에 의존하게 되었다. 그래서 학교에서 타율적으로 배우고 직장에 고용되어 노동하며, 교통수단을 이용해 이동하고 병원에서 병을 치료하며 죽어가는 제도화된 수동적인 삶을 살게 되어 고유 능력으로서의 자유가 위기에 처했다. 따라서 이러한 제도화의 삶도 기본적으로는 고유 능력을 증진시키는 것이 아니면 자유 자체를 상실당하게 된다. 획일적이고 기계적이며 수동적인 교육제도, 수송 제도, 학교 제도에 의해 그 고유의 능력이 파괴되어서는 인간을 자유롭다고 할 수 없다.

6 파리드 자카리아, 『자유의 미래』, 나상원·이규정 옮김, 민음사, 2004, 173쪽.

열세번째 강의

1 니얼 퍼거슨, 『제국』, 김종원 옮김, 민음사, 2006; 『콜로서스』, 김일영·강규형 옮김, 21세기북스, 2010.

2 토머스 프리드먼(Thomas Friedman)을 예로 들 수 있다.

3 Christopher Hitchens, *Regime Change*, Penguin Books, 2003.

4 Michael Ignatieff, *Empire Lite*, Vintage Random House, 2003.

5 미셸린 이샤이, 앞의 책, 596쪽 이하.

6 존 버거, 앞의 책, 61쪽 재인용.

7 같은 책, 70쪽.

열네번째 강의

1 수전 손태그, 『문학은 자유다』, 홍한별 옮김, 이후, 2007, 274쪽.

2 같은 책, 259쪽.

3 같은 책, 265쪽.

4 같은 책, 267쪽.

5 샬럿 브론테, 『제인 에어』, 유종호 옮김, 민음사, 2004, 32~33쪽. 그러나 『제인 에어』 주인 공들의 자유와 평등의 사랑도 식민지에서 끌려온 로체스터의 미친 아내의 골방 유폐라는 식민지 야만의 신화가 전제되어야 했다.

6 야마와키 나오시, 『공공철학이란 무엇인가』, 성현창 옮김, 이학사, 2011. 이 책은 최근 일 본에서 논의되고 있는 공공철학에 대한 안내서인데 공공철학의 독자성이 무엇인지 명확 하지 않다. 공공철학에 의하면 NGO나 NPO 등의 대두에 의해 자유주의의 공사 이원론 처럼 경제, 종교, 가정을 사적 영역으로 한정해서 논의할 수 없으므로 공과 사 사이에 공 공 영역을 설정하고 이를 공공적 차원으로 다루어야 한다고 주장하고 공공적 영역을 '민 의 공공'이라고 하는데(35~36쪽) 그 의미가 대단히 애매하다. 공공철학에 의하면 시장 경제를 움직이는 사기업의 활동을 여러 법이 규제하는 것이 공공적이다. 그 밖에도 사적 영역에 법이 개입하는 경우는 많은데 이를 모두 사적 영역과 구별되는 공공적 영역으로 보는 것에 무슨 의미가 있는지, 또한 그런 의미의 공공적 영역이라고 하는 것이 공적 영 역과 무슨 차이가 있는지, 그렇다면 사적 영역이란 것은 결국 없어지는 것이 아닌지 알 수 없다. 이는 공공철학이 공자가 말한 인(仁), 화(和), 예(禮), 맹자가 말한 인의예지신(仁 義禮智信)을 '민을 위해서' 위정자가 몸에 익혀야 할 공공윤리였다고(78쪽) 보는 경우에 도 나타난다. 공공철학에 의하면 플라톤이 정치를 소수 엘리트에게만 인정한 것은 반공 공적이라고 보는데(53~54쪽) 이는 공자나 맹자의 경우에도 마찬가지였으니 공자나 맹 자도 반공공적이라고 보아야 하는 것이 아닌가? 이처럼 공공철학에는 이해할 수 없는 점 이 많다. 또한 공공철학이 종래 일본의 시민사회론과 무엇이 얼마나 다른지도 의문이다.

7 현대사상에서 이를 특히 강조한 사람은 독일 출신의 미국 철학자 아렌트로서 그는 『인간 의 조건』(1958)에서 이를 체계화했다. 공공성을 강조한 또 한 사람은 하버마스다. 하버마 스는 『공론장의 구조변동』(1962)에서 18세기 유럽에서 절대 왕조라는 '정부=국가=공' 에 대항하는 '공공권'이 출현하고 19세기 이후 공공권이 국가 행정과 자본주의적 화폐경

제에 의해 질식해가는 과정을 설명했다. 나는 그가 말한 18세기 '시민'이 지극히 제한된 부르주아이고 그들의 제일 자유인 사유의 자유가 17세기 이후 대두했다는 점을 더욱 강조하는 점에서 하버마스와 의견을 달리한다. 하버마스가 합의의 형성을 위한 윤리를 강조한 반면 테일러 같은 공동체주의자는 대화에 기초한 문화의 상호 이해를 주장했고, 리오타르(Jean-François Lyotard, 1924~1998)나 무폐(Chantal Mouffe, 1943~)나 코놀리(William Connolly, 1938~) 같은 사람들은 하버마스와 달리 타자와의 투쟁을 강조했다.

8   리처드 플로리다, 『Creative Class 창조적 변화를 주도하는 사람들』, 이길태 옮김, 전자신문사, 2002, 11쪽.

9   같은 책, 81쪽.

10   이는 브룩스가 만든 말이다. David Brooks, *Bobos in Paradise: The New Upper Class and How They Got There*, Simon and Schuster, 2000.

11   'multitude'의 번역어인 다중이란 제국의 권위가 강요하는 규범에 동화되지 않는 정체성, 의식, 이해관계와 제국에 반대하는 의사소통 능력과 협동 능력를 가지는 독특한 개인들을 말한다. 이는 네그리와 하트가 말한 것으로 그들은 제국의 지배로부터 자유로운 개인과 사회를 추구한다. 안토니오 네그리·마이클 하트, 『다중』, 조정환 외 옮김, 세종서적, 2008.

12   리처드 플로리다, 『도시와 창조 계급』, 이원호 외 옮김, 푸른길, 2008, 38쪽.

13   같은 책, 15쪽.

14   같은 책, 16쪽.

15   같은 책, 48쪽.

16   같은 책, 49쪽.

열다섯번째 강의

1   따라서 인민의 자유를 적극적 자유의 하나로 보아 자유 개념에서 제외하자는 주장은 부당하다. 그런 주장을 하는 벌린이 그렇게 본 이유는 서양에서 파시즘과 공산주의 등이 인민의 자유를 주장하여 자신과 같은 유대인 600만 명을 집단으로 학살하는 등의 만행을 저질렀기 때문이었다. 벌린처럼 외국에서 개인적으로 성공해 잘살았던 사람들에게는 인민의 자유라고 하는 것이 도리어 방해물이었을지 모르지만, 상당수의 유대인들은 결국 인민의 자유를 지키기 위해 이스라엘을 세우고 팔레스타인 사람들을 학살했다. 지금 팔레스타인 사람들은 자신들이 이스라엘에 빼앗긴 인민의 자유를 주장하고 있는데 이를 벌린은 부정할 수 없을 것이다. 벌린의 그러한 주장은 하이에크와 같은 신자유주의자들의 주장처럼 나치에 대한 것이라기보다도 공산주의에 대한 공포에서 비롯된 것이었다는 점에서 20세기 후반의 냉전을 반영한 것이기도 했다. 그런데 벌린이 파시즘이나 공산주의

의 것이 된 적극적 자유 대신 소극적 자유를 주장하여 자유주의를 지키고자 한 것과 전혀 반대로, 프롬은 소극적 자유가 더욱 위험하고 그것이 결국은 파시즘을 초래했다고 분석하고서 적극적 자유론의 차원에서 자율적인 주체의 확립과 민주주의적 사회주의라는 아나키즘적 계획경제를 주장했다. 비슷한 입장에서 아렌트는 직접민주주의를 주장했다. 프롬이나 아렌트도 벌린과 마찬가지로 파시즘을 경험한 사람들이었는데 전혀 다른 입장을 취한 것이었다. 그런데 우리나라에서 자유를 논의하는 사람들은 벌린이나 하이에크 등에 대해서는 열심히 설명하면서도 프롬에 대해서는 아예 언급도 하지 않는 경향이 있다. 벌린 등의 책이 고전의 하나로 꼽힌 적이 한 번도 없는 반면에 프롬의『자유로부터의 도피』는 밀의『자유론』과 마찬가지로 자유에 대한 책으로서 고전의 반열에 오른 책이고 벌린보다도 우리나라에서 더욱더 널리 읽힌 지 오래인데도 말이다. 이는 프롬이 벌린을 비롯한 서양의 소위 자유주 학풍과는 어울리지 않는 아나키즘적이고 대중적인 요소를 갖기 때문인지도 모른다.

2 레프 톨스토이,『인생독본』2, 박형규 옮김, 인디북, 2004, 532쪽. 한편『365일 에센스 톨스토이 잠언집』(해누리, 2010, 240쪽)에서는 톨스토이 자신의 말이라고 하지만 의문이다.

3 폴 슈메이커, 앞의 책, 465쪽 재인용.

4 하이데거는 그의 스승인 니체와 함께 현대사상에 대단히 중요한 영향을 미쳤고 한국에도 그를 좋아하고 연구하는 사람들이 많다. 나도 그러한 점을 충분히 인정하지만 그러면서도 내가 살아온 1960～1990년대에 니체나 하이데거의 전체주의적 측면이 무시되고 찬양된 점에 대해 엄청난 의문을 가지고 있다. 나는 니체에 대한 비판서를 이미 썼다. 박홍규,『반민주적인, 너무나 반민주적인』, 필맥, 2008.

5 랄프 다렌도르프,『예속의 유혹』, 김홍진 옮김, 시와진실, 2010, 27～28쪽.

맺음말

1 타리크 알리, 앞의 책, 258～259쪽 재인용.

우리 시대의 명강의 007

자유란 무엇인가

ⓒ 박홍규 2014

초판 인쇄 2014년 12월 13일
초판 발행 2014년 12월 20일

지은이 박홍규 | 펴낸이 강병선
기획 강명효 성기승 | 책임편집 류기일 | 편집 오경철 | 독자모니터 이상훈
디자인 엄자영 이주영 | 마케팅 정민호 이연실 정현민 지문희 김주원
온라인 마케팅 김희숙 김상만 한수진 이천희
제작 강신은 김동욱 임현식 | 제작처 한영문화사

펴낸곳 (주)문학동네
출판등록 1993년 10월 22일 제406-2003-000045호
주소 413-120 경기도 파주시 회동길 210
전자우편 editor@munhak.com | 대표전화 031)955-8888 | 팩스 031)955-8855
문의전화 031)955-1933(마케팅), 031)955-2690(편집)
문학동네카페 http://cafe.naver.com/mhdn | 트위터 @munhakdongne

ISBN 978-89-546-2654-5 04100
　　　978-89-546-1726-0 04080(세트)

www.munhak.com